区域文化
与大学生思想政治教育研究

杨洪涛　著

中国华侨出版社
·北京·

图书在版编目（CIP）数据

区域文化与大学生思想政治教育研究 / 杨洪涛著
. -- 北京：中国华侨出版社, 2024.6
ISBN 978-7-5113-7751-7

Ⅰ. ①区… Ⅱ. ①杨… Ⅲ. ①大学生—思想政治教育
—研究—中国 Ⅳ. ① G641

中国国家版本馆 CIP 数据核字 (2024) 第 069169 号

区域文化与大学生思想政治教育研究

著　　者：杨洪涛
责任编辑：肖贵平
封面设计：青　青
经　　销：新华书店
开　　本：787毫米×1092毫米　　1/16开　　印张：16.5　　字数：200千字
印　　刷：河北浩润印刷有限公司
版　　次：2025年1月第1版
印　　次：2025年1月第1次印刷
书　　号：ISBN 978-7-5113-7751-7
定　　价：78.00元

中国华侨出版社　　北京市朝阳区西坝河东里77号楼底商5号　　邮编：100028
发 行 部：（010）69580861　　传　真：（010）69580861

如发现印装质量问题，影响阅读，请与印刷厂联系调换。

前　言

　　文化是人类社会特有的现象，承载着丰富的内涵。随着人类社会的发展，文化所展现的引导、调节、凝聚和推动作用愈加显著。文化已经成为民族凝聚力和创造力的重要源泉，也是综合国力竞争中的关键因素，同时支撑着经济社会的发展。优秀的文化是宝贵的遗产，为后人所传承与弘扬，是人类文明进步的象征。它们不仅顺应了社会发展规律，也为未来的发展指明了方向，为人类社会文明发展提供了强大的精神动力和智力支持。在中国的漫长历史中，形成了各具特色的区域文化，它们是大学生生存与成长的文化背景，也是思想政治教育重要的资源。

　　区域文化具有丰富的价值观念和社会普遍性，为大学生思想政治教育提供了重要的基础和条件。高校的思想政治教育对于推动区域文化的发展也具有一定的推动作用。将区域文化与大学生思想政治教育结合起来，有助于提升教育的针对性、人文性和实效性。

　　本书主要研究对象为区域文化与大学生思想政治教育，围绕两个方面进行了深入系统的研究。通过探讨区域文化与大学生思想政治教育的联系，全面梳理和深入探究了我国区域文化、思想政治教育属性、大学生思想政治教育理论机制与建设等方面内容。着重强调了大学生思想政治教育精神资源理论、区域文化融入大学生思想政治教育等维度内容。以区域农业文化的代表——农圣文化为例展开研究，旨在为我国高校思想政治教育的创新发展提供思路与启发，为广大读者特别是高校思想政治教育工作者提供参考和借鉴。

　　在撰写本书的过程中，笔者得到了许多专家学者的帮助和指导，在此向他们表示诚挚的感谢。鉴于笔者水平有限，加之时间仓促，书中难免存在疏漏之处，希望读者能提出宝贵意见，以便笔者进一步修改，使之更加完善。

目 录

导　论

一、选题的背景

近年来，大学生思想政治教育的重要性和紧迫性日益凸显，促使这一领域迈向了新的发展阶段，成为高校教育工作的重中之重。尽管当前大学生思想政治教育的整体环境较好，但也面临一些问题，比如思想政治课课堂缺乏活力、内容单一、学生参与度不高等，这些问题凸显了思想政治教育工作的实际效果有待提升。要改善这一状况不仅需要思想政治课教师付出努力，也需要高校内部各方力量的协同配合，同时需要社会资源的辅助和支持。

本书重点研究了区域文化，通过分析区域文化资源的应用现状、存在问题及其成因，探讨了大学生思想政治教育如何与区域文化融合的对策措施；旨在充分利用区域文化资源，因地制宜，提升资源利用效率，使之与大学生思想政治教育教学活动有机融合，成为思想政治理论课教学体系中的重要组成部分。

大学生思想政治教育的重要性不言而喻。它不仅关乎学生的思想觉悟和道德水准，更关系社会主义核心价值观的传承和发展。

在思想政治教育中，融合区域文化具有重要意义。区域文化能够增强思想政治教育的针对性和地域性。每个地区都有其独特的历史、传统和文化，通过融入当地的区域文化，可以使思想政治教育更贴近学生的实际生活，更具有感召力和影响力。区域文化可以丰富思想政治教育的形式和内容。传统的思想政治教育往往以理论课为主，缺乏足够的生活气息和互动性，而融入区域文化可以通过举办文化活动、开展实地考察等方式，丰富教学内容，提升教学效果。区域文化可以培养学生的地域认同和文化自信。通过了解和学习本地的区域文化，可以增强学生对本地文化的认同感和自豪感，激发他们对社会主义核心价值观的认同和信仰。

要实现区域文化与大学生思想政治教育的有机融合，并不是一件容易的事情。需要加强对区域文化的挖掘和传承。当前，一些地方的传统文化正在面临严峻的挑战，需要政府、学校以及社会各界共同努力，加强对区域文化的保护和传承。需要加强对思想政治教育的改革和创新。当前，一些思想政治课堂存在着内容单一、形式单一等问题，需要教育部门和学校加强对思想政治教育的改革和创新，注重培养学生的创新精神和实践能力；需要加强对学生的引导和教育。作为思想政治教育的主体，学生是思想政治教育的直接对象，需要引导他们树立正确的世界观、人生观和价值观，激发他们的学习热情和创新能力。

区域文化与大学生思想政治教育的有机融合具有重要意义，可以为思想政治教育注入新的活力和内涵，推动思想政治教育工作迈向一个新的台阶。要实现区域文化与思想政治教育的有机融合，需要加强对区域文化的保护和传承，加强对思想政治教育的改革和创新，加强对学生的引导和教育。相信在各方的共同努力下，区域文化与思想政治教育的有机融合一定会取得更好的成效，为培养社会主义建设者和接班人做出积极贡献。

二、选题的意义

(一) 理论意义

区域文化资源在大学生思想政治教育中的融合应用，在理论上有着重要的意义。

从理论角度看，对区域文化资源在大学生思想政治教育中的应用进行探究，有助于丰富思想政治教育理论资源。思想政治教育作为一门重要课程，其教学资源一直备受关注。而将区域文化资源引入思想政治教育，不仅为教育理论提供了新的思路，也丰富了思想政治教育的资源。此举有助于教育界更加全面地理解社会资源的利用与教育实践的关系，为思想政治教育提供了更加立体的理论支持。

理论上的探讨也为实践提供了指导。本书在综合前人研究的基础上，深入探究了区域文化资源在思想政治教育中的机制建设和融合策略，这为实践者提供了宝贵的经验和启示。通过理论的指导，教育者可以更加有效地利用区域文化资源进行教学，从而提升教学质量和效果。

（二）实践意义

除了理论意义，区域文化资源在大学生思想政治教育中的融合应用还具有重要的实践意义。

它丰富了大学生思想政治理论课的教学内容。传统的思想政治课程往往以理论知识为主，缺乏具体的案例和实践。而引入区域文化资源，可以为课堂注入更多生动活泼的内容，使学生更容易理解和接受，提高课堂的趣味性和吸引力。

区域文化资源的融合应用能够激发学生的情感共鸣和文化认同感。通过地方红色革命历史文化等资源，学生可以更加深入地了解当地的文化背景，增强对国家和民族的归属感和自豪感。这不仅有利于培养学生的爱国情怀，也能够增强他们对思想政治教育的兴趣和参与度。

区域文化资源的融合应用有助于因地制宜地进行教学，改善教学效果。不同地区有着不同的文化传统和特点，因此在教学实践中，教育者可以根据学生的地域特点和文化背景，有针对性地选择和运用区域文化资源，从而更好地实现教学目标。这符合国家新课改精神，即关注学生发展、以学定教的基本理念，并且具有重要的实践意义。

区域文化资源的融合应用既具有重要的理论意义，又具有深远的实践意义。它丰富了教育资源的理论体系，拓展了教育实践的新思路，有助于提升教学质量和效果，促进学生全面发展。

三、研究思路

大学生思想政治教育工作一直是党中央高度重视的重要任务之一。随着时代的变迁和社会的发展，大学生思想政治教育也面临新的挑战和机遇。在努力促进大学生思想政治工作不断向前发展的同时，我们也必须正视其中的问题，并寻求有效的解决途径。

思想政治教育的本质是引导和影响学生的思想观念和政治立场，使其在学习知识的过程中能够树立正确的世界观、人生观和价值观，并将这些观念内化为实际行动。实现这一目标并非易事，尤其是在当今信息爆炸和价值多元的时代背景下，利用区域文化资源进行思想政治教育成为一种新的探索。区域文化资源是指特定地域内形成的具有独特文化特征的资源，包括但不限于历史遗迹、文化传统、人文景观等。这些资源承载着丰富的历史文化内涵，具有很强的感染力和教育意义，可以成为大学生思想政治教育的有效载体。

我们需要对大学生思想政治教育应用区域文化资源的基础性概念进行深入理解和分析。这包括对区域文化资源的内涵、特点和分类进行系统梳理，明确其在思想政治教育中的作用和意义。只有深入理解这些基础概念，才能够更好地指导实际教育工作的开展。

我们需要探讨思想政治教育应用区域文化资源的理论依据。这涉及对教育学、心理学、社会学等相关学科理论的解读和运用，以及对区域文化资源在思想政治教育中的具体作用机制进行分析。只有建立在扎实的理论基础上，我们才能够更加有效地指导实践工作的开展。

我们还需要对思想政治教育应用区域文化资源的应用价值进行充分评估。这包括对区域文化资源在培养学生爱国主义、社会主义核心价值观等方面的作用进行客观评价，探讨其对学生思想政治素质提升的实际贡献。只有充分认识到这些应用价值，我们才能够更好地发挥区域文化资源在思想政治教育中的作用。

我们也必须正视思想政治教育应用区域文化资源中存在的问题和挑战。例如，一些地方的区域文化资源可能存在流于形式、内容陈旧等问题，导致其在思想政治教育中的效果不佳。我们需要针对这些问题，提出相应的解决措施，不断优化和完善思想政治教育的实践活动。

在实践中，我们可以通过多种途径来促进区域文化资源在大学生思想政治教育中的应用。例如，可以通过开展主题教育、组织参观考察、开展志愿服务等形式，让学生深入了解区域文化的魅力，激发其爱国情怀和社会责任感。

大学生思想政治教育应用区域文化资源是一项具有重要意义的工作，它不仅可以丰富教育内容、提升教育质量，还可以促进学生的全面发展和社会责任感的培养。我们应该加强对这一工作的重视和支持，不断探索创新，推动思想政治教育事业不断迈上新的台阶。

四、研究方法

(一) 文献研究法

文献研究法是研究区域文化与大学生思想政治教育的重要方法之一。通过查阅图书馆资料、检索中国知网期刊数据库、网络搜索相关问题以及查阅前沿政策等方式,整理和分析大量涉及该领域的文献资料,从而为研究提供指导和借鉴。在这一过程中,可以参考学者们的优秀成果,了解他们的研究视角和方法,从而为自己的研究提供启示和参考。

(二) 历史与现实相结合的研究方法

历史与现实相结合的研究方法是研究区域文化与大学生思想政治教育的另一种重要方法。这种方法注重对区域文化形成与历史发展演变的研究,同时关注现实中大学生思想政治教学活动的实际需要。在梳理现存区域文化资源的相关问题时,可以结合大学生思想政治教育的实际情况,有针对性地加以应用,寻找区域文化与大学生思想政治教育教学内容的契合点,使研究内容更贴近实际,更具有实践意义。

(三) 调查研究法

调查研究法是研究区域文化与大学生思想政治教育的又一重要方法。通过实地访问、查询网络和报纸期刊等资料,对区域文化的相关信息进行梳理分析,了解当前大学生思想政治教育应用区域文化资源所取得的成绩以及存在的问题和成因。通过运用调查研究法,可以为研究区域文化与大学生思想政治教育的有机结合提供重要的现实依据,为解决实际问题提供参考和支持。

文献研究法、历史与现实相结合的研究方法以及调查研究法是研究区域文化与大学生思想政治教育的重要方法。通过综合运用这些方法,可以全面深入地了解区域文化与大学生思想政治教育的关系,为推动两者的有机结合提供理论和实践支持。

五、创新之处

本书具有两个显著的创新点，使其在研究领域中独树一帜。

本书的研究视角极具新颖性。当前，国内外对区域文化的研究已经相当丰富，将区域文化与大学生思想政治教育相融合的研究却并不多见，这正是本书的创新之处。传统上，思想政治教育往往注重灌输理论知识，而区域文化往往被视为历史和地理学科的研究对象，二者之间的结合并不常见。本书尝试将这两者联系起来，探讨如何将丰富的区域文化资源融入大学生的思想政治教育中去，从而为思想政治教育注入更加具体和生动的内容，激发学生的兴趣与积极性，这一视角的创新将为该领域的研究开辟新的思路和方向。

本书的研究内容极具独特性。本书选取了贵州遵义市、河北省、山西省等地区作为研究对象，通过深入调研与分析，揭示了当前区域文化融入大学生思想政治教育所面临的问题，并提出了解决策略。这种以具体地域为基础展开研究的方法，为研究内容增添了独特的色彩。通过深入挖掘和分析不同地区的区域文化特点，本书不仅可以为各地区提供个性化的教育解决方案，也有助于保护和传承各地区独特的区域文化，成为宝贵的精神财富。这种以特殊代表一般的研究方式，不仅有助于加深对区域文化与思想政治教育融合的理解，也为其他地区提供了借鉴和参考的经验。

本书的研究视角新颖、内容独特，为区域文化与大学生思想政治教育的融合研究开辟了新的思路，为各地区提供了个性化的教育解决方案，同时对保护和传承各地区独特的区域文化具有重要的理论和实践意义。

第一章　区域文化的理论基础

第一节　区域文化的基本内涵

一、认识区域文化

(一) 区域界定

区域不仅是指一种自然地理环境，它更多的是人类活动的产物。区域的形成既受到自然地理条件的影响，也受到人类活动的选择和改造。区域的概念除了涵盖地理空间的范畴，更重要的是包括了经济、政治、文化和心理等方面的人文属性。人类在特定地理空间内的活动和选择塑造了这一地域的特征和属性，形成了具有独特文化特征的区域。

区域具有历史性的时间维度。区域的形成和演变是一个历史性的过程，地理环境的变迁只是其中的一部分。人类在特定地域内的历史活动和文化传承，使区域具有了丰富的历史内涵和文化积淀。例如，《尚书·禹贡》中所述的"大禹治水"的故事，展示了人类对地理空间进行改造的历史过程，使地理概念被赋予了历史意义。

区域文化不仅是地理空间的简单定义，更是一个包含了自然地理环境和人文历史空间的复杂概念。区域文化的研究需要从地理、历史、人文等多个角度进行深入探讨，以全面理解和把握其内涵和特点。

在实际应用中，我们可以通过对区域文化的深入挖掘和传承，推动地方文化的发展和保护，提升人们对自身传统文化的认同感和自豪感。也可以通过区域文化的传播和交流，促进不同地域之间的文化交流与合作，推动人类文明的共同进步。深入研究和理解区域文化的内涵和特点，对于推动文化建设和促进社会进步具有重要意义。

(二) 文化界定

对文化的概念有着不同的理解和运用方式,其中主要可以分为两种:一种是作为一般词语的运用,另一种是作为分析性范畴的运用。

文化作为一般词语,通常指的是人类某些兴趣、活动和成就,是指某种精神生活的成果。这种对文化的运用根植于文化的本义,即最初表示一种完全物质的过程,然后比喻性地用于描述精神生活。在中国传统的历史文献中,《易经·贲卦》中的"观乎天文,以察时变;观乎人文,以化成天下"即可作为对此种文化概念的体现。另一种作为分析性范畴的运用,主要强调文化作为概念框架在分析过程中的实用性,避免带有价值判断。这种文化概念被运用于各种社会科学中,试图从文化的特殊性中抽象出一般性,用来作为分析和描述文化现象的基础。

区域文化研究需要考虑以下两种文化概念的运用方式:对文化的一般概念有所了解,以便理解区域文化的本质和特征;将文化作为分析性范畴,用来分析区域文化的形成、发展和影响因素及其与大学生思想政治教育的关系。

对于区域文化的研究,尽管西方学术界在人类学、历史学、地理学、社会学和政治学等领域有着多样的讨论,但并没有形成一个关于区域文化研究的明确界定。在国内学术界,往往借鉴文化地理学的理论框架来研究区域文化,将其等同于文化地理学。笔者认为区域文化研究应该属于文化研究的范畴,它着重考察文化在特定区域内的特征和属性,而不仅仅是探讨地理环境对文化的影响。对区域文化的内涵与学科的界定,需要综合考虑各种学科的理论视域,采取一种综合性、开放性的理论视角。

对于区域文化而言,需要综合考虑文化的不同运用方式和学科的理论框架,以便更全面地理解和把握区域文化的本质和特征。需要注意避免简化和片面化地对待区域文化,而应该从开放性和多元化的研究视角出发。

二、区域文化的内涵

对区域文化的内涵整体而深入地把握,需要借鉴中国传统的形而上智慧,如老子的"道法自然"理念,来提供我们研究的框架和启示。

我们可以从"地"入手，因为地是文化的基础。地包含了自然地理环境、族群分布、经济地域、政治地域等多个方面。自然地理环境决定了文化形成的物质基础，而族群分布、经济地域、政治地域则构成了文化的社会基础。在具体的区域文化研究中，我们可以从这些方面入手，深入挖掘地域特色，揭示地域文化的根源和特点。

我们需要关注"人"，因为人是文化的主体和创造者。人的种族、民族、社会地位、经济状况、文化习惯等因素都影响着区域文化的形成和发展。通过对人的研究，我们可以了解不同群体在特定地域内的文化表现，以及他们对地域文化的塑造和传承。

我们也应当关注"天"和"道"。天指自然环境和天时，包括气候、季节、地形等因素，它们对区域文化的形成和发展具有重要影响。而"道"则是指整个宇宙的法则和规律，老子的"道法自然"理念告诉我们，文化应当符合自然规律，才能长久传承和发展。我们需要从宏观的天时和道的角度来审视区域文化，了解它们与自然规律的契合程度，以及它们所蕴含的深层次意义。

综合而言，通过从"地""人""天""道"这四个方面全面把握区域文化的内涵，我们可以深入了解其形成和发展的多个方面，从而更加全面地理解和分析区域文化。这种整体而深入的研究方法，有助于我们更好地理解区域文化的本质和内涵，为区域文化的传承和发展提供理论支持和指导。

第二节　区域文化的特征与精神

一、区域文化的特征

(一) 价值性

区域文化的核心是其所承载的意识形态和价值观念。这些价值观念并非直接呈现在人们的生活中，而是通过对人和环境的影响间接体现出来的。在一个特定的区域环境中，区域文化的这种价值观念成为整个区域系统的核心价值和精神灵魂。

区域文化的价值观念不仅是一种显性、易于表现的价值，更是通过人们的生活方式、行为习惯、信仰等方面表现出来的。这种价值观念是由区域的历史、地理、社会等因素共同塑造而成的，具有深厚的文化内涵和传承意义。

区域文化的价值特性使其在本地区具有比其他文化更强的传播优势和价值潜力。这是因为区域文化所承载的价值观念与当地人民的生活息息相关，更能够引起他们的认同和共鸣。在传播过程中，区域文化能够更好地被接受和传承，为当地社会带来更多的价值和利益。

区域文化的传播不仅是一种文化现象，更是一种文化力量。通过区域文化的传播，人们能够更好地认识和理解自己的文化身份，增强文化自信心，推动文化创新和发展。区域文化的传播也能够促进不同地域之间的文化交流与合作。

深入挖掘和传承区域文化的价值观念，不仅有助于弘扬当地文化，也能够为促进社会和谐、文明进步做出重要贡献。只有充分认识到区域文化的价值特性，才能更好地发挥其在文化传播和社会发展中的作用，实现文化繁荣和人类共同进步的目标。

(二) 独特性

各地区的区域文化之所以独具特色，主要源自其传播内容、传播价值和传播形式的独特性，这种独特性使其具有不易被模仿的竞争优势。从文化学的角度来看，自然地理环境在区域文化形成过程中发挥着决定性作用，对区域文化特征的形成起到了潜移默化的影响。各地区的自然地理、生产工具以及劳动力水平等因素的结合决定了人类的生产方式，形成不同的生产关系，从而产生了独特的区域文化特征。这些特征主要表现在区域文化的整体结构和内容层面。

各地区的自然地理环境对其区域文化的形成具有重要影响。自然地理环境包括地形、气候、土壤等因素，它们决定了人类的生活方式、经济活动和文化传承方式。例如，山区的居民可能会形成独特的山地文化，其生活方式、信仰习俗和艺术表现形式都与山地环境密切相关。而沿海地区的人们可能会形成海洋文化，其生活方式、经济活动和文化传承方式也会与海洋环境息息相关。不同地区的自然地理环境塑造了其独特的区域文化特征。

　　各地区的生产工具和劳动力水平也是影响区域文化形成的重要因素。不同地区的生产工具和劳动力水平决定了其经济活动的类型和规模，进而影响了其文化形态和价值取向。例如，农业社会的地区可能会形成以农耕文化为主导的区域文化，而工业化程度较高的地区可能会形成以工业文化为主导的区域文化。不同地区的劳动力特点和分工也会影响其文化传承方式和社会价值观念的形成。

　　各地区的历史、宗教信仰、民族文化等因素也会对其区域文化产生重要影响。历史事件、传统习俗以及宗教信仰都是塑造地区文化特色的重要因素。例如，历史上的战争、迁徙和交流，都会对地区文化的形成和发展产生深远影响。不同地区的宗教信仰和民族文化也会在文化传承和表现方式上呈现出独特性。

　　各地区的区域文化是由自然地理环境、生产工具和劳动力水平、历史文化传承以及宗教信仰等多种因素共同作用的结果。这些因素共同塑造了地区文化的整体结构和内容层面，使其具有不可复制的竞争优势和独特魅力。

（三）整合性

　　区域文化是一个多元而复杂的概念，它并不是单一的文化，而是由区域内各种文化因素整合而形成的一种综合文化。在漫长的历史长河中，区域文化展现出相对稳定的特点，但远非静止不变，而是充满了活力和变化。它既在区域内部形成了文化交融，又在跨区域之间进行着文化融合，这种动态的过程使区域文化传播成为一个复杂而富有挑战性的课题。

　　区域文化传播不仅涉及文化产品和文化品牌，还涉及传播技术、信息传播能力、传播效率和受众满意度等多个方面。在现代社会，随着科技的发展和全球化的推进，区域文化的传播方式也发生了巨大的变化。传统的口口相传、书信往来的传播方式逐渐被互联网、社交媒体等新兴的传播渠道取代，这为区域文化的传播提供了更为广阔的空间和更为多样化的形式。

　　区域内各种文化及传播因素的整合使信息传递的价值得到最大体现。通过充分整合区域内不同文化的特点和优势，可以形成更具吸引力和竞争力的文化产品，从而提升传播效果和受众满意度。跨区域文化融合也能够促进文化交流和共享，拓展文化的传播范围，加深文化的内涵和外延，实现区域文化的综合效应。

在区域文化传播过程中，除了关注文化产品和传播技术的发展，还需要重视文化传播的价值导向和社会效益。传播者应当注重传播内容的质量和深度，注重传播过程中的道德和责任，努力打造有思想性、艺术性和美感的文化产品，引导受众树立正确的文化观念，促进社会和谐稳定。

区域文化传播是一个涉及多个方面的复杂系统工程，需要充分整合各种文化资源和传播要素，注重文化传播的价值性和效益性，实现区域文化的整合性价值，发挥各地区区域文化的综合效应，为文化的繁荣发展和社会的进步提供有力支撑。

(四) 凝聚性

区域文化的凝聚性是从文化传播的受众角度来体现的。地区域文化对具有相同区域文化底蕴的群体来说，具有极为重要的意义。它不仅是一种文化传承和表达的载体，更是一种内在的凝聚力，能够让人们找到认同感，形成群体归属感，从而促进社会团结和稳定。

在人类社会中，认同感是一种重要的心理机制。人们通过对某一事物或特性的认知，将自己与之联系起来，形成对其的认同。区域文化认同即是指个人或群体在特定地域背景下，因共同的文化传承和历史积淀而形成的一种认同感。这种认同感不仅是一种文化身份的认同，更是一种对地域和社群的情感归属。

区域文化的认同感可以凝聚个人和群体之间的情感纽带，促进社会的稳定和发展。当人们对自己所处的地域文化感到认同和自豪时，就会更加愿意为这个地区的发展和繁荣做出贡献。他们会积极参与到地方文化活动中，传承和弘扬本地区域文化，同时会更加关心和支持当地社会事务的发展。

除了个体层面的认同感，区域文化的认同也具有群体层面的凝聚力。具有相同区域文化底蕴的人群，往往会因共同的文化价值观念和生活方式而形成紧密的群体联系。这种群体凝聚力不仅促进了社会的和谐与团结，也为个体提供了一种情感支持和社会依托。

区域文化的认同感和凝聚性是区域文化的重要特征，它不仅是文化传播的结果，更是社会稳定和发展的重要保障。只有深入挖掘和传承区域文化的内涵，加强对区域文化认同的培育和弘扬，才能更好地促进社会的团结和进步。

二、区域文化的精神

(一)区域文化精神从何"凝结"而来

1.厘清演进脉络

人类文化的形成和发展是与自然环境密不可分的，地理和气候等因素对不同地区人们的文化心理具有基础性的制约和影响。正如人们常说的"一方水土养一方人"，不同地区的地理环境和气候条件会影响当地人的生活方式、价值观念和文化传统。

中国作为一个拥有丰富多样民族文化的国家，其民族文化的多元性是其独特之处。各民族的迁徙、交融，文化的进步、交流，都对区域文化的演变产生了深远影响。每个地区总会有其自身独特的自然条件和历史环境，这些自然和历史因素是文化精神"凝结"的"矿床"和"母体"，决定了该地区文化的特点和发展方向。

在理解和研究区域文化的发展过程中，厘清其演进脉络是一项基础性的任务。需要考虑自然环境和地理条件对文化形成的影响。不同地区的自然环境和地理条件会塑造出不同的生活方式和生产方式，从而影响当地人的文化心理。历史事件、政治制度、社会变革等因素都会对区域文化的发展产生重要影响。不同民族之间的交流和融合，以及不同文化之间的交流和互动，都会促进区域文化的变革和发展。

理解区域文化的演进脉络需要综合考虑自然、历史和人文因素的作用。只有在全面了解区域的自然环境、历史背景和文化传统的基础上，才能厘清区域文化的发展轨迹，进而为文化传承和创新提供有效的参考和指导。

2.解读重大事件

重大历史事件是由众多社会因素在特定的历史条件下汇合凝聚而成的，它们对一个地方的影响往往是深刻而长久的。这些事件不仅在历史上留下了重要的烙印，更奠定了该地域精神文化的"骨骼"和基础特征。深入解读发生于本区域内的重大事件，透彻分析事件的性质和地位，是深刻认识区域文化精神的关键所在。

以北京文化为例,"元立大都"、五四运动、一二·九运动等重大历史事件都对北京的文化产生了深远的影响。"元立大都"作为中国历史上的重要事件之一,更是北京作为中国政治中心的起点。在元朝时期,北京不仅成为政治中心,还吸引了大量人才和文化资源,为北京的文化发展奠定了基础。五四运动则是中国近现代史上的重要转折点,它是中国新文化运动的高潮,对中国的现代化进程产生了深远的影响。在五四运动中,北京成为学生和知识分子的重要集结地,北京的文化氛围也因此得到了极大的丰富和活跃。而一二·九运动则是中国人民抗日救亡运动的重要组成部分,是中国共产党领导的一次全国性抗日运动,对中国的抗战事业和国共合作产生了重要影响。在一二·九运动中,北京成为中国人民抗日斗争的重要前线城市,北京人民为了国家的抗战事业做出了巨大的牺牲和贡献。

在浙江文化方面,大禹治水、钱镠筑杭城、南宋建都等重大历史事件对浙江的文化发展产生了深远的影响。大禹治水被视为中国古代最伟大的治水工程之一,它解决了长江流域的水患问题,更是古代中国治水的范例。钱镠筑的杭城则是中国历史上的重要城市群,它代表了中国古代城市规划和建筑艺术的高峰,为浙江的城市文化发展做出了重要贡献。而南宋建都则标志着南宋王朝的建立,它不仅使杭州成为中国南方的政治、经济和文化中心,还为浙江的文化传承和发展奠定了重要的历史基础。

重大历史事件对一个地方的文化发展有着深远的影响。通过深入解读这些事件,我们可以更好地理解该地域文化的"骨骼"和基础特征,认识到这些事件对于该区域文化精神的塑造和传承所起到的重要作用。

3. 把握典型人物

历史是人的历史,人是文化的灵魂。一个地区的文化是由广大人民群众共同铸就的,而其中的典型人物则通过其非凡的历史功业或杰出的文化作品,将丰富的区域文化精神融会并展现出来,成为凝固的文化精神符号。准确把握典型人物的思想及其传承创造精神,是理解区域文化精神的关键。

除了典型人物,一个地区的知名学校(尤其是高校)、典型建筑、重要文物、著名景点等也会成为区域文化精神的重要载体。这些象征性的文化元素,承载着地域的历史记忆和文化传承,是人们对地方归属感和文化认同的重要体现。

文化并不是经济条件的直接产物，而是人们对生活、思想、价值观念的表达和传承。在某些情况下，正是在贫困和艰难的环境中，人们更加珍视和传承自己的文化传统，从而形成更为深刻的文化精神。

我们应当尊重每个地方的历史文化，发掘和传承其独特的文化精神。不必盲目自负或自卑，而是应当在尊重、理解和包容的基础上，共同推动文化的传承和发展。每个地方的历史文化都有其独特的魅力和价值，都值得我们深入探索和发现。

(二) 区域文化精神如何"提炼"出来

1. 人民群众的参与

区域文化精神是指一个特定地域内的群体在生活方式、社会行为模式和价值观念等方面所表现出的感情特质和精神品质，体现了该群体相异于其他群体的文化特色。区域文化精神是由生活于该地区内的广大人民群众来承载、感受和展示的，离开当地的群众，文化生活就失去了区域文化精神之源。正如毛泽东所说的"群众是真正的英雄，而我们自己则往往是幼稚可笑的"，这句话深刻揭示了区域文化精神的实质，即真正的文化精神是由生活中的人们承载和创造的。

从总体来看，生活在特定文化区域内的群众对文化精神的提炼具有最为重要的发言权。他们通过日常生活的体验、社会交往的感受以及文化传承的参与，深刻理解并传承着地域文化的精髓。特别是在这些群众中，有着文化素养和关注地方文化的"文化人"，他们更能将一般文化理论与地方文化实践结合得最为贴切。这些"文化人"不仅对当地文化有着深刻的理解，还能够用专业知识和审美眼光，提炼出区域文化精神的核心内容，为区域文化的传承和发展做出积极贡献。

区域文化精神的提炼和传承，需要依靠群众的参与和支持。只有将群众的生活经验、情感体验和文化创造力充分纳入文化传承的过程中，才能真正传承和发扬区域文化的精神。也需要引导和培育更多的"文化人"，他们能够将自己的专业知识和热情投入区域文化的研究、传播和创新中。这样，才能更好地激发区域文化的活力和创造力，促进地方文化的繁荣和发展。

区域文化精神的提炼和传承是一个群众性、专业性相结合的过程，需要广大群众的参与和专业人士的支持。只有在全社会的共同努力下，才能够真正传承和弘扬区域文化的精髓，为地方文化的繁荣和发展注入新的活力和动力。

2. 政府部门的组织

今天的中国社会现代化水平正在迅速提高，而在这个过程中，地方党政部门在提炼和传承区域文化精神方面发挥着至关重要的作用。领导文化工作、推动先进文化事业快速发展，已成为中国共产党的重要职责之一。各地党政部门，特别是文化理论宣传部门，会聚了一批具有专业文化知识背景的人才，他们不仅熟悉群众生活、了解地方历史，更是区域文化精神成功提炼的重要力量，是协调各方的枢纽。

地方党政部门作为社会治理的重要组成部分，承担着贯彻党的文化政策、推动文化建设的重要责任。在中国特色社会主义进入新时代的背景下，文化建设已成为全面建设社会主义现代化国家的重要内容之一。地方党政部门不仅要关注经济发展和社会稳定，更要重视文化建设，积极推动先进文化事业的快速发展，促进中华优秀传统文化的传承和创新，激发全社会的文化创造活力，提高人民群众的精神文明素质。

在这一过程中，地方党政部门的文化理论宣传部门发挥着至关重要的作用。这些部门会聚了大量具有专业文化知识背景的人才，他们深入了解地方的历史文化，熟悉地方的风土人情，具有丰富的文化研究和传播经验。他们不仅能够深入挖掘和研究地方的历史文化底蕴，还能够根据地方的实际情况，制定并实施有效的文化政策和措施，推动地方文化事业的蓬勃发展。

地方党政部门的文化理论宣传部门还是协调各方力量、推动文化精神提炼的重要枢纽。他们能够组织和协调地方各界力量，促进各种文化资源的整合和共享，推动地方文化产业的融合发展，加强文化交流与合作，为地方文化精神的提炼和传承提供有力支持。

地方党政部门在提炼和传承区域文化精神方面发挥着不可替代的作用。他们是推动先进文化事业快速发展的重要力量，是协调各方的关键枢纽，他们的努力将为中国特色社会主义文化事业的繁荣发展做出重要贡献。

3. 专家学者的支持

区域文化的演进历程是一个丰富而复杂的过程，蕴含着古代、近代和当代的多重文化传统和价值观念。这种演进历程不仅反映了历史的变迁和社会的发展，也反映了人们对生活、思想和价值的不断探索和实践。

区域文化的根基可以追溯到古代的文化传统。古代文化传统承载着丰富的历史文化积淀和精神内涵，是区域文化演进的重要基础。古代的文化传统不仅影响着人们的生活方式和价值观念，也构成了地域文化的核心精神。

近代革命文化传统在区域文化演进中也具有重要地位。近代革命文化积淀了民族精神和民族自豪感，激发了人们的爱国情怀和社会责任感。这种文化传统在地域文化中扮演着重要角色，为地方社会的团结和发展注入了强大的动力。

当代改革创新文化则是区域文化演进的新动力。在社会变革和发展的背景下，人们不断探索新的思想观念和文化形式，推动着地域文化向前发展。当代改革创新文化注重实践和创新，强调适应时代变化和社会需求，为区域文化的更新和发展提供了新的思路和途径。

在区域文化精神的提炼过程中，需要多种力量共同努力。政府、专家学者、媒体等都发挥着重要作用，但最终的实现还要依靠广大的群众。区域文化只有被群众吸收，并与群众相融合，才能真正实现区域文化精神的有效传承和发展。

仅依靠政府政策、专家声望或媒体推广是远远不够的。群众的参与和认同是区域文化精神得以传承和发展的关键。

在区域文化精神的提炼和传承过程中，需要高度重视群众的主体地位，促进多方力量的共同参与和互动。只有如此，才能真正实现区域文化精神的传承和发展，让其成为地域社会的精神支柱和文化灵魂。

(三) 区域文化精神如何"践行"开来

1. 理论宣传到位

一旦区域文化精神被提炼出来并概念化、理论化，它就成为一种显性存在，需要在原有文化体系中得到滋养，并与现实的工作生活相联系。理论工作者和宣传工作者都扮演着重要的角色。

理论工作者需要给予区域文化精神完整的说明和深入的论证。他们应该通过深入研究、分析和反思，探索区域文化精神的内涵、特点和影响因素，为其提供理论支撑和学术依据。这不仅包括对历史、地理、社会等方面的研究，还需要考虑文化心理、社会心态和大众行为等方面的因素。通过系统的理论建构和深入的论证，可以使区域文化精神更加清晰地呈现在人们面前，同时为它的传承和发展提供理论指导。

宣传工作者需要给予区域文化精神恰当的表述和广泛的宣传。他们应该以生动、形象的语言，将区域文化精神传达给广大群众，激发人们对自己文化传统的认同和自豪感。通过各种宣传手段，如文艺作品、展览等，将区域文化精神融入人们的生活，让人们在日常生活中感受到文化的魅力。宣传工作者也要注重向外界传播区域文化精神，增强文化自信，提升地方文化的影响力和竞争力。

区域文化精神与现实工作生活息息相关，它可以在多个方面发挥作用。它可以作为一种精神支柱，激励人们为社会进步和文化发展贡献力量；它可以作为一种文化资源，促进地方经济的发展和文化产业的兴起；它还可以作为一种文化传统，传承和弘扬地方文化的优秀传统和精神风貌。

理论工作者和宣传工作者需要共同努力，给予区域文化精神完整的说明和深入的论证，同时恰当地表述和广泛地宣传，使其在现实的工作生活中得到充分体现和发挥，为地方文化的传承和发展注入新的活力和动力。

2. 典型事例

区域文化精神的表达常常是最简洁的词语，而这种简洁的词语往往蕴含着丰富的历史和文化内涵。区域文化精神的力量源自最具典型意义的事例，这些事例承载着地域的历史、传统和价值观，能够深刻地触动人心，激发人们对地方文化的认同和传承。

对于生活在该区域的人来说，践行区域文化精神意味着与地域的历史和文化相融合，体现在日常生活的方方面面。而这种践行并非只是言传身教，更多的是通过最具典型意义的事例来潜移默化地影响人们。这些事例可能是历史上的英雄传奇，也可能是现实生活中普通人的奋斗故事，但它们都承载着区域文化的精髓，是人们心中的楷模和榜样。对于当地人来说，这些典型事例是文化的生动实践，是民族精神的具体体现，是践行区域文化精神的重要途径。

而对于一个刚进入该地区的外地人来说，接受该区域的文化精神可能需要一段时间的磨合和适应。典型事例的作用尤为重要。外地人可能不熟悉当地的语言和风俗习惯，但当他们接触到地方的典型事例时，会感受到一种真切的情感共鸣，从而逐渐接受并认同该区域的文化精神。这些典型事例可以是当地的历史传统、地方英雄的英勇事迹，也可以是普通人的感人故事，它们能够打动人心，让外地人深切地感受到这片土地的文化底蕴和精神内涵。

选择历史和现实中的典型事例，对于践行区域文化精神具有特殊的意义。这些事例是文化传承和发展的生动实践，是激发人们对于地方文化认同和传承的重要途径。通过这些典型事例，人们能够深刻地领悟到区域文化的丰富内涵和强大力量，从而更加坚定地践行和传承区域文化精神。

3. 群众主体自觉

区域文化精神的提炼源自群众，又要回归群众，最终转变为群众改造社会的力量。政府部门、高等院校以及其他文化研究机构扮演着重要的角色。他们需要不断培养和发现地方文化人才，使其成为区域文化建设的先锋。他们也需要积极推动群众的精神文化活动常态化和自主化，使区域文化建设充满内在的动力。

随着广大群众文化素质、文化热情和文化创新能力的快速提升，群众已经成为区域文化建设的主体力量。政府部门、高等院校和其他文化研究机构应当充分认识到这一点，将群众的参与作为推动区域文化建设的关键。他们需要搭建起各种平台，鼓励和支持群众参与文化活动，促进区域文化建设的多元化和民主化。

区域文化精神的发展也需要有一个健康的运行轨道。政府部门、高等院校和其他文化研究机构应当加强对区域文化建设的规划和引导，确保区域文化精神沿着正确的方向发展。他们需要制定相关政策和措施，引导和支持地方文化的传承和创新，保护和弘扬优秀的地方文化传统。

区域文化精神应当与民族精神和社会主义核心价值观相互协调和相互促进。政府部门、高等院校和其他文化研究机构应当通过教育和宣传工作，加强对民族精神和社会主义核心价值观的传播和弘扬，引导人们树立正确的文化观念和价值取向，推动区域文化精神与民族文化传统相融合，与社会主义核心价值观相契合，为社会的和谐稳定和文明进步做出积极贡献。

只有政府部门、高等院校和其他文化研究机构与广大群众紧密合作，共同努力推动区域文化精神的发展，才能实现区域文化精神与民族精神和社会主义核心价值观的内在协调，并为区域文化精神的广泛传播和健康发展奠定坚实的基础。

第三节　区域文化的历史定位与时代价值

一、区域文化的历史定位

（一）区域文化是重要的战略资源，必须加大研究力度

文化是一个民族的灵魂，而区域的传统文化更是各地多年来生生不息、发展壮大的强大精神动力。它们不仅是历史的积淀，更是未来的丰厚资源。当前，我国正处于实现中华民族伟大复兴的关键时期，因此我们必须深刻地认识到区域历史文化在此历史机遇期中的重要意义。只有努力保护和开发好区域文化资源，我们才能为实现中华民族伟大复兴的目标做出实质性的贡献。

在世界范围内，任何国家和民族都无法摆脱文化的影响。文化是精神之根，它深深熔铸在民族的生命力、创造力和凝聚力中。文化也是兴旺发达的标志，是一个地区的活力与灵魂，更是一个地区的终极竞争力之一。

今天，文化不仅是一种精神的力量，还是一种现实的竞争力和生产力，对经济建设产生着巨大的作用和影响。区域文化是一笔宝贵的精神财富和社会资源，深入挖掘和研究它的内涵，继承和弘扬它的优秀传统，对于促进先进文化建设，让深厚的区域文化更好地为现代化建设服务，具有深刻的历史意义和现实意义。

不同地区在文化资源的开发与利用方面存在着巨大的差距。这主要是由于一些地区对区域文化的研究薄弱，存在着研究力量不集中，停留于表面形态的研究，缺乏对区域文化深层次研究和整体性把握等问题。这种区域文

化研究的薄弱不仅影响着文化层面，还影响着区域社会经济各个方面的发展，因而出现了区域文化边缘化与弱化的危机。

要解除这种危机，各地必须加大对本地区文化研究的投入力度，提升区域文化研究水平。必须全面解决区域文化的一系列理论问题，从而提高区域文化的现实影响力。只有这样，我们才能更好地挖掘和利用区域文化资源，推动地方社会经济文化的全面发展，实现中华民族伟大复兴的中国梦。

(二) 区域文化有共性也有个性，必须准确定位

区域文化研究的重点在于探索历史文化的内涵和特质。所谓历史文化，主要指的是传统社会的整体生活方式和价值系统，它既可以以有形的形式存在，如建筑、艺术、文学等，也可以以无形的方式存在，如信仰、道德观念、习俗等。准确把握区域历史文化的特质，充分展示区域文化特色，是区域历史文化研究的关键所在。

区域历史文化是各地区人民在长期的社会实践中创造出来的精神财富，其核心为各地区人民的精神风貌、观念意识和人格风范。不同地区的历史文化受到地域环境、历史传统、民族习俗等多方面因素的影响，呈现出丰富多样的特色。例如，中华民族文化是由中国不同的区域文化所组成的一个共同体，其中泰州学派思想所体现的人文关怀就是中华民族文化中的一个重要特点。

区域历史文化对一个地区的发展具有重要的影响。它不仅是地方经济的反映，也是社会环境的表现。区域历史文化一经形成就具有相对的稳定性，但同时具有动态变化性。文化的生存、发展和壮大，总是处在一定的环境中，因此要求文化与时俱进、与社会发展保持同步。浙江文化便是一个典型的例子，其结合了传统文化和海洋文化，形成独特的文化精神，体现了区域历史文化的开放性和发展性。

区域历史文化与整个中华民族的文化具有共性，但同时具有个性。在现实生活中，区域文化明显地表现出各自的个性特点，因此研究区域文化需要注重其定位，把握其共性与个性的关系。只有深入挖掘和研究区域历史文化，才能更好地理解和传承地方文化的精髓，使之在当代社会发展中焕发新的生机和活力。

(三) 区域文化研究任务艰巨，必须把握重点

区域文化在中国文化中扮演着重要的角色，因此研究区域文化对于全国的文化理论建设具有重要意义。从区域本身的发展角度来看，深入研究区域文化不仅可以提高区域的知名度，而且有利于更好地厘清区域文化发展脉络，充分利用区域独特而珍贵的历史文化遗产，为促进区域经济和社会的发展增添新的活力。由于每个区域都有其悠久的历史和深厚的文化底蕴，要彻底研究区域文化，任务十分艰巨，因此在研究过程中必须准确把握方向，突出重点。

研究区域文化必须注重树立区域应有的文化地位。每个地区都拥有许多独特的文物遗存、名胜古迹，以及源远流长、特殊的文化积淀。杰出的历史名贤、古朴灵秀的建筑、极具特色的民俗等都为各地留下了宝贵而丰富的文化资源。研究区域文化需要对这些优秀的历史文化进行细致盘点、科学分类，厘清脉络、把握本质，从而重新树立区域文化应有的历史地位，提高区域的知名度。

研究区域文化要着力推进区域文化资源的保护和利用。区域文化资源是区域内极具长远作用和生命活力的优势资源。研究区域文化需要着力提高人们对区域文化的保护意识，做好对区域内物质文化遗产和非物质文化遗产的保护工作，为文化自身的可持续发展奠定良好基础。解决社会可持续发展问题的当务之急是做好文化资源的开发与利用。各地应在加强对历史文化资源保护的基础上，做好历史文化资源的开发利用工作，支持能够把文化产业的底盘做大、打造强势文化品牌的区域历史文化研究，不断提升区域的文化软实力，推进区域文化的持续发展。

研究区域文化对于全国文化理论建设具有重要意义。在研究过程中，需要注重树立区域文化的地位，推进区域文化资源的保护和利用，以实现区域文化的持续发展，为地方经济和社会的繁荣做出更大贡献。

二、区域文化的时代价值

文化是富有个性的，而其个性首先根植于其所依赖的地域的差异。中国作为一个幅员辽阔、民族众多的国家，不同地域塑造了各具特色的区域文化。历史上，中国文化传播呈现出"东西交流、南北并峙"的格局，各地区

文化因此呈现出不同的特色，塑造了各地人们独特的性格。

区域文化是最能体现一个空间范围内人的特点的文化类型的。通常来说，区域文化指的是特定地域源远流长、独具特色、传承至今且仍然发挥作用的文化传统。它包括社会组织、宗教信仰、民俗传统、价值观念等，是在特定自然环境、特殊历史背景和独特文化积淀条件下形成的一种亚文化。区域文化具有很强的地域性、传统性和独特性，是以地域为基础、以历史为主线、以景观为载体、以现实为表象，在社会进程中发挥重要作用的人文力量。它不仅指向场景和物体本身，更主要的是指向景观背后所固有的内涵、传达的信息和带来的意义。从空间上看，区域文化在大范围内具有独立性，在小范围内则具有主导性；而从时间上看，区域文化在历史发展上具有持续性，在当今社会中具有现实性。

地域不仅是一个空间概念，同时也是一个思想和精神概念。正如钱锺书先生所说的"东海西海，心理攸同；南学北学，道术未裂。"一方水土养育一方人，也养育了一方文化。我们常说，民族的就是世界的，同样，我们也可以说，地域的也就是民族的。

讨论区域文化的重要性主要基于全球化和城市化的历史背景和现实处境。随着经济一体化程度的加深，整个地球正在成为一个"地球村"。经济可以一体化，但文化必须多元化。文化的价值在于其差异性和多样性，而文化最忌讳的就是求同。在全球化的浪潮下，如何保持本民族固有的风俗与传统已经上升为国家性问题。党中央高瞻远瞩地提出了"文化自信"的概念，并反复强调弘扬中华优秀传统文化的重要性。

区域文化的时代价值是一个涉及文化学、社会学、历史学等多个学科领域的复杂议题。它不仅关乎一个地区文化的传承与发展，更体现了区域文化在现代社会中的重要作用。对区域文化进行深入探讨，不仅有助于理解各地区的独特性和多样性，也有助于推动文化的多元发展，促进文化的繁荣与传承。

（一）区域文化时代价值的主要内容

1.促进区域经济发展

（1）区域文化塑造区域品牌形象

区域文化在塑造地区品牌形象方面具有重要作用。区域文化是一个地区的独特标识，它蕴含了该地区的历史、传统、风俗习惯等多个方面的文化元素。这些元素通过时间的沉淀和人们的传承，逐渐形成具有地方特色的文化品牌。这些品牌不仅代表了地区的形象，更成为吸引外部资源、促进经济发展的重要手段。

以旅游业为例，许多地区依托其独特的文化资源，成功打造了知名的旅游品牌。这些品牌不仅吸引了大量游客前来观光旅游，也为地区带来了可观的经济收入。这些文化品牌还提升了地区的知名度和美誉度，为其他产业的发展创造了良好的外部环境。

（2）区域文化推动文化创意产业发展

区域文化还推动了文化创意产业的发展。随着知识经济时代的到来，文化创意产业逐渐成为区域经济发展的新引擎。区域文化作为文化创意产业的源泉，为其提供了丰富的素材和灵感。通过对区域文化的挖掘和创新，可以开发出具有地方特色的文化创意产品，满足消费者的多样化需求。这些产业的发展不仅带动了相关产业链的发展，也为地区经济注入了新的活力。

（3）区域文化促进地区间经济交流与合作

区域文化还促进了地区间的经济交流与合作。作为地区间的共同语言，区域文化可以加强地区间的相互了解和信任，为经济合作打下坚实的基础。通过文化交流活动，各地区可以共享文化资源，推动形成区域经济一体化的发展格局。例如，一些地区通过举办文化节、艺术展览等活动，加强了与其他地区的文化交流与合作，为地区间的经济合作提供了更多的机会和可能。

（4）区域文化提升区域人才吸引力

区域文化对于吸引和留住人才也具有重要作用。一个拥有丰富文化资源的地区往往能够吸引更多的人才前来工作和生活。这些人才不仅为地区经济的发展提供了智力支持，也为地区文化的传承和创新注入了新的活力。区域文化的提升也有助于增强地区人民的文化素养和创造力，推动地区经济的持续健康发展。

2. 增强社会凝聚力

社会凝聚力作为社会和谐稳定、共同发展的基石，其重要性不言而喻。而区域文化作为地区的精神纽带，则在增强社会凝聚力和向心力方面发挥着关键作用。通过弘扬地区优秀传统文化，区域文化可以激发人们的归属感和认同感，增强地区的凝聚力和向心力。区域文化也为人们提供精神寄托和心灵慰藉，缓解社会矛盾和压力。

区域文化通过传承历史记忆，增强社会成员的归属感。每个地区都有其独特的历史传统和文化特色，这些文化元素经过时间的沉淀和人们的传承，逐渐形成具有地方特色的文化记忆。这些记忆不仅记录了地区的发展历程，更承载了人们的情感认同和价值追求。当人们共同分享这些文化记忆时，会产生强烈的归属感和认同感，从而增强社会的凝聚力。

区域文化通过塑造共同价值观念，促进社会的和谐稳定。一个地区的文化往往蕴含着该地区人民共同的价值追求和道德标准。这些价值观念在人们的日常生活中发挥着潜移默化的作用，引导人们树立正确的价值导向和行为规范。当社会成员共同遵循这些价值观念时，会形成一种强大的精神力量，推动社会的和谐稳定与共同发展。

区域文化通过丰富多样的文化活动，加强社会成员之间的互动交流。文化活动是区域文化的重要载体，它不仅能够展示地区的文化特色，更能够为人们提供互动和交流的平台。通过这些活动，人们可以增进相互之间的了解和信任，建立更加紧密的社会关系。这种互动与交流有助于消除隔阂和误解，增强社会的团结和凝聚力。

区域文化还通过培育地方特色文化，增强社会的文化自信心。每个地方都有其独特的文化资源和文化优势，这些资源和优势是地区发展的宝贵财富。通过挖掘和传承这些文化资源，可以培育出具有地方特色的文化品牌和文化产业。这些文化品牌和文化产业不仅能够提升地区的知名度和美誉度，更能够增强人们的文化自信心和自豪感。当人们对自己的文化充满自信时，会更加积极地参与到社会建设和发展中来，从而进一步增强社会的凝聚力。

通过传承历史记忆、塑造共同价值观念、举办丰富多样的文化活动以及培育地方特色文化，区域文化能够激发人们的归属感和认同感，促进社会的和谐稳定和共同发展。

3. 推动文化交流与互鉴

文化交流与互鉴作为促进人类文明进步与和谐共生的关键途径，正受到国际社会的广泛关注。在这一进程中，区域文化以其独特的魅力与内涵，扮演着举足轻重的角色。它不仅是各地区人民智慧的结晶，更是推动文化交流与互鉴的重要载体。

区域文化以其多样性为文化交流与互鉴提供了丰富的素材。从东方到西方，从南方到北方，不同地区的文化在风俗习惯、宗教信仰、艺术形式等方面呈现出千差万别的特点。这些差异为文化交流提供了广阔的空间，为文化互鉴提供了宝贵的资源。通过了解和欣赏不同地区的文化，人们可以开阔视野，增进对不同文化的理解和尊重。

区域文化通过节日庆典、艺术展览等活动，为文化交流与互鉴搭建了平台。这些活动展示了地区的文化特色，为人们提供了亲身体验和感受不同文化的机会。例如，中国的春节、美国的感恩节、印度的排灯节等都是各地区独具特色的节日。

区域文化还通过文化产业的发展，推动文化交流与互鉴的深入发展。随着全球化的加速推进，文化产业已成为推动经济发展的重要力量。各地区通过发展具有地方特色的文化产业，促进本地经济的繁荣，为文化交流与互鉴提供更多的机会。例如，中国的茶文化、法国的葡萄酒文化、日本的动漫文化等都是具有全球影响力的文化产业。

推动文化交流与互鉴并非易事。面对文化差异和误解，我们需要以开放包容的心态去学习和接纳不同文化。我们还需要加强文化教育的普及，提高人们的文化素养和跨文化交际能力。

在全球化的今天，文化交流与互鉴已成为推动世界和平与发展的重要力量。区域文化作为其中的重要组成部分，应承担更多的责任和使命。我们应深入挖掘和传承区域文化的精髓，通过举办各种文化交流活动、发展文化产业等方式，推动文化的交流与互鉴。我们还应加强与其他地区的交流与合作，共同推动世界文化的繁荣与发展。

4. 传承与创新传统文化

传统文化作为民族精神的根基与灵魂，承载着历史记忆、价值追求与智慧结晶，是一个民族传承和发展的重要组成部分。在全球化与现代化的浪潮下，传统文化面临前所未有的挑战与机遇。如何在传承中保持其原汁原味的魅力，同时在创新中焕发新的生机与活力，成为我们迫切需要思考的问题。

要深入挖掘传统文化的内在价值。每一种传统文化都有其独特的魅力与内涵，它们或体现了民族的智慧与勇气，或承载了人们的情感与信仰。通过深入研究和学习，我们可以更好地理解传统文化的精髓与要义，为其传承奠定坚实的基础。我们还要注重传统文化的普及与教育，让更多的人了解、认同并热爱自己的文化，形成强大的文化自觉与文化自信。

传承并非简单复制与模仿，而是要在尊重传统的基础上，赋予其新的时代内涵。这就要求我们在传承传统文化的过程中，注重与现代社会的融合与共同发展。例如，我们可以将传统艺术与现代科技相结合，创造出具有时代特色的文化产品；或者将传统价值与现代社会需求相结合，推动传统文化的创新发展。这样，传统文化才能在新的历史条件下焕发新的生机与活力。

在传承与创新传统文化的过程中，我们还需要注重文化产业的发展。文化产业是传统文化传承与创新的重要载体，通过发展文化产业，我们可以将传统文化转化为具有市场竞争力的文化产品，推动其走向更广阔的舞台。文化产业的发展也可以为传统文化的传承与创新提供更多的资金与技术支持，形成良性循环。

传承与创新传统文化是一项长期而艰巨的任务。我们需要深入挖掘传统文化的内在价值，注重与现代社会的融合与共同发展；我们还要具备开放的心态与创新的思维，勇于尝试新的方式与方法。只有这样，我们才能在传承中保持传统文化的魅力，在创新中焕发新的生机与活力，为文化的繁荣发展贡献自己的力量。

(二) 区域文化时代价值的实现路径

1.加强区域文化研究与传播

(1) 区域文化传播的重要性

区域文化传播的重要性不言而喻，它是推广地方文化、增强文化软实力的重要手段。通过有效的传播手段，可以让更多的人认识和了解地方文化，进而产生对地方文化的兴趣和认同。这不仅有助于提升地方文化的知名度和影响力，还可以促进不同文化之间的交流与互鉴，推动文化的多样性发展。

在当今信息化时代，利用现代科技手段如互联网、社交媒体等，可以扩大文化传播的覆盖面和影响力。通过在线平台发布地方文化的文章、图片、视频等形式,可以将地方文化传播到全球各地,吸引更多人的关注。借助社交媒体的力量,可以通过分享、转发等方式扩散地方文化的信息,形成良好的口碑和传播效应。

除了利用现代科技手段,举办文化活动也是加强区域文化传播的重要途径之一。通过举办文化节、艺术展览、民俗表演等活动,可以让更多的人亲身感受到地方文化的魅力。这些活动不仅可以吸引当地居民参与,还可以吸引外地游客前来体验,从而推动地方旅游业的发展,促进地方经济的繁荣。

(2)加强区域文化研究与传播的途径

加强地方文化研究是加强区域文化传播的重要途径之一。通过深入挖掘地方文化的历史、传统、特色等,可以为文化传播提供丰富的素材和依据。建立完善的文化研究体系,加强相关学科建设和人才培养,也可以为地方文化传播提供坚实的理论和学术支撑。

加强国际文化交流与合作也是加强区域文化传播的重要途径之一。通过与其他地区的文化机构、文化团体进行合作交流,可以互相学习借鉴,扩大地方文化的国际影响力。通过举办文化展览、艺术交流活动等方式,可以让更多的国际友人认识和了解地方文化,促进地方文化的国际交流与合作。

加强区域文化研究与传播,需要建立完善的文化研究体系,深入挖掘地方文化资源,创新文化传播方式,加强国际文化交流与合作等多方面的努力。只有如此,才能更好地推广地方文化、增强文化软实力,促进地方文化的传承和发展。

2.推动文化产业创新发展

(1)文化产业创新发展的重要性

文化产业创新发展是提升国家文化软实力的重要途径。文化软实力是一个国家综合国力的重要组成部分,它体现了国家的文化影响力、文化吸引力和文化竞争力。通过推动文化产业创新发展,可以打造具有中国特色、时代特征、世界影响的文化精品,增强中华文化的国际传播力和影响力,提升国家的文化软实力。

文化产业创新发展是促进经济结构优化升级的重要手段。随着经济的发展,文化产业已经成为新的经济增长点。通过推动文化产业发展,可以培育新的文化业态，推动文化产业与其他产业的融合发展，形成新的经济增长点，促进经济结构的优化升级。

文化产业创新发展是满足人民日益增长的精神文化需求的重要保障。随着人们生活水平的提高，对精神文化的需求也越来越高。通过推动文化产业发展，可以提供更多优质、多样、个性化的文化产品和服务，满足人民日益增长的精神文化需求，提高人们的生活质量和幸福感。

(2) 文化产业创新发展面临的挑战

尽管文化产业创新发展具有重要意义，但在实际操作过程中，我们仍然面临诸多挑战。

文化创新不足是制约文化产业发展的主要因素。当前，我国文化产业在原创性、创新性方面还有待加强。一些文化产品缺乏新意、缺乏深度和内涵，难以吸引观众和市场的关注。一些传统文化资源尚未得到充分挖掘和利用，缺乏与现代元素的融合和创新。

文化产业人才短缺也是文化产业发展的瓶颈之一。文化产业的发展需要大量高素质、专业化人才的支持，包括创意人才、管理人才、技术人才等。目前，我国文化产业人才供给与需求之间存在较大差距，高端人才短缺，人才培养机制尚不完善。

(3) 推动文化产业创新发展的具体策略

针对以上挑战，我们需要从多个方面入手，推动文化产业创新发展。如加强文化创新，提升文化产业的原创性和创新性。政府应加大对文化创新的支持力度，鼓励文化企业和个人进行原创性创作，推动传统文化与现代元素的融合和创新。加大知识产权保护力度，打击盗版侵权等不法行为，为文化创新提供良好的市场环境。

3. 加强区域文化设施建设

(1) 区域文化设施建设的重要性

加强区域文化设施建设有助于提升区域文化软实力。文化软实力是一个地区综合实力的重要组成部分，它体现了地区的文化影响力、吸引力和竞争力。完善的文化设施可以展示地区的文化底蕴和特色，吸引更多人前来参观、学习和交流，从而提升地区的知名度和美誉度。例如，建设具有代表性的博物馆、图书馆、文化中心等设施，可以展示地区的历史文化，如艺术品和文学作品等，增强地区的文化软实力。

加强区域文化设施建设是推动文化产业发展的重要举措。文化产业作为新兴产业，具有巨大的发展潜力和市场空间。文化设施的建设为文化产业提供了必要的物质基础，也为文化产业的创新发展提供了良好的环境。通过加强文化设施建设，可以吸引更多的文化企业和创意人才聚集，推动文化产业的快速发展。例如，建设艺术表演场所、创意园区等，可以促进文化创意产业的蓬勃发展，为地区经济增长和就业提供新动力。

加强区域文化设施建设是满足人民精神文化需求的重要保障。完善的文化设施可以为人们提供丰富多彩的文化活动和产品，满足人民的精神文化需求。例如，建设公共图书馆、艺术馆、文化广场等，可以为市民提供学习、阅读、观展等文化活动的场所，丰富人们的精神文化生活，增强社会凝聚力和文化认同感。

区域文化建设的加强能够更好地提升区域文化软实力，推动文化产业的发展，以及满足群众精神文化需求。政府部门应加大对文化设施建设的投入力度，注重文化设施的多样性和可持续性，为地区文化发展和人民幸福生活打下更加坚实的基础。

（2）加强区域文化设施建设的措施

提高政府对文化设施建设的重视程度是促进区域文化发展的关键一步。政府在这方面可以采取一系列措施来确保文化设施建设得到充分的重视和支持。政府应该深刻认识到文化设施建设对于提升区域文化软实力、推动文化产业发展的重要性。文化设施为人民群众提供了一个享受文化生活、提升文化素养的现实基础，为区域文化的传承与弘扬提供了重要载体。政府应该将文化设施建设纳入地区发展规划的重要内容，制定长远的发展目标和规划，明确投资方向和重点项目。

政府需要加大对文化设施建设的投入力度。在财政预算中增加对文化设施建设的专项资金，确保资金投入到位。政府可以通过引导社会资本参与文化设施建设、鼓励文化企业开展投资等方式，扩大资金来源，提高资金使用效率。政府还可以通过引入税收优惠政策、设立专项基金等方式，鼓励企业和个人加大对文化设施建设的投入力度。

政府需要建立健全的文化设施建设考核机制，确保各项建设任务得到有效落实。建立明确的目标和指标体系，对文化设施建设的进展情况进行定期评估考核，及时发现问题并采取措施加以解决。政府应该加强对文化设施建设的监督管理，加大对违规行为的惩处力度，确保建设过程的公开透明和合法规范。

政府可以采取措施加强文化设施的规划与布局。在制定文化设施建设规划时，应充分考虑地区特点和发展需求，确保设施的分布合理、均衡。政府应该注重城乡之间的文化设施统筹，推动城乡文化设施一体化发展。政府还应该注重文化设施的多样性和特色性，满足不同群体的文化需求，提升人民群众的获得感和幸福感。

政府需要加强对文化设施的管理和运营。建立健全文化设施管理制度，明确设施的使用规则和管理责任。加强对文化设施管理人员的培训和教育，提高他们的专业素质和服务意识。政府可以引入市场机制，吸引社会资本参与文化设施的建设和运营，提高设施的使用效率和服务质量。

4. 强化政策支持和资金投入

(1) 政策支持的重要性

政策支持在区域文化发展中扮演着至关重要的角色。政策能够为文化产业的发展提供明确的导向和目标。通过制定文化产业发展规划、出台相关扶持政策，政府可以引导文化企业朝着既定的方向发展，形成具有地方特色的文化产业集群。政策能够优化文化产业的发展环境。政府可以通过简化审批流程、降低市场准入门槛、加强知识产权保护等措施，为文化企业提供更加便捷、高效的服务，激发市场主体的活力。政策还能够促进文化资源的整合和共享，形成文化产业的联动效应。

文化产业是一个涵盖广泛领域的复合性产业，它不仅包括传统的文化艺术领域，还涉及数字娱乐、创意设计、文化旅游等多个方面。在当前经济转型升级的背景下，文化产业已经成为推动经济增长、促进就业创业的重要引擎之一。政府应该制定一系列针对性政策，为文化产业的健康发展提供有力支持。

政府可以通过加大对文化产业的财政投入来支持其发展。财政资金是文化产业发展的重要支撑，政府可以通过设立文化产业发展基金、设立专项资金等方式，向文化企业提供资金支持，鼓励其加大研发投入、提升产品品质，推动文化产业向高端化、精品化方向发展。

政府可以通过完善金融服务体系来支持文化产业的发展。当前，文化产业普遍面临融资难、融资贵的问题，政府可以引导金融机构加大对文化企业的信贷支持，推动建立多层次、多渠道的融资体系，为文化企业提供更加灵活、便捷的融资服务。

另外，政府还可以通过加强人才培养和人才引进来支持文化产业的发展。人才是文化产业发展的核心竞争力，政府可以建立健全人才培养体系，加大对文化专业人才的培训力度，培养一批具有国际竞争力的文化创意人才。政府还可以通过实施人才引进政策，吸引海外优秀人才来我国从事文化产业工作，为文化产业的创新发展注入新的活力。

政府还可以通过建立健全文化产业扶持政策体系来支持文化产业的发展。政府可以根据不同地区、不同行业的实际情况，制定具有针对性的扶持政策，如税收优惠政策、土地政策、创业担保政策等，为文化企业提供更加优惠、便利的发展环境，激发其创业创新活力。

政府还可以通过加强文化产业国际合作来支持其发展。当前，文化产业国际化已成为发展的必然趋势，政府可以积极倡导和推动文化产业与国际市场的对接与合作，开展文化交流、项目合作，拓展文化产品的国际市场，提升文化产业的国际竞争力。

政策支持在区域文化发展中发挥着至关重要的作用。政府应该通过制定有力政策，为文化产业的发展提供全方位、多层次的支持，推动文化产业健康、快速、可持续发展，为经济社会发展注入新的活力。

(2) 资金投入的必要性

资金投入对于区域文化发展的重要性不言而喻。它不仅是文化产业发展的物质基础，更是文化繁荣的支柱和保障。当今社会，文化已经不再局限于传统的艺术、历史和文学领域，而是延伸至文化创意产业、数字文化、文化旅游等多个方面。充足的资金投入势在必行。

文化产业作为一个新兴产业，需要大量的资金投入来支持其研发、生产、推广等各个环节。在全球范围内，文化产业已经成为经济增长的重要引擎之一。要想让文化产业不断焕发创新活力，推动其持续发展，就需要持续不断地注入资金。这些资金不仅用于支持文化产品和内容的创作，还用于培养人才、建设平台、推广营销等方面。只有通过持续的资金投入，文化产业才能不断涌现更多优秀作品，为社会带来更多文化价值。

资金投入能够提升文化基础设施的建设水平。文化基础设施如文化馆、图书馆、博物馆等，不仅是文化传播和交流的重要平台，更是人们欣赏艺术、获取知识、体验历史的重要场所。这些设施的建设和维护需要大量的资金支持。通过增加对文化基础设施的投入，可以提升其设施标准和服务水平，为人民群众提供更加便捷、丰富的文化服务体验。这不仅有助于丰富人们的文化生活，也能够促进文化交流和传承。

资金投入还能够吸引更多的文化人才投入文化产业，从而提升文化产业的整体素质和竞争力。文化产业的发展离不开具有高水平技能和创意能力的人才支持。而资金的充足投入可以为文化人才提供更多的培训机会、创作支持和项目资助，从而吸引更多的人才加入文化产业。这些人才的拥入不仅能够丰富文化产业的人才队伍，还能够带动产业的技术创新和发展，提升整个文化产业的竞争力和影响力。

资金投入对于推动区域文化发展起着至关重要的作用。只有不断加大对文化产业的资金投入，提升文化基础设施建设水平，吸引更多的人才投入文化产业，才能够推动文化产业的不断创新和发展，实现文化繁荣和社会进步的目标。政府、企业以及社会各界应该共同努力，加大对文化发展的资金支持力度，共同促进文化事业的蓬勃发展。

（3）具体的政策措施

为了实现区域文化的时代价值，政府需要采取一系列具体的政策措施来强化政策支持和资金投入，从而推动区域文化的发展和繁荣。

政府应制定文化产业发展规划。政府应该根据地方文化资源和产业基础，制定符合实际的文化产业发展规划，明确发展目标、重点任务和保障措施。这些规划应该具有一定的前瞻性和可操作性，能够引导文化产业朝着既定方向发展，为区域文化的繁荣奠定基础。

政府可以出台税收优惠政策。通过减免税收、降低税率等方式，政府可以减轻文化企业的税收负担，提高其盈利能力。对于符合条件的文化企业，政府还可以给予一定的财政补贴和奖励，鼓励其加大研发投入和市场拓展力度，从而促进文化产业的健康发展。

政府需要加强金融支持。政府可以引导金融机构加大对文化产业的信贷支持力度，降低文化企业的融资成本。政府还可以设立文化产业投资基金，吸引社会资本投入文化产业，为文化企业提供多元化的融资渠道。

政府应该简化审批流程。为了减少文化产业发展过程中的行政成本和时间成本，政府应该简化文化产业的审批流程，减少审批环节和时间成本，提高审批效率。政府还应加强部门之间的协调配合，形成工作合力，为文化产业的发展创造良好的环境。

政府需要加强知识产权保护。政府应建立健全知识产权保护制度，加大对侵权行为的打击力度，保护文化企业的合法权益。政府还应加强知识产权的宣传和普及工作，增强全社会的知识产权意识，为文化产业的健康发展提供有力保障。

区域文化的时代价值和发展繁荣，需要政府部门制定一系列具体、有力的政策措施，加大对相关产业的政策支持和资金投入，更好地推动其高质量发展。

(4) 资金运作方式

在资金投入方面，政府需要采取灵活多样的资金运作方式来满足文化产业的发展需求。

设立专项资金。政府可以设立文化产业专项资金，用于支持文化产业的重点项目、基础设施建设以及人才培养等方面。专项资金的使用应遵循公开、透明、规范的原则，确保资金使用的有效性和安全性。

(5) 政策支持与资金投入

政策支持和资金投入在区域文化发展中具有协同效应。政策的制定和实施需要资金的支持，而资金的投入也需要政策的引导和规范。政策与资金的有机结合可以形成强大的合力，推动文化产业实现跨越式发展。

强化政策支持和资金投入能够更好地实现区域文化的时代价值。政府应充分认识到政策支持和资金投入在文化产业发展中的重要作用，制定符合实际的文化产业发展规划和政策措施，加大资金投入力度，创新资金运作方式，为文化产业的发展提供有力的保障和支持。政府应该密切关注文化产业的实际需求，加强与社会各界的沟通与合作，共同推动文化产业蓬勃发展，为社会、经济、文化的繁荣贡献力量。

5. 促进文化交流与合作

（1）文化交流与合作的重要性

文化交流与合作是当今世界连接不同文化之间的重要桥梁，其意义深远而重要。从增进相互了解到推动文化创新，再到促进世界和平与发展，文化交流与合作扮演着多重角色，塑造着我们共同的未来。

文化交流与合作有助于增进不同文化之间的相互了解。通过文化交流，人们可以亲身感受不同文化的独特魅力，了解其他文化的历史、传统和价值观。这种亲身体验的方式比单纯的文字或图片描述更加直观生动，有助于打破文化隔阂，增进相互理解。例如，国际文化节、艺术展览、文化交流团等活动，都为人们提供了与其他文化互动的机会，促进了跨文化交流与理解。

文化交流与合作是推动文化创新的重要途径。不同文化之间的碰撞和融合往往能够激发新的创意和灵感。通过交流与合作，不同文化可以相互借鉴、吸收彼此的优点，推动各自文化的创新发展。这种创新不仅有助于提升文化的生命力，也能够为文化产业的发展注入新的活力。例如，跨文化合作创作的电影、音乐作品往往能够融合不同文化的元素，产生具有全新风格和影响力的作品，从而为文化领域带来新的发展机遇。

文化交流与合作对于促进世界和平与发展具有重要意义。文化是人类共同的精神财富，是联结不同国家和民族的纽带。通过文化交流与合作，可以增进各国人民之间的友谊和互信，减少误解和偏见，为世界的和平与发展创造有利的环境。例如，国际的文化交流项目、文化合作协议等不仅促进了文化领域的发展，也为跨国合作、外交关系的发展打下了良好的基础。文化交流与合作的积极影响甚至延伸至经济、政治等领域，为构建人类命运共同体注入了强大动力。

文化交流与合作在当今世界的发展中扮演着不可或缺的角色。只有通过增进相互了解、推动文化创新、促进世界和平与发展，我们才能共同开创一个多元、包容、繁荣的未来。各国应当加强文化交流与合作，共同促进文化的交流与互鉴，为人类文明进步做出更大贡献。

（2）促进文化交流与合作的策略与措施

加强政府间的交流与合作是推动区域文化交流与合作的重要途径。各国政府应该认识到文化交流与合作的重要性，加强在文化领域的沟通与合作，共同制定文化交流与合作的发展规划，推动文化活动的顺利开展。政府间的交流与合作可以从以下几个方面进行。

一是政府应加大对文化产业的支持力度。文化产业是文化交流与合作的重要载体，政府可以通过制定相关政策，提供必要的资金支持和政策扶持，促进文化产业的健康发展。这包括对文化企业的税收优惠、财政补贴等方式，为文化交流与合作提供必要的资金保障。

二是推动民间文化交流活动的开展。民间文化交流是增进相互了解、促进友谊发展的重要途径。政府可以鼓励和支持民间文化团体、艺术家等开展文化交流活动，通过展览、演出、研讨会等形式展示各自文化的魅力。还可以加强在教育、旅游等领域的合作，为民间文化交流提供更多的机会和平台。

三是加强文化人才的培养与交流。文化人才是文化交流与合作的重要支撑。各国应加强在文化教育、人才培养等方面的合作，共同培养具有国际视野、跨文化交流能力的文化人才。还可以通过互派访问学者、留学生等方式加强人才交流，为文化交流与合作注入新的活力。

四是利用现代科技手段推动文化交流与合作。现代科技手段如互联网、社交媒体等，为文化交流与合作提供了更加便捷、高效的途径。各国应充分利用这些手段，开展线上文化交流活动，打破地域限制，让更多的人能够参与文化交流。

五是注重文化交流与合作的实效性和可持续性。文化交流与合作不应该仅停留在表面形式上，而应该注重实效性和可持续性的交流。各国应在交流过程中深入挖掘各自文化的内涵和价值。还应该注重文化交流与合作的长远规划，确保其在未来能够持续发挥积极作用。

在全球化和现代化的浪潮中，我们应该更加重视区域文化的传承与发展，充分挖掘其时代价值，为地区乃至全人类的文明进步贡献力量。政府间的交流与合作是实现这一目标的重要保障和推动力量。

6.构建文化产业链

（1）构建文化产业链的意义

文化产业链的形成对于提升文化产业的整体竞争力至关重要。通过加强产业链上下游的衔接与协作，实现资源共享和优势互补，可以推动文化产业向规模化、集约化、专业化方向发展，从而提升文化产业的整体实力和影响力。文化产业链的构建不仅是一个产业内部的组织形式，更是一个综合性的发展战略，有助于整合资源、提高效率、增强竞争力。

文化产业链的形成有利于优化资源配置，实现产业链上下游的良性互动。在文化产业链中，各个环节相互依存、相互促进，形成一个相互补充的生态系统。比如，在文化创意环节，文化创作者通过创作出具有艺术价值和市场潜力的作品，为整个产业链注入了源源不断的创新动力；而在文化传播环节，文化媒体和平台则将这些作品进行宣传推广，扩大其影响力和市场知名度；最终在文化消费环节，消费者通过购买、欣赏和体验文化产品，形成良性的消费循环。这种良性循环的存在，使文化产业链能够更加高效地运转，实现资源的最大化利用。

文化产业链的构建有助于推动文化产业与其他产业的融合发展。文化产业具有高度的渗透性和融合性，可以与旅游、教育、体育等多个产业进行深度融合，形成新的产业形态和增长点。通过构建文化产业链，可以促进文化产业与其他产业的相互渗透和相互促进，实现产业的共赢发展。例如，文化产业与旅游产业的融合，可以通过打造文化旅游景区、推出文化主题活动等方式，吸引更多游客前来消费，不仅促进了文化产业的发展，也为旅游产业注入了新的活力。

文化产业链的构建有助于推动文化创新和文化传播。文化产业链的形成，为文化创新提供了更加广阔的空间和平台，可以激发文化创作者的创作灵感，推动文化产品的多样化和个性化发展。文化产业链的构建也有助于加强文化传播和交流，推动文化产品走向世界，提升国家文化软实力。通过文化产业链的构建，文化产品能够更好地传播到全球各地，使文化产业成为国家软实力的重要表现形式，进一步提升国家在国际文化领域的影响力和竞争力。

文化产业链的形成对于提升文化产业的整体竞争力具有重要意义。政府和相关部门应该加强对文化产业链的引导和规范，促进产业链上下游的良性互动和协作，推动文化产业向着高质量发展的方向迈进。还需要注重文化产业与其他产业的融合发展，推动文化创新和文化传播，为文化产业的健康发展营造良好的环境和条件。

(2) 构建文化产业链的路径

加强文化内容的创作和生产是推动文化产业发展的关键一环。文化内容作为文化产业链的核心，承载着传统与现代、地方与全球的交汇与融合。只有通过不断创作出优秀的文化作品，才能够吸引消费者的关注和喜爱，从而推动文化产业的繁荣。政府和社会各界应加大对文化创作的投入和支持，鼓励文化创作者发挥创意，创作出更多具有地方特色、时代价值的文化作品。这包括为文化创作者提供更多的创作资源和资金支持，激励他们在文学、艺术、音乐、影视等领域不断探索创新，为文化产业注入更多的活力和内涵。

另外，加强文化产业的传播和推广也是至关重要的。无论文化内容多么丰富多彩，若无有效的传播和推广手段，其价值也将无法被充分体现。传播和推广是文化产业链的重要环节，通过有效的传播和推广手段，才能让文化产品走向市场，实现其价值。政府和社会各界应充分利用现代媒体手段，如互联网、社交媒体等，加强文化产品的宣传和推广，扩大文化产品的影响力和知名度。还可以通过举办文化展览、文化艺术节等活动，提升文化产品的曝光度和吸引力，促进文化产业的良性发展。

加强文化产业与相关产业的融合发展也是当前的重要任务之一。文化产业具有高度的融合性，形成产业协同发展的新模式。政府应出台相关政策措施，鼓励文化产业与相关产业的交流与合作，推动形成文化产业与相关产业的良性互动和共赢发展。例如，可以通过文化旅游、文化教育等方式，将文化产业与其他产业相结合，为消费者提供更加丰富多彩的文化体验和服务，促进产业的跨界融合与创新发展。

加强对文化产业人才的培养和引进也是文化产业发展的重要保障。人才是文化产业发展的关键，政府和社会各界应加大对文化产业人才的培养和引进力度，建立完善的人才培养机制，吸引更多优秀人才投身文化产业事业。这包括提供优厚的待遇和福利、搭建良好的职业发展平台、加强产学研合作等方面。还应注重培养文化产业人才的创新能力和国际视野，提升其适应产业发展需求的能力，为文化产业的可持续发展提供源源不断的人才支持。

在城镇化建设和新农村建设的进程中，保护和传承区域文化已成为当务之急。区域文化对于构建中国人内心的秩序、透视中国人的精神实质、中华民族的传承、中华文化的复兴具有重要的历史和现实意义。政府和社会各界应加强对区域文化的保护和传承工作，通过加强对文化遗产的保护、举办各类文化活动等方式，传承和弘扬优秀的区域文化，促进中华文化的多样性和繁荣发展。还应注重挖掘和发掘区域文化的价值和特色，将其与现代文化产业相结合，推动区域文化的创新发展，为中华文化的传承与创新贡献力量。

第四节　区域文化中的思想政治教育资源

一、区域文化是思想政治教育的人文根基

区域文化是指在特定地域内形成的具有独特历史、风土人情和文化传统的文化现象，它蕴含着丰富的历史积淀和地域特色，是中华民族优秀文化的重要组成部分。在大学生思想政治教育中，区域文化扮演着重要的角色，其地域的教育功能主要体现在以下两个方面。

区域文化丰富了学生的体验。学生在接触和体验地域文化的过程中，不仅可以感受到社会与自然的融合，还可以培养情感与态度，以及体验为地域内社区服务的成就感。通过参与地域文化活动和项目，学生能够深入了解当地的历史文化、民俗风情，增强对文化传统的认同感和归属感，从而更好地融入社会生活。

区域文化培养了学生的社会性。地域是个体社会性形成的原动力，社区是人们共同生活的场所，为学生的社会性形成和发展提供了广阔的天地。通过参与社区活动和服务，学生能够了解社会生活的复杂性和多样性，培养团队合作精神、社会责任感和公民意识，促进个人全面发展和社会和谐进步。

思想政治教育作为一种社会实践活动，是建构在人的基础上，以解决人的思想、立场和观点问题为核心的。而人是文化的人，任何人的成长都在一定的文化中进行，并且必须依靠文化的作用。思想政治教育主要通过文化传承和文化熏陶来达到育人的目的，深受民族文化传统和历史文化背景的制

约与影响。大学生的思想政治教育应当根植于地域文化的土壤中，借助区域文化的深厚人文底蕴来进行。

从历史的角度来看，思想政治教育与民族文化传统紧密相连，深受其制约和影响。只有扎根于地域文化的基础上，思想政治教育才能展开和深入。大学生的思想政治教育需要依托地域文化的人文底蕴，与之相辅相成，共同促进学生的全面发展和社会进步。地域文化对于大学生思想政治教育的重要性不可忽视，它为思想政治教育提供了坚实的人文根基和精神支撑，为学生的健康成长和全面发展奠定了重要的基础。

二、区域文化是思想政治教育的重要素材

区域文化是大学生思想政治教育取之不尽的宝藏，为人才培养提供了强有力的思想宝库、精神动力和智力支持。任何一所高校都处在富有特色的文化区域中，学生一旦长期处于某种特定的地方文化氛围中，也会自然而然地受到该区域文化的影响，会对该地区的文化传统产生兴趣和亲和感。那些凝聚在地方历史文化、风土人情、时代风貌中的地域精神以及反映这些精神的历史遗迹、文物、博物馆、纪念馆、展览馆、烈士陵园和杰出人物等都成为一种富有潜力和特色的思想政治教育资源。挖掘和利用区域文化中的思想政治教育资源，能够使大学生的思想政治教育更加贴近生活、贴近教育对象、贴近实际，更有说服力和感染力，从而提高思想政治教育的针对性、实效性。

区域文化是人类文化的重要组成部分，发掘其中丰富的思想政治教育资源，并将其运用到思想政治教师的教学实践与学生的思想品德行为养成实践中，使大学生所接受的思想政治教育更有亲和力、感染力和说服力。区域文化是发展中国特色社会主义文化，建设社会主义文化强国的宝贵财富。在当前背景下，高校思想政治教育工作要大力加强区域文化研究，拓展中华文化研究的区域视角，提高区域文化与高校思想政治教育的有效融合程度，提升当代大学生思想政治教育的质量。在实际教学工作中要通过创新教育方式，深挖区域文化中蕴含的思想政治教育资源，不断革新和完善当代高校思想政治教育内容，发挥区域文化与思想政治教育融合教学的独特魅力。

区域文化的深入挖掘和有效利用对大学生的思想政治教育具有重要意

义。通过深入研究区域文化的历史渊源、精神内涵以及特色传统，可以使学生更加深入地了解自己所处的文化环境，增强文化自信心和认同感。将区域文化融入课程教学，设计相关的教学内容和活动，可以使学生在学习中感受到文化的魅力，增强其对文化传统的尊重和理解。通过组织参观、实地考察等实践活动，使学生亲身体验和感受区域文化的魅力，进一步加深其对文化传统的认同和热爱。

在高校思想政治教育中，区域文化的融合应该贯穿教育全过程。在课堂教学中，可以通过讲解相关的地方历史、传统文化、地方风土人情等内容，引导学生了解和思考自己所处的文化环境，增强文化自觉性和文化自信心。在学生管理和日常教育管理中，可以通过举办文化活动、组织文化考察等方式，丰富学生的课余生活，增强文化认同感和凝聚力。在社团组织和社会实践中，可以通过开展文化传承、文化创作等活动，促进学生对文化传统的传承和发展，培养学生的文化自觉性和责任感。

区域文化对于大学生思想政治教育具有重要意义。高校应该加强对区域文化的研究和挖掘，将其融入思想政治教育中，为学生提供丰富多彩的文化资源，增强学生的文化底蕴和文化自信心，培养学生的爱国情怀和社会责任感，推动学生全面发展、健康成长。

三、区域文化与思想政治教育融合的举措

(一) 建基地拓资源，实践教学"落地"

学院与相关部门共建重点社科研究基地和实践教学基地，例如与 A 市委组织部、社科联、宣传部、司法局等合作建立基地，为教学实践提供了坚实的支撑和资源保障。通过这些基地的建立，学院不仅得到了更广泛的社会支持，还将理论教学与实践结合起来，让学生在实践中深化对理论的理解，提高了思想政治教育的针对性和实效性。

(二) 聚焦重点内容，创新教学模式

学院聚焦重点内容，创新教学模式。特别是在中国近现代史纲要等课程中，构建了"三五六"实践教学模式，将主题教育、教学资源和重点内容

有机结合起来，形成独具特色的实践教学模式。这种模式既突出了地域文化和红色精神的传承，又注重了学生实际能力的培养，为思想政治教育提供了更为丰富多样的内容和形式。

(三) 立足课堂改革，实施"三五六"教学法

学院立足课堂改革，实施"三五六"教学法。这一教学法立足于课堂教学的核心地位，通过"三五六"教学模式，将教学内容、方法和目标有机结合起来，形成一套科学有效的教学体系。特别是在课程群中，采取"三个三"的教学法，加强了教学的针对性和导向性，为学生提供了更加丰富有效的学习体验。

(四) 评价注重过程，开展"五个一"活动

学院评价注重过程，开展"五个一"活动。通过这一系列活动，学院不仅提高了教学质量监控和评价的科学性和有效性，还培养了学生的综合素质和创新能力。特别是将德育评价结果纳入学生评优、评先和入党的范畴，为学生成长提供了更多的机会和动力。

(五) 拓展网络资源，微课堂覆盖面广

学院拓展网络资源，建立微课堂，扩大了教育覆盖面。面对大学生"无处不网"的时代特征，学院与网络平台合作，建立了教育资源服务平台，充分利用网络资源，丰富了教学的形式和内容，提高了教学效果和吸引力。

学院在思想政治教育"落地"方面取得了显著成效，为学生提供了更加丰富的学习体验，为社会培养了更多具有高素质和创新能力的人才，为中国特色社会主义事业的发展做出了积极贡献。

第二章　思想政治教育的理论基础

第一节　思想政治教育的基本认识

一、思想政治教育的理念

(一) 全面发展的教育理念

1. 积极融入社会实践教育

实践是人实现自身价值的必要途径。只有通过积极参与社会实践，大学生才能够实现全面发展。人类社会的进步和文明发展离不开劳动实践的推动，正是通过各种社会实践活动，人类社会才得以不断发展和进步。在社会实践中，人们开始形成社会属性和社会关系，促使个体与社会相互作用、相互影响，实现了共同发展。

理解和掌握自然界与人类社会发展的基本规律对于大学生实现全面发展至关重要。参与各种社会实践成为当代大学生实现全面发展的基础与前提之一。只有通过参与实践，发现自身的不足并解决问题，才能逐步培养出可以满足社会需求的新时代青年。思想政治教育的最终目的就是实现大学生的自由全面发展。为了达成这一目的，思想政治教育工作者应该坚持将社会实践与理论教学有机结合起来，采取一视同仁的态度对待二者。

在开展思想政治教育的过程中，既要重视理论教学，也要注重实践教学。通过理论教学，大学生才能够深刻理解社会发展的基本规律和人类历史的发展脉络；而通过实践教学，则可以让大学生在实际操作中感受和领悟理论知识的应用和实践意义。只有理论与实践有机结合，学生的个人潜能才能够得到最大限度的开发，才能够更好地实现思想政治教育的目标。

思想政治教育工作者在教育工作中一方面要注重培养学生的实践能力和创新意识，引导学生通过实践活动增长见识、锤炼意志、提升能力，实现个人价值与社会价值的统一；另一方面要重视理论教学，使学生具备扎实的理论基础和广阔的知识视野，为他们的未来发展打下坚实的基础。只有理论与实践相结合，思想政治教育才能够真正实现其育人目标，培养出德、智、体、美、劳全面发展的社会主义建设者和接班人。

2. 确立正确的人生目标

任何一个个体都有自己的人生目标，这些目标并不单纯表现为某种难以实现的理想，而是指那些可以实现的目标，即在人生观的指引下经过自己的不懈努力而实现的目标。在大学阶段，正是大学生确立人生目标和价值观的关键时期。这个阶段，大学生们正处于成长的关键时期，他们面临诸多选择和挑战，需要通过思想政治教育来引导他们树立正确的人生观、价值观，以及积极向上的人生目标。

大学阶段是一个年轻人成长成熟的重要阶段，也是他们思想意识逐步形成和确立的关键时期。在这一阶段，大学生接触到了更广阔的世界，面对更加多样化的选择，他们需要在思想政治教育的引导下，认真思考自己的人生目标和未来发展方向。这些人生目标并不一定要与人的全面发展直接相关，而是应该根据自己的兴趣爱好、个人优势和社会需求来确定，既符合个人的意愿，又有利于社会的进步与发展。

思想政治教育应该注重引导大学生树立以人为本、艰苦奋斗、积极奉献、为社会主义奋斗的精神和信念。以人为本的思想意识要求大学生关注人民群众的利益和福祉，注重个人与集体、个人与社会的关系，培养大学生的责任意识和奉献精神。艰苦奋斗的精神要求大学生在面对困难和挑战时能够坚持不懈、勇往直前、不畏艰辛、不怕失败、勇于担当、勇于创新，培养大学生坚忍不拔的品质。积极奉献的精神要求大学生热爱祖国、热爱人民、志存高远、脚踏实地，勇于承担社会责任，积极投身国家建设和社会发展，为社会主义事业的发展和繁荣贡献自己的力量。为社会主义奋斗的信念要求大学生坚定信仰、坚定理想、坚定信心、坚定前进的方向，为实现中华民族伟大复兴的中国梦而努力奋斗。

做好这些工作，不仅有利于大学生个人全面发展，更有利于社会发展和进步。大学生是国家的希望和未来，他们的成长成才关系国家的未来。思想政治教育工作者要深入贯彻落实党的教育方针，深入开展思想政治教育，引导大学生树立正确的人生观、价值观，确立积极向上的人生目标，为实现中华民族伟大复兴的中国梦而不懈奋斗。社会各界也应该关注大学生的成长成才问题，为他们提供良好的学习和发展环境，共同努力培养一代又一代德、智、体、美、劳全面发展的社会主义建设者和接班人。

(二) 德育为先的教育理念

德育为先是立德树人的基本方略，强调在教育实践中德育的首要地位和引领作用。其内涵包括三个方面：一是德育为先是教育者始终应秉承的教育理念和育人使命；二是德育为先确定了德育在教育中的首要地位；三是德育为先是从外化到内化的多层次、深层次的"为先"。在理念的把握上，要注意确立德育在受教育者实施的德、智、体、美、劳方面教育中的首要地位，重视德育在人的全面成长和发展中的导向作用，不断提高德育的质量和水平。

德育为先的理念对于提高思想政治教育工作的质量和水平具有重要意义。德育为先是各种教育协调发展的需要。在德、智、体、美、劳全面协调发展的过程中，德育是保证动力方向的核心，智育是决定全面发展的核心，体育是影响教育发展的基础，美育是关系质量和水平的重要内容，劳动教育具有树德、增智、强体、育美的综合育人价值。要充分发挥各种教育之间的相互作用，实现教育功能和效果的最大化。德育为先理念为德育工作提出了新的评价标准和依据，明确了德育的重要地位和作用。德育是一个体味内化道德的过程，是把道德知识、道德理论与实践相结合的过程。坚持德育为先的原则，对学生进行社会主义核心价值观教育，培养出符合中国特色社会主义现代化建设需要的合格人才。

德育为先的理念是推动思想政治教育工作不断发展和进步的重要指导思想，对于提高教育质量和培养学生成长成才具有重要的意义。要深入贯彻落实德育为先的理念，加强对学生德育工作的指导和监督，不断提高德育工作的质量。

二、思想政治教育的价值

(一) 思想政治教育价值的特征表现

思想政治教育的价值具有直接性与间接性。直接性表现在通过思想政治教育，受教育者能够直接在思想上发生改变，形成符合社会需要的思想价值体系。这种直接性体现在思想政治教育将一系列观念和规范直接传授给受教育对象，并通过有计划、有组织的影响，提升受教育者的整体思想政治水平。而间接性则体现在思想政治教育是一个复杂的转换过程，从认知理论到实际行动的执行需要经历将学习到的思想转化为行动的复杂过程。

思想政治教育的价值存在潜在性与显在性。潜在性体现在思想政治教育本身是一个潜移默化的过程，通过长期的受教育，使个体的思想逐渐发生改变，进而影响其实践行动。这种潜移默化的教育过程从最初的隐性教育逐渐转化为显性行动，最终体现在个体的行为习惯和价值观念中。思想政治教育的显在性则表现在个体形成科学、正确的思想观念后，通过实践行动创造的物质和精神财富，从而体现出思想政治教育的外在价值。

思想政治教育的价值不仅在于直接影响受教育者的思想，使其形成符合社会需要的思想体系，还在于通过影响个体的行为习惯和价值观念，间接地推动社会的发展和进步。这种潜移默化的教育过程体现了思想政治教育的深远影响和长期价值。我们应该重视思想政治教育的直接与间接、潜在与显在的价值，将其作为培养人才、推动社会进步的重要手段和途径。

(二) 思想政治教育价值的不同形态

在思想政治教育中，理想价值和现实价值相辅相成。理想价值是指个体追求的理想境界，如国家繁荣、社会和谐、人民幸福等，而现实价值则是在实践中所能得到的成果。思想政治教育既要引导学生树立正确的理想和追求，又要通过实践教育将这些理想转化为现实行动，从而体现教育的现实价值。只有理想与现实相结合，才能实现思想政治教育的最终目的。

直接价值与间接价值也是思想政治教育中的重要概念。直接价值是指教育活动直接对个体产生的影响和效果，如提高学生的思想品德素质、增强其社会责任感等；而间接价值则是通过教育间接影响个体，最终体现在个体行为和社会发展上，如培养学生的创新能力和社会责任感，对整个社会的发展起到推动作用。

工具性价值与目的性价值是思想政治教育的另一个重要方面。工具性价值是指把思想政治教育作为一种手段，用来传播正确的意识形态和价值观，以达到教育目的；而目的性价值则是指通过教育培养学生的综合素质和思想品德，使其成为社会主义事业的建设者和接班人。思想政治教育既要注重工具性价值的发挥，又要关注目的性价值的实现，使教育成果既能在理论上体现，又能在实践中得到验证。

显性价值与隐性价值是思想政治教育的又一个重要方面。显性价值是指教育活动表面上呈现的结果和成效，如学生的学习成绩、思想品德素质等；而隐性价值则是指教育活动所能产生的潜在影响和意义，如学生的思想观念和行为习惯的改变。思想政治教育的价值既体现在显性的表现上，又存在于隐性的影响中，只有全面考量显性价值与隐性价值，才能充分评估教育的成效和意义。

思想政治教育的价值是一个多维度的概念，需要综合考量理想价值与现实价值、直接价值与间接价值、工具性价值与目的性价值、显性价值与隐性价值等方面。只有全面认识和理解思想政治教育的价值，才能更好地引导教育工作，实现教育的最终目标。

(三) 思想政治教育的社会价值体现

思想政治教育在构建社会文化、政治和经济建设中发挥着积极的作用，从而获得了客观存在的社会价值。这种社会价值体现在经济、文化和生态三个方面。

思想政治教育在经济领域具有重要的价值。经济价值主要体现在促进社会发展和经济增长，以及满足人类的物质和精神需求上。思想政治教育可以引导社会经济发展方向，培养人才是推动生产力发展的关键。通过教育，人们不仅具备了先进的劳动能力和科学文化素养，还具备了积极的社会责任感和事业心，这对于提高劳动者的生产效率和推动经济发展具有重要意义。思想政治教育也有助于塑造良好的企业文化和社会风气，为经济发展提供有利的环境。

思想政治教育在文化领域也发挥着重要作用。文化价值主要体现在促进文化传播、文化选择和文化创造上。思想政治教育通过广泛开展社会主流的文化教育，促进了社会主义核心价值观的树立和传播。思想政治教育引导人们积极选择和吸收社会主流文化内容，排除与社会主义核心价值观不符的文化，从而推动了文化的健康发展。思想政治教育也通过创新和传播文化，为社会的文化建设和发展提供了动力和支持。

思想政治教育在生态领域也具有重要意义。生态价值主要体现在引导人们形成正确的环保意识和生态观念，促进生态文明建设。思想政治教育可以帮助人们认识到生态环境的重要性，引导人们采取积极的环保行动，保护生态环境。思想政治教育也有助于塑造良好的消费观念和生活方式，减少对环境的破坏，促进可持续发展。

思想政治教育在经济、文化和生态领域都具有重要的社会价值。通过传播教育内容，引导人们形成正确的观念和价值取向，思想政治教育为社会的发展和进步做出了积极的贡献。在未来的发展中，需要进一步强化思想政治教育的作用，推动社会文化、政治和经济建设不断向着更加健康、可持续的方向发展。

（四）思想政治教育的集体价值体现

1.有助于增强集体凝聚力

强化集体认知。思想政治教育通过让个体认识到自身与社会的关系，实现个人价值同时为集体的发展做出贡献。个体在接受思想政治教育的过程中，逐渐形成与集体一致的价值观和行为准则。这种集体认知的强化，使个体能够自觉地遵守集体的规范和准则，从而规范自己的行为。通过思想政治教育，集体成员能够共同制定科学合理的发展规划，确立共同目标，并通过集体行动来实现这些目标，推动集体的发展和进步。

坚定集体信念。思想政治教育引导个体形成积极向上的思想意识，激发集体成员对集体的信念和忠诚。集体成员能够形成集体荣誉感和责任感，保持对集体的忠诚、自信和自豪感。这种集体信念的坚定使集体成员能够共同面对困难和挑战，齐心协力，共同为集体的发展而努力。这种信念也能够激励集体成员约束自我，保持良好的行为习惯，为集体的发展做出更大的贡献。

思想政治教育在强化集体认知和坚定集体信念方面发挥着重要作用。个体能够认识到自身与集体的关系，形成共同的价值观和行为准则，从而推动集体的发展和进步。思想政治教育也能够激发集体成员对集体的信念和忠诚，共同面对挑战，为集体的发展做出积极的贡献。我们应该重视思想政治教育在强化集体认知和坚定集体信念方面的作用，为集体的发展提供更好的支持和保障。

2. 有助于科学有效实现集体目标

个人的成长和价值实现是在社会环境中进行的，而社会的发展也离不开每个个体的努力和奉献。思想政治教育在这一过程中扮演着至关重要的角色，它旨在帮助人们正确处理个人、集体和社会之间的关系，将个人的追求与集体目标相互统一，促进社会的科学发展。

集体目标的制定需要全体成员的认同和参与。只有当集体目标得到了全体成员的认可和支持，才能够有效地实现这一目标。思想政治教育通过宣传教育的方式，让人们认识到集体发展的重要性和必要性，引导他们用辩证发展的眼光去看待集体目标，并明确自己在其中的角色和责任。这样，每个个体都能够意识到自己的行动与集体目标密切相关，从而更加积极地为集体目标的实现而努力。

在思想政治教育的引导下，集体成员能够更明显地表现个人情感，并在集体中建立更加融洽的关系。通过加强集体成员之间的交流，使个人情感更加充沛，促进彼此之间的理解和支持，从而激发出积极的情感，抵制消极的情绪。思想政治教育还能够引导集体成员在情感和行为上更加积极向上，使集体目标内化为个人的目标，凝聚众人的力量，最终实现集体目标。

思想政治教育不仅要关注个人的发展，更要注重个人与集体、社会之间的相互作用和关系。它的目标不仅在于培养个人的品德素质和能力，更在于引导个人正确理解和处理个人与集体、社会之间的关系，使个人的成长与集体的发展相辅相成，共同促进社会的持续进步和发展。思想政治教育应该贯穿个人成长的全过程，通过不断的教育引导，使个人能够更好地适应社会的需要，实现自身的价值，并为社会的发展做出积极的贡献。

3. 有助于构建和谐的成员关系

集体主义教育是思想政治教育中的重要内容之一，涉及个人与集体的关系、对他人的理解和包容以及集体成员之间的团结合作等方面。思想政治教育应该采用多种方式来缓解集体内部的矛盾，解决问题，从而使集体内部成员关系更加融洽、团结一致。

创造良好的集体氛围是集体主义教育的重要方面。思想政治教育应建立在对集体成员有很好的认识与了解的基础上，及时发现并解决问题，对集体成员进行正面引导。领导者和群众在集体舆论的形成中具有重要作用，可以利用他们把握舆论导向，将思想政治教育的内容融入舆论中，增强舆论的感染力，创造积极向上的良好氛围。

创造平等沟通交流的平台也是关键。思想政治教育需要发挥沟通的作用，通过面对面的直接交流、讨论、座谈会以及其他形式的媒介，促进思想交流和意见交换，分享彼此的感受。这样可以为集体成员提供自由平等的交流平台，增进彼此之间的感情，促进问题的解决。

关注集体成员的心理也至关重要。思想政治教育可以促进形成良好的干群关系，帮助集体成员处理各种人际关系，正确看待彼此之间的关系，避免因竞争而导致的认识偏差，让集体成员保持心理平衡。思想政治教育也能够更清晰地认识和了解集体成员的思想，方便制定和完善某些政策，兼顾集体成员的意愿。

集体主义教育是思想政治教育的重要组成部分，通过创造良好的集体氛围、提供平等沟通交流的平台以及关注集体成员的心理等方式，促进集体内部成员关系的融洽。思想政治教育应该结合实际情况，采取有效的措施，不断完善和深化集体主义教育，为集体的发展和进步做出更大的贡献。

4. 有助于形成与发展集体文化

集体文化是集体成员共同努力的产物，包括物质文化和非物质文化，是集体的精神象征和力量凝聚。在集体文化建设和发展过程中，思想政治教育发挥着重要的作用，主要体现在以下两个方面。

一是在制度文化方面，集体成员的行为受到各种规章制度的约束和支配。集体的规章制度体现了集体成员的共同意愿和行为准则，是集体发展的重要保障。思想政治教育可以帮助全体成员对集体的规章制度产生认同，并自觉遵守，从而实现全体成员的利益。思想政治教育可以不断完善和优化集体的规章制度，以适应社会发展的需要，提升集体成员的物质生活水平，促进集体的稳步发展。

二是在精神文化方面，思想政治教育对人的思想具有塑造作用，能够统一集体成员的价值追求，树立正确的价值观念。通过思想政治教育活动，可以强化集体文化的社会主义核心价值观和精神理念，使全体成员形成共同的思想基础和文化认同。一些具有代表性的集体文化活动和仪式，以及集体的象征物等，能够以独特的方式影响全体成员，塑造更加美好和有力的集体形象。思想政治教育还可以促进集体成员之间的交流，增强集体凝聚力，推动集体文化的繁荣发展。

思想政治教育在集体文化建设和发展中具有重要的作用。思想政治教育可以促进集体成员对集体规章制度的认同和遵守，提升集体的行为规范和效率；也可以加强集体成员的精神凝聚力，推动集体文化的丰富和发展。我们应该重视思想政治教育在集体文化建设中的作用，加强相关工作，为集体的发展提供更好的保障和支持。

（五）思想政治教育的个体价值体现

1. 有助于激发学生的精神动力

思想政治教育在激发学生的精神动力方面具有重要作用。它通过宣传社会主义理念和价值观，让学生认识到自身的历史责任和使命，从而激发其为社会主义事业奋斗的动力。思想政治教育通过各种途径让学生参与社会管理，增强其参与感和责任感，从而激发其积极性和主动性。榜样激励和情感激励是思想政治教育激发学生精神动力的重要手段，通过向学生展示正能量的榜样和满足其情感需求，使其更加坚定地朝着目标前进。

2. 有助于塑造学生的个体人格

思想政治教育还有助于塑造学生的个体人格。通过深入开展思想政治教育，学生可以明确自身定位，树立正确的人生观和价值观，增强责任感和使命感。他们也能够明确自己的人生目标，树立崇高的理想，具备适应和改造环境的能力。思想政治教育还影响学生的态度、情感和认知，使其拥有健康向上的心态，热爱生活，主动创造，从而促进个人人格的完善和发展。

3.有助于规范学生的个体行为

思想政治教育有助于规范学生的个体行为。通过有组织、有目标的道德教育，学生能够拥有良好的道德品质和正确的道德观念，将这些道德意识内化于心，约束和管理自己的行为。加强法制观教育，引导学生形成学习法律、遵守法律的意识，从而在社会活动中用更高的道德规范和法律法规来约束和管理自己的行为，为社会主义核心价值观的践行提供制度保障。

思想政治教育在激发学生的精神动力、塑造学生的个体人格和规范学生的个体行为方面发挥着不可替代的作用。通过其深入开展，可以培养具有高度责任感和使命感的社会主义建设者和接班人，为实现中华民族伟大复兴的中国梦做出积极贡献。

三、思想政治教育的目标

(一) 思想政治教育目标的体现

思想政治教育的核心内容应当是理想信念，这既是对于个人的价值追求，也是对于社会发展的目标导向。在思想道德建设培育的基础上，将学生培养成全面发展的人才，这需要将爱国主义作为重点内容，让学生成为与时俱进、实事求是、解放思想的人。

爱国主义教育是思想政治教育的重要内容之一。通过教育培养学生对祖国的热爱和责任感，引导他们树立正确的国家观念和民族观念，培养他们为国家和民族的发展贡献自己的力量。爱国主义教育应当贯穿思想政治教育的各个环节，包括课堂教学、校园文化建设、社会实践活动等方面。在教育过程中，要注重激发学生的爱国情怀，让他们从日常生活中感受到祖国的伟大，从而树立起对国家的深厚感情和责任感。

全面发展是思想政治教育的根本目标。思想政治教育不仅是对学生进行思想道德的教育，更重要的是要促使他们在德、智、体、美、劳各个方面都得到全面发展。德育是培养学生正确的价值观和道德观的过程，智育是传授学生知识和技能的过程，体育是锻炼学生身体素质和培养健康生活方式的过程，美育是培养学生审美情趣和艺术修养的过程，劳动教育是培养学生吃苦耐劳、团结合作的精神，提高学生的动手能力和创新能力。只有通过这些方面的全面培养，学生才能够成为德、智、体、美、劳全面发展的人才，为国家和社会的发展做出更大的贡献。

思想政治教育还需要以人为本，注重学生的体验和实践。要根据学生的兴趣特点和实际情况，设计丰富多彩的教学活动，让学生在实际生活中感受到思想政治教育的重要性，从而提高教育的时效性和针对性。教育者还应该注重培养学生的创新精神和实践能力，让他们在实践中不断探索，从而增强他们解决问题的能力。

思想政治教育应该将理想信念作为核心内容，在爱国主义教育、全面发展和以人为本等方面加强培养，促使学生成为社会主义建设者和接班人。只有通过这样的教育，才能够培养出具有高度责任感、创新精神和实践能力的优秀人才。

(二) 思想政治教育目标的立足点

1. 符合社会发展需要

人的本质是一切社会关系的总和，这一观点深刻揭示了人类存在的本质和社会性。从抽象的角度看，一个完全脱离生产力和生产关系的人，在社会中是不存在的。相反，人只有在社会关系中才能得到真正地发展。思想政治教育作为社会实践活动的重要组成部分，其出现和发展正是源自社会的发展需要，同时为社会的进一步发展创造了条件。

在各个高校确定和调整思想政治教育目标时，需要考虑这些目标是否与社会发展相协调。生产力在推动社会进步中发挥着重要作用，因此在确立教学目标时，必须考虑是否适应并满足社会生产力的发展需求。思想政治教育工作者应该紧密关注社会的发展趋势，确保教学目标具有科学性和实效性，以更好地促进社会的发展和进步。

在设定思想政治教育的教学目标时，各个高校应坚持以实际为立足点，不断超越现实，勇于探索未来的可能性。只有在面对新问题、新挑战时，勇于探索和创新，思想政治教育才能保持活力和前进的方向。确立科学性和实效性的教学目标，对于提升教学质量和建设性的教学具有重要意义。

思想政治教育与社会发展密切相关，其教学目标应与社会发展相协调，具有科学性和实效性，同时要紧密结合实际，勇于超越现实，以推动思想政治教育的不断进步和发展。

2. 符合大学生自身发展需要

思想政治教育作为一种对大学生具有重要作用的教学活动，其教学目标的设定至关重要。只有根据大学生的特点和需求来设定教学目标，才能真正促进大学生的和谐发展，并使思想政治教育在实践中得到有效践行。

大学处于人生发展的关键时期，大学生作为一个特殊的群体具有较强的认知力和执行力。他们思维敏捷，追求真理，具有强烈的社会责任感和主观意识。在实践方面，大学生精力充沛，执行力强，具有将知识转化为行动的能力。这些特点使大学生群体具有较强的可塑性，但同时面临心理上的成熟不足。思想政治教育工作者在设定教学目标时必须充分考虑大学生的这些特点，注重针对性和实效性。

大学生这一群体对物质的需求较为强烈，因此思想政治教育的目标设定应以满足大学生的合理需求为立足点，关注他们的学习、生活和工作等方面的需求。只有确保教学目标符合大学生整体利益，并能满足他们的实际需求，才能在实践中得到有效践行。

在设定思想政治教育目标时，必须注重集体和个体之间的辩证统一关系。目标设定应既考虑集体利益和公共利益，又考虑个人的成长和发展需求。只有让大学生在实践中意识到将集体利益和公共利益作为自身思想观念的重要性，并在行动中加以体现，才能实现思想政治教育的最终目标。

只有确保思想政治教育目标的合理性和有效性，大学生才能在行动中真正地按照这些目标进行思考和实践。否则，不仅无法实现预期的教学目标，还会削弱思想政治教育的严肃性，甚至产生反作用。在进行思想政治教育时，必须认真考虑大学生的特点和需求，确保教学目标的科学性和实用性，以促进大学生的全面发展和社会进步。

3. 符合教育的协调性、整体性和层次性要求

在设定思想政治教学目标时，需要综合考虑个人、社会和国家等多个方面的需求，并确保目标体系具有协调性、整体性和层次性，以此促使大学生在思想政治教育中得到全面发展，实现个人的成长和社会的进步。

思想政治教学的目标体系应该具有协调性和整体性。这意味着教育目标之间应该相互关联、相互支持，构建一个有机的整体，以满足不同层面的

需求。在个人方面，学生需要形成健全的世界观、人生观和价值观，这需要通过教育引导他们认识自我、认识社会、认识世界，从而建立起正确的人生观和价值观。在社会方面，学生需要具备良好的人文素养、基本道德和科学精神，这需要通过教育培养他们的思维能力、创新能力和社会责任感。在国家方面，学生需要树立爱国精神和民族精神，这需要通过教育弘扬优秀传统文化、传承民族精神、强化国家意识，使学生热爱祖国、忠诚党的事业、为国家的繁荣富强贡献自己的力量。

思想政治教学的目标体系应该具有层次性。这意味着教育目标应该分为不同的层次和阶段，给大学生设定一个难度逐渐加大的目标体系，以引导他们在完成既定目标的同时实现个人的成长。在初级阶段，教育目标可以是培养学生的基本思想道德素养，使他们具备基本的道德观念和行为规范；在中级阶段，教育目标可以是培养学生的社会责任感和创新精神，使他们能够主动承担社会责任、勇于创新；在高级阶段，教育目标可以是培养学生的领导能力和国际视野，使他们成为具有全球视野和国际影响力的领军人才。

思想政治教学的目标体系应该是一个有机整体，既要考虑个人、社会和国家等多个方面的需求，又要确保目标之间具有协调性和整体性。教育目标应该具有层次性，引导他们在完成既定目标的同时实现个人的成长和社会的进步。

（三）思想政治教育目标设置原则

1. 坚持层次性原则

层次性原则是在确定大学生思想政治教学目标时的重要指导原则。它考虑了学生的思想状况和发展需求，将教学目标划分为不同的层次，以适应不同学生的能力和水平。随着高等教育大众化的推进，教育人才的需求也日益多样化，从基本职业者到社会精英，每个层次的学生都有不同的特点和需求，因此需要制定相应的教学目标。

层次性原则的科学性在于它充分考虑了学生个体的差异性。大学生在生存环境、接受能力、性格特征、道德品质、思想觉悟和理论水平等方面存在着差异，因此需要有针对性地确定教学目标，以便更好地满足学生的需求。这一原则使得教学可以因材施教，充分发挥每个学生的潜力，从而提高教学效果。

在思想政治教学中，除了考虑学生个体的差异性，还需要关注他们在思想上的状况。随着改革开放的深入和社会主义市场经济体制的完善，大众化教育成为高等教育的新趋势。由于学生之间的差异较大，单一的教学目标无法满足所有学生的需求。必须根据学生的思想现状设定不同层次的教育目标，以确保教学的有效性和实效性。

层次性原则是制定大学生思想政治教学目标的科学指导原则，它充分考虑了学生的差异性和思想现状，为教学提供了有效的指导，有助于提高教学质量和实效性。

2.坚持系统性原则

系统性原则，又称整体性原则，在制定大学生思想政治教学目标时发挥着重要作用。它将大学生思想政治教学目标体系视为一个整体，引导学生逐步完成整体目标，具有系统、完整、平衡等特征。系统性原则要求各个目标要素按一定联系、方式、逻辑组成有机整体，这意味着目标的设定不仅要考虑整体结构，还要考虑子目标之间的内在联系和相互渗透。

大学生思想政治教学目标体系是一个综合性概念，通常包含多个子目标，这些子目标相互联系、相互渗透，构成一个完整的思想政治教育目标。这些目标具有预期性，即人们对未来可能产生的结果做出的一种预判。在设定目标时，必须全面考虑各方面因素，面向全体学生，提出科学的思想政治体系，并以此为基础制定统一的目标。

要做到这一点，首先需要社会、学校和家庭达成共识，形成良性机制，为大学生的全面发展创造良好的条件。教育者在设定目标时，要注意自身的道德水平，以及学生在道德品质发展过程中可能出现的阶段性表现。目标的设定是一个长期的过程，需要耗费时间和精力逐步提高。

完成思想政治教育目标是一个循序渐进的过程。考虑大学生能力水平和教育规律，在不同阶段设置不同的目标，帮助学生逐步深入学习，直至完成最终目标。科学性的目标通常包括长远性的总目标和具体可实施的阶段性目标，两者缺一不可。

目标的设定是一个复杂的过程，需要注意目标之间的内外协调性。对外，思想政治教育目标要与时俱进，根据国内外政治、经济形势进行调整；

对内，要考虑受教育者的情况，实现教育目标的最优化。只有如此，才能确保大学生思想政治教育目标的科学性、全面性和有效性。

3. 坚持现实性原则

现实性原则在高校思想政治教育中的实践是基于实事求是的思想路线，旨在根据实际情况、条件和需求拟定教学目标。这一原则与党的核心思想路线一脉相承，强调了对客观存在的事物及其规律的深入认识和探索，以及与时俱进地调整教育目标，体现了思想政治教育的实效性和指导性。在实际教学中，坚持现实性原则的必要性体现在以下几个方面。

一是深入实际进行研究，将时代精神和特征融入教学目标的设定中。这意味着教学目标不应脱离实际，而是应当与时代精神相契合，以培养具有开拓精神和创新精神的人才为目标。这样思想政治教育才能避免主观性和盲目性，具有更强的实效性和指导性。

二是将实践和理论相结合，认识与实践相统一，主观与客观相统一。这意味着教学目标的设定应当紧密联系实践需求，使之既能符合时代特征，又能激励大学生在实践中坚持奋斗。教育目标才能更好地引领大学生在实践中不断成长。

三是与时俱进，及时调整教育目标。由于时代和社会在不断变化，大学生的思想也在不断发展，因此教育目标必须与时俱进，随着社会变化和大学生思想的变化而调整。这样才能保证教育目标的实际性和针对性，使之更好地服务于教育实践。

四是坚持现实性原则来拟定高校思想政治教育目标，是一种必要选择。只有深入实际、结合实践、与时俱进，才能确保教育目标的实效性和指导性，推动思想政治教育工作不断取得新的成就。

4. 坚持方向性原则

培育社会主义新一代建设者是国家长远发展的关键所在。选择正确的培育方向至关重要，将社会主义理念作为办学方向是不可或缺的。通过将社会主义理念渗透到教育体系的各个层面，我们可以促使大学生德、智、体、美、劳全面发展，成为社会主义可靠的接班人。

高校教育应该以社会主义核心价值观为指导，将社会主义理念融入各个学科的教学中。无论是文理科还是工科，都应该注重培养学生的社会责任感和使命感，引导他们以建设社会主义事业为己任。在教学内容设计上，可以增加社会主义理论课程的比重，让学生深入了解社会主义的发展历程、社会主义核心价值观以及中国特色社会主义的道路和实践经验。

高校教育应该注重学生思想政治教育，培养他们的社会主义思想觉悟和政治素养。通过丰富多彩的课程设置和教学方法，引导学生树立正确的世界观、人生观和价值观，增强他们的社会责任感和民族自豪感。加强对学生社会实践活动的引导，让他们在实践中感受社会主义理念的力量，增强对社会主义事业的信心和热爱。

另外，大学教育应该注重学生的德育和体育，培养他们全面发展的素质。德育要注重培养学生的道德品质和社会责任感，引导他们树立正确的人生目标和价值取向；体育要注重培养学生的身体素质和团队精神，增强他们的集体荣誉感和集体主义意识。只有通过全面的德、智、体、美、劳教育，才能培养出社会主义的可靠建设者和接班人。

培育社会主义新一代建设者不仅要选择正确的办学方向，还要努力将培育方向转化为一种自觉性。这就要求我们在教育过程中注重激发学生的自觉性和创造性，让他们在学习和实践中不断提高自己，不断完善自己，成为能够担负起建设国家重任的人才。只有通过自觉性的培育，才能真正培养出社会主义的可靠接班人，为国家的长远发展贡献力量。

四、思想政治教育的任务

(一) 加强理想信念教育

加强理想信念教育作为思想政治教育工作的核心内容，对于保障社会主义现代化建设的顺利进行至关重要。加强理想信念教育不仅是一种要求，更是一种责任和使命。其核心在于深入开展科学理论武装工作，引导师生不断解放思想、实事求是、与时俱进，正确理解共产党执政纲领、社会主义建设纲要以及人类社会发展规律。具体而言，加强理想信念教育包括以下两个主要方面。

一方面，对师生进行正确的世界观、人生观和价值观教育。这意味着要引导他们树立正确的世界观，即以辩证唯物主义和历史唯物主义为指导，正确认识世界的发展规律和本质；树立正确的人生观，即认识个人价值与社会价值的统一，明确自己在社会发展中的使命和责任；树立正确的价值观，即树立以社会主义核心价值观为引领的正确价值取向，培养崇尚真、善、美的优良品质，坚守社会主义道德底线，推动社会主义核心价值观在实践中落地生根。

另一方面，开展唯物论学习活动。唯物论是马克思主义的哲学基础，是正确处理人与自然、人与社会关系的重要思想工具。通过开展唯物论学习活动，可以使师生深刻理解唯物辩证法的基本原理，明确唯物主义和唯心主义的根本区别，坚定唯物主义世界观，增强辩证思维能力和科学分析问题的能力。这种学习活动不仅有助于加深对马克思主义理论的理解和掌握，更有利于提高师生的思想政治素质，增强对社会主义事业的信念和责任感。

在实施理想信念养成教育时，需要充分利用各种教育资源，创新教育方式方法，使教育内容贴近师生的实际需求，增强教育的针对性和有效性。还要加强对教育成果的评估和总结，及时调整教育策略，确保理想信念教育工作始终沿着正确的方向前进。

加强理想信念教育是推进社会主义现代化建设的必然要求，只有通过科学理论武装和唯物论学习，引导师生树立正确的世界观、人生观和价值观，才能不断增强中国特色社会主义道路自信、理论自信、制度自信、文化自信，为实现中华民族伟大复兴的中国梦提供坚实的思想保障和道德支撑。

(二) 加强社会主义道德教育

道德建设在高校教育中具有重要意义，其出发点在于构建适合现代校园文化和道德建设的科学而系统的体系。这一体系既要注重统一性，又应体现多样化和多层次性，以实现先进性和广泛性的统一。在实践中，需要注意以下几个方面情况。

一是正确把握道德建设的出发点。高校道德建设的出发点应该是建立在追求知识、崇尚科学的宗旨之上的。这意味着道德建设必须与知识的传授和科学精神的培养相结合，使学生在学习过程中不仅能够获取知识，更能够树立正确的道德观念和价值取向，实现知行合一、内外一致的目标。

二是注意道德实践的差异性。由于不同学科和专业的设置，学生在道德实践方面可能存在差异。在构建校园精神文化体系时，应该注意循序渐进，因校制宜，充分认识到道德建设的复杂性和长期性。要注重在实践中培养学生的创新能力和批判思维，使他们能够根据自身专业特点，积极参与各种道德实践活动。

三是正确把握道德建设的落脚点。高校道德建设的落脚点应该是学生全面发展和社会主义核心价值观的践行。这意味着要将思想道德建设贯穿教育教学的全过程，通过课堂教学、校园文化建设、社会实践等多种形式，培养他们的社会责任感和公民意识，推动他们在道德品质和科学素养上取得全面提升。

高校道德建设应该立足追求知识、崇尚科学的宗旨，注重差异化的道德实践，以学生的全面发展和社会主义核心价值观的践行为落脚点，通过多种形式和途径，促进学生的道德品质和科学素养的提升，为培养德、智、体、美、劳全面发展的社会主义建设者和接班人做出应有的贡献。

(三) 注重规范养成教育

在加强学生思想政治教育的过程中，注重培养良好的行为习惯是至关重要的。行为习惯是人格形成的基础，也是社会主义接班人培养过程中不可或缺的一环。从行为习惯养成开始抓起，可以让学生在日常生活中逐渐形成一定的道德规范，逐步培养出文明行为的习惯。

学校应该着重强调学生遵守校规校纪的重要性。校规校纪是学校管理的基础，也是培养学生良好行为习惯的重要途径。通过加强对学生的校规校纪教育和监督，使他们养成遵守规则、尊重师长、团结同学的良好品德，从而在学习和生活中保持秩序和纪律。

学校应该倡导良好的学风校风。学风校风是学校文化的重要组成部分，直接关系学校教育质量和学生成长成才。通过倡导严谨务实、团结互助的学风和团结友爱、文明有序的校风，可以有效地引导学生形成良好的行为习惯和思想品德，为他们的全面发展打下坚实的基础。

学校还应该将良好的行为习惯与传授的课程结合起来，让学生在学习过程中不仅要获取知识，更重要的是培养品德。通过开设相关的思想政治课程和德育活动，引导学生树立正确的世界观、人生观和价值观，培养他们的社会责任感和民族荣誉感，使他们成为心系国家前途与社会责任的合格建设者和接班人。

除在课堂上进行教育外，还应坚持教育同生产劳动相结合的方针，积极组织学生参加生产劳动和社会实践。通过参与实践活动，学生可以增强团队合作意识、锻炼实际操作能力，同时能够培养他们的劳动意识和社会责任感，使他们更加深入地理解社会主义的内涵和实践要求。

在学生思想政治教育中，教师扮演着至关重要的角色。教师是学生的榜样和引导者，他们的言传身教对学生的影响至关重要。教师需要通过言传身教来影响学生，引领学生全面发展，以身作则，做学生的良师益友。

学校应该积极地与家长、社会通力合作，共同促进学生思想政治教育的开展。家庭、学校和社会是学生思想政治教育的三个重要支柱，只有各方通力合作，形成合力，才能够做好这项工作，培养出德、智、体、美、劳全面发展的社会主义建设者和接班人，为国家的繁荣和发展贡献力量。

五、思想政治教育的方法

（一）思想政治教育基本方法

1. 理论教育方法

理论教育方法在培养思想政治素质方面具有重要作用，其主要任务是通过讲解和学习理论知识，引导教育者和受教育者树立正确的世界观、人生观和价值观。理论教育不仅为个体提供了认识自我、认识世界、认识社会的工具，更重要的是，它在一定程度上左右着人的实践活动。人们所接受的思想和理论将会成为他们行为的标准和规范，影响着他们的行动和选择。

思想和理论与人的实践活动密不可分。在实现个人目标和社会发展的过程中，人们依赖着思想和理论来指导自己的行动和前进方向。通过学习思想和理论，人们可以获得一种精神力量，激励自己不断前行，克服困难，实现自己的理想和抱负。思想政治教育中的理论教育是不可或缺的一部分。

人们通过实践活动不断地学习思想和理论，将其运用于具体的行动之中。这种实践性的学习过程不仅能够帮助人们深入理解和掌握理论知识，还能够将理论知识转化为实际行动，为个人成长和社会发展做出积极贡献。

理论教育的目的不仅在于传授理论知识，更在于培养人们的思维能力和创新精神。通过理论学习，人们可以培养批判性思维，提高分析问题和解决问题的能力，从而更好地适应社会的发展变化。

另外，理论教育还有助于增强人们的文化自信和国家认同感。通过学习国家的政治理论和文化传统，人们可以更好地理解和珍视自己的文化传统，增强对国家的认同感和归属感，为维护国家的统一和稳定做出积极努力。

理论教育是思想政治教育工作中不可或缺的一部分，它不仅为个人提供了认识自我、认识世界、认识社会的工具，也在一定程度上左右着人的实践活动，影响着个人的行为。加强理论教育，培养人们正确的世界观、人生观和价值观，对于促进社会主义现代化建设和实现中华民族伟大复兴具有重要意义。

2. 实践教育方法

教师通过参与有目的、有计划的社会实践活动，能够提升自身的思想意识，这是因为人的意识是存在于头脑中的，它反映了社会环境和客观事物。正确的思想反映着客观事物的本质和规律，而错误的思想则导致对事物的错误反映。实践是人们接触事物现象的唯一途径，只有通过实践，才能真正认识事物的本质和规律，从而形成正确的思想观念。

对于学生而言，通过参与社会实践活动，他们能够树立远大的理想，建立正确的世界观、人生观和价值观。正确的思想通常源自社会实践的体验和反思。思想和理论服务于实践，而实践又是二者的基础。只有依据正确的思想，人们才能采取正确的行为，避免偏离正确的轨道。正确的思想是人们在实践中取得成功的重要前提。

人们的道德观念和崇高理想的实现离不开正确的思想引导。思想政治教育的目的在于帮助人们找到正确的道德方向，并提供解决问题的正确方式。通过参与社会实践，人们能够检验自己的观念和主张的正确性，只有通过实践活动，才能真正验证思想的正确与否，而仅凭主观判断是不可靠的。

教师通过参与社会实践活动能够提升自身的思想意识，而学生通过实践则能够树立正确的理想和观念。思想的正确性是人们在实践中取得成功的关键，而实践则是验证思想正确性的唯一途径。教育应当注重将实践与理论相结合，通过实践引导学生形成正确的思想观念，促进他们全面发展。

3.批评与自我批评、理论教育和实践教育方法

在解决内部矛盾产生的过程中，批评与自我批评的教育方法被证明是一种高效而可靠的方法。这种方法不仅在解决组织内部矛盾时有效，而且在思想政治教育中同样具有重要价值。批评与自我批评、理论教育和实践教育两种方法形成了一个整体，彼此相辅相成、相互联系，任何一种方法都不能独立取代其他方法。

通过批评，可以揭示个人或集体在思想、言论、行为等方面存在的问题，促使其认识到错误，改正错误。而自我批评则是个体对自己思想和行为的自我反省和自我纠正，是一种内在的自我教育过程。通过批评与自我批评，可以增强学生的自我约束能力和自我管理能力，培养他们正确的世界观、人生观和价值观。

理论教育和实践教育是思想政治教育的两个重要组成部分，它们是相辅相成的。理论教育为实践教育提供了指导和支撑，而实践教育则检验和印证了理论教育。通过理论教育，可以使学生系统地学习和掌握社会主义理论知识，增强他们的思想觉悟和政治素养；而通过实践教育，可以让学生将所学理论知识运用到实际生活中去，增强他们的实际操作能力和创新能力，培养他们的实践能力和解决问题的能力。

批评与自我批评不仅要依靠理论，也要依靠实践，坚持实事求是的原则。在进行批评与自我批评时，不能弄虚作假，更不能偏离实际，应该紧密结合实际情况，客观分析问题，找准问题的根源，并采取切实可行的措施加以解决。只有在实践中不断摸索，不断总结经验，才能够使批评与自我批评这一方法真正发挥其作用，取得实际成效。

批评与自我批评、理论教育和实践教育是解决内部矛盾和进行思想政治教育的重要方法，它们是一个整体，彼此相互联系和相互配合。只有通过不断地理论学习和实践探索，不断地批评和自我批评，才能够促进个人和集体的进步，为社会主义事业的发展做出更大的贡献。

（二）思想政治教育常用方法

思想政治教育方法在解决实际问题和思想问题上起着至关重要的作用。

通过恰当选择和运用不同的教育方法，可以有效地分析和解答各种问题，引导人们树立正确的世界观、人生观和价值观。常用的思想政治教育方法包括疏导教育法、典型教育法、激励教育法和感染教育法等。

疏导教育法是一种通过疏通和引导的方式，促使人们进行思想交流和碰撞，以达到正确的思想认识和言论方向。在这种方法下，教育者通过开展讨论、对话等形式，帮助受教育者厘清思路、解决困惑，形成正确的思想观念。疏导教育法强调的是沟通和引导，通过说服教育来达到教育目的。

典型教育法是通过展示代表性的人物和事件，阐述抽象的观点和现象，从而让人们在情感上产生共鸣、在思想上达成一致。这种方法通常采用生动的案例和形象的描述，以增强教育的感染力和吸引力。通过典型教育法，人们可以从他人的经历中吸取经验和教训，以此来指导自己的行为。

激励教育法是一种通过激发人的主体性和动力，促使其主动参与思想政治教育活动，从而达到教育目的的方法。激励教育法分为激励分层、正负强化结合和引导激励与过程激励结合等多种形式。通过激励教育法，可以调动人们的积极性和主动性，增强其参与思想政治教育的意愿。

感染教育法是一种通过感染力量和魅力，使思想政治教育更加生动、形象和具有吸引力的方法。这种方法注重通过情感的表达和共鸣，让受教育者在感情上与教育内容产生共鸣，从而更容易接受和理解。感染教育法通过生动形象的教育方式，使教育过程更加生动有趣，增强了教育的吸引力和感染力。

思想政治教育方法的选择应根据具体问题的性质和受教育者的特点来确定。通过恰当运用各种教育方法，可以更好地引导人们树立正确的思想观念和价值取向，提升其思想政治素质，为个人成长和社会进步做出积极贡献。

六、思想政治教育的过程

(一) 思想政治教育过程的实质

思想政治教育过程的实质在于全面提升个体的思想政治素质，其核心目标是通过教育者的引导和教育，使受教育者在心理上经历一系列思想斗争，最终实现综合素养的全面提升。这一过程包括以下几个方面。

一是思想政治教育过程是一种特殊的实践活动。这意味着思想政治教育的目的是将社会的思想意识、价值观念、政治观念以及道德和法制观念转化为受教育者个体的思想品德和思想政治素质。思想政治教育活动是根据教育的目的结合实际情况展开的，它需要以实践活动的形式深入人们的生活和学习中，引导他们逐步形成正确的思想观念和政治信念。

二是思想政治教育过程是教育活动的运行流程。这意味着思想政治教育活动是教育者有目的地对受教育者进行引导，以促进其思想政治素质的提高。这一过程具有丰富性和多样性，因为思想政治教育活动可以采用各种不同的形式和内容，但其核心目标始终是通过特定的教育活动实现思想政治教育的目的。

三是思想政治教育过程是教育者和受教育者的互动过程。教育者和受教育者共同参与、相互作用。教育者借助思想政治教育的目标、内容和方法，引导受教育者进行思想交流和情感沟通，从而实现思想政治教育的目的。这种互动是思想政治教育过程能够顺利展开的前提和基础。

四是思想政治教育过程是一种全面提升个体思想政治素质的过程，具有实践性、流程性和互动性等特点。通过理解和把握这一过程，可以更好地指导和实施思想政治教育工作，促进受教育者的思想政治素质的全面提升，为社会主义事业的发展和国家的繁荣做出积极贡献。

(二) 思想政治教育过程的特点

思想政治教育具有独特的特点，理解和把握这些特点对于开展有效的思想政治教育至关重要。

连续性与间断性的统一是思想政治教育过程的基本特征之一。这一特点体现了思想政治教育过程的长期性和阶段性。与唯物辩证法相似，思想政治教育的连续性意味着个体的思想品德改造是一个漫长的过程，而间断性则表现为在这一过程中可能出现的反复和循环。教育者需要根据不同阶段的特点和需求，有针对性地开展教育工作，以促进个体的思想品德发展。

在思想政治教育的实践中，贯通性与反馈性是另一个重要特点。贯通性体现为教育过程中不同环节之间的连贯性和相互衔接，而反馈性则强调了教育活动中信息的回馈与调整。这意味着思想政治教育需要不断地反思和调整，以适应不断变化的社会环境和个体需求。教育者应当注重信息的收集和分析，及时对教育活动进行调整和改进，确保教育目标的实现。

思想政治教育还具有针对性与有效性相通的特点。这表现为教育工作需要根据个体的特点和需求，制定相应的教育目标和方法，以提高教育效果。教育者应当充分了解受教育者的背景和情况，有针对性地开展教育活动，使其更容易接受和理解被传授的知识和观念。教育者需要不断改进教育方法，提高教育的有效性和针对性，以更好地促进个体的思想品德发展。

理解思想政治教育的特点对于开展教育工作至关重要。教育者应当充分认识到思想政治教育过程中的连续性与间断性统一，贯通性与反馈性、针对性与有效性相通等特点，合理把握教育的节奏和方向，以促进个体的思想品德发展，实现教育的最终目标。

(三) 思想政治教育过程的阶段

1. 准备阶段

在日常生活中，思想观念的转变与革新是不可避免的，而相应的思想教育活动也需要人们的积极配合与参与。思想教育和观念转变是一个漫长的过程，在这一过程中需要做到以下几点。

一是教育过程中的决策与方法至关重要。正确的思想教育方式是实现相关教育监管部门要求的关键，只有制定了相对完整的思想教育培养方案，并结合受教育者的具体情况，有针对性地制订思想教育计划，才能顺利开展思想教育活动。在思想教育的起步阶段，必须做好相关的计划和决策工作，确保教育活动的顺利开展。

二是在教育过程中需要学会细心观察，及时发现并解决各种问题。不同的教育监管部门制定了不同的思想教育要求，而思想教育方式在不同地区也存在明显差异，但最终目的都是共同解决教育过程中遇到的各类问题。一旦发现或遇到教学问题，教育者必须及时向相关人员或部门反映，并争取第一时间解决问题。在发现和解决问题的过程中，要不断完善思想教育计划，并根据不同受教育者的思想观念和思维方式，制订出适宜的教育计划和教学方式。

三是在教学过程中一定要明确教学目标。思想教育是一个复杂而漫长的过程，其中必然会出现各种各样的问题。遇到问题时，教育者应及时记录并整理，对问题进行系统分析与反思，以改善教学方式和完善教育目标。教育活动需要与社会发展密切关联，在整个思想教育过程中，除教育方式和教育计划外，教学思想也至关重要。正确的政治教育思想必须与国家的改革目标、社会的发展需求以及教育者自身的思想观念相一致。在思想观念的引导过程中，需要密切关注受教育者的变化，并将教育内容与受教育者的实际情况紧密联系起来，制订出内容完善、目的明确、实施性强的教育计划和教学目标。

四是在教育过程中需要制定具体明确的培养方案。在实施思想政治教学方案时，往往会遇到多种意想不到的情况，导致原计划难以顺利实施。这时，需要从设计的备选方案中重新筛选出解决问题的方案，并全方位、多角度地考虑各种因素。制订者必须保证教学计划的可实施性、教学内容的新颖性，以及教学方式的适宜性。最终，通过集思广益，选择出最合适的教育方案。

正确的教育决策与方法、及时发现并解决各种问题、明确的教学目标以及具体明确的培养方案是思想教育过程中的关键要素。只有在这些方面做到位，才能够有效地推动思想教育的发展。

2. 信息交流阶段

一旦教育方案与教学计划确立，教育人员和受教育者都应积极配合，高度重视思想上的准备，迎接即将到来的教育实施阶段。无论教学计划多么优秀、教育方案多么完善，教育者和受教育者之间的沟通交流都至关重要。只有建立和谐融洽的教学关系，才能保持长期的信息交流，实现相互间的无碍交流。

与传统的理论课程不同，思想教育课程对受教育者而言较为容易。尽管在思想政治教育的学习过程中没有思维的转变和跨越，但也绝非简单的记录和背诵。受教育者需要通过自己的思考加工课堂上学习到的知识，结合自身认知，将其转化为自己的思想政治观念。教育人员的教授活动、教育技巧和教学经验都会直接影响受教育者的信息接收情况，教育者应及时与受教育者沟通交流，了解其学习情况，为教学实施提供有益指导。

信息的传递和流通不可避免地伴随着各类无用信息的混入。受教育者应具备辨别能力，过滤掉不利信息和内容，有目的、有选择地学习。这需要受教育者具备批判性思维和分析能力，以确保他们能够理解并吸收真正有价值的信息，从而实现思想政治观念的深度和广度。

在教育实施阶段，教育者应关注受教育者的学习情况，及时调整教学策略和方法。受教育者则应积极配合教育者的指导，主动反馈学习情况，以共同推动教育目标的实现。通过双方的努力和合作，才能实现思想政治教育的最终目标，培养德、智、体、美、劳全面发展的社会主义建设者和接班人。

3. 理论内化阶段

在个体思想品德形成的过程中，情、意、信、知等心理要素构成了一个相对完善的系统。这个系统的构建是通过受教育者在教育者的引导下进行自主学习完成的，是思想政治教育过程中理论内化的一个重要环节。理论内化指的是思想品德和意识境界的全面升华，这一过程必然引发心理因素之间的矛盾。

在思想政治教育过程中，理论内化阶段是一个至关重要的阶段。受教育者需要具备端正的态度和乐观的心态，以便更好地接受和理解传授的理论知识。教育者也需要有针对性地传授理论知识，规范受教育者的政治行为，引导他们能够完成自主学习以及知识内化的过程。

对于教育者来说，他们需要具备一定的素养和能力，以更好地开展思想政治教育工作。教育者需要有深厚的理论功底和丰富的教育经验，以便有针对性地传授知识，引导受教育者深入理解。教育者需要有很强的教育能力和沟通能力，能够与受教育者进行有效的互动和交流，激发他们的学习兴趣和主动性。教育者需要有耐心和责任心，能够耐心倾听受教育者的疑问和困惑，及时解答和指导，帮助他们克服困难，顺利完成学习任务。

对于受教育者来说，他们需要具备一定的学习能力和自主性，以更好地完成思想政治教育的任务。受教育者需要有积极的学习态度和乐观的心态，愿意接收新知识，不断提升自己。受教育者需要有较强的自我管理能力和自我约束能力，能够自觉地遵守学习计划和规定，保持学习的连续性和稳定性。受教育者需要有较强的思考能力和创新能力，能够灵活运用所学知识，解决实际问题，为社会的发展和进步做出贡献。

教育者和受教育者之间的互动和合作是至关重要的。只有教育者和受教育者共同努力、相互配合，才能够取得良好的教育效果，实现思想政治教育的目标。

4.外化应用阶段

理论内化只是第一步，外化应用阶段则更为复杂且难以实现。这一阶段要求受教育者将所学的理论知识、思想观念应用到日常生活和实际工作中，从而真正转化为行为和实践。这种转化并非易事，因为它需要内在动机的支持和外部环境的积极引导。

动机在行为发生过程中起着至关重要的作用，任何行为的产生都有其背后的动机推动。同样地，外化应用阶段的实现也离不开内在动机的驱动。只有受教育者内心深处存在与所学内容相关的动机，才能够促使其将理论知识转化为实际行动。教育者在引导受教育者进行外化应用时，需要特别关注其内在动机，激发其内在的学习动力，从而引导其做出积极的选择和行为。

在外化应用阶段，受教育者的思想状况至关重要。教育者需要了解受教育者的思想观念、态度和价值取向，因为这些因素会影响其对所学内容的理解和接受程度。通过有针对性的引导和教育，可以激发受教育者内在的学习动力，进而促使其将所学内容运用到实际生活中。这需要教育者具备一定的教育策略和方法，能够根据受教育者的不同特点进行差异化的教学。

在思想政治教育的外化应用过程中，意志也显得尤为重要。意志是受教育者行动的内在动力，只有具备坚强的意志，才能够克服困难和挑战，将所学内容付诸实践。教育者需要通过激发受教育者的自信心和决心，培养其坚忍不拔的意志品质，使其能够在面对困难时保持积极向上的态度，坚持不懈地追求自己的目标。

在思想政治教育的外化应用阶段，教育者需要注重受教育者的内在动机、思想状况和意志品质。通过差异化的教学方法和策略，激发受教育者的学习动力，引导其将所学内容应用到实际生活中。也需要培养受教育者坚强的意志品质，使其能够克服困难，实现思想政治教育的最终目标。

七、思想政治教育的评估

(一) 思想政治教育评估的作用

思想政治教育评估在教育实践中具有重要作用，主要表现在以下几个方面。

一是导向作用。思想政治教育评估通过建立评价体系和标准，对教育活动的效果和价值进行评判，从而起到导向作用。评估体系中的各要素之间相互配合，为教育者提供了明确的方向，引导他们在教育实践中把握正确的思想政治教育方向。

二是鉴定作用。评估对思想政治教育目标的实现状况进行鉴定，反映了教育活动的运行情况和效果。教育目标贯穿整个教育活动的各个环节，评估过程就是对这些环节的运行及作用进行鉴定，帮助教育者全面了解教育活动的实施情况，为改进提供依据。

三是激励作用。评估结果的反馈信息可以促使教育者进行调整和改进，从而发挥激励作用。正向的评价可以鼓励教育者进一步发挥主动性，负向的评价则促使他们反思差距并加以改进，从而不断提升教育质量。

四是选拔作用。思想政治教育评估可以作为教育者业绩考评的标准之一，有利于人才的选拔和运用。通过评估开展选拔活动，能够促进教育者的竞争意识和工作积极性，进一步推动思想政治教育工作的开展和提升。

五是咨询作用。评估结果为教育者提供了教育系统活动过程中各个环节的运行状况，可作为决策的重要依据。通过整理、分析评估结果，教育者可以得到客观、可信、有效的咨询，为教育工作提供科学指导。

思想政治教育评估在教育实践中具有多重作用，通过对教育活动的评价和反馈，有助于引导教育者正确开展工作，推动教育质量的不断提升，为培养德、智、体、美、劳全面发展的社会主义建设者和接班人提供有力支持。

(二) 思想政治教育评估的特点

思想政治教育评估具有独特的特点，体现在评估方式的本质以及评估过程中的特点。思想政治教育评估的特点主要表现在以下几个方面。

第一，宏观与微观相结合。这意味着在评估过程中，需要同时考虑整体性和具体性。微观评估侧重于特定教育活动的评估，例如对思想政治理论课的考试进行评估，从中反馈教学效果；而宏观评估则更关注整体效果和发展趋势，例如对整个学校的思想政治教育工作进行评估，以指导未来的发展方向。

第二，单项与综合相统一。单项评估侧重于评价单个指标或具体活动的效果，而综合评估则将各项指标综合考虑，评价整体效果。这要求教育者不仅要关注单项指标的完成情况，还要注重整体效果的提升，以确保评估的全面性和准确性。

第三，显性与隐性相辩证。显性评估主要涉及认知和行为等明显表现，而隐性评估则更注重个体的思想和品德等内在因素。这种辩证统一要求评估过程中既要关注教育活动的具体效果和可见变化，也要考虑思想和品德等隐性因素的培养和提升。

第四，动态与静态相统一。评估过程既要考虑当前教育活动的效果和条件因素，也要将其放置于时间序列和系统中考虑，以评估其对未来发展的影响。这种动态与静态的统一，要求评估过程中既要关注当前的教育效果，又要考虑教育活动的长期影响和发展趋势。

了解和把握这些特点，对于开展有效思想政治教育评估工作具有重要意义，可以更好地指导和促进思想政治教育的实施和发展。

（三）思想政治教育评估的方法

1. 比较评估法与达度（标）评估法

比较评估法和达度评估法是思想政治教育领域常用的两种评估方法，它们各具特点，但在实际应用中往往需要结合多种方法，以提高评估的客观性和可信度。

比较评估法是一种将特定主体的思想政治教育效果与其他人相比较的方法。这种方法主要通过比较不同教育者的工作绩效来评估教育效果。在比较评估法中，常用的比较方法包括排序法、强制分级法、要点分配法、成对比较法等。这些方法各有侧重，可以根据具体情况选择合适的方法进行评估。

达度评估法也称为达标评估法，是通过与思想政治教育者相协同，共同完善教育工作计划，并制定评价标准来进行评估的方法。在达度评估法中，评估人员的角色发生了转变，绩效评估人员由管理者变成促进者，而教育者也由评估的被动旁观者转变为评估的积极参与者。这种方法注重评估过程中的合作和互动，旨在促进思想政治教育工作的持续改进和提高。

很少单独使用一种评估方法，而是采用多种方法相结合。这样做是为了综合考量各种因素，更全面地评估思想政治教育的效果。通过多种评估方法的综合运用，可以提高评估的客观性和可信度，同时可以更有效地发现问题和改进工作。

比较评估法和达度评估法各有特点，但都可以在一定程度上帮助评估思想政治教育的效果。需要根据具体情况选择合适的评估方法，并结合多种方法进行综合评估，以提高评估的准确性和有效性。

2. 群体评估法与个体评估法

群体评估和个体评估在思想政治教育领域扮演着不同的角色，其区别主要体现在评估主体的不同以及评估方法的差异。群体评估法是以群体为评估主体，通过安排和计划的方式进行评估；而个体评估法则是以个体为评估主体进行评估，可以是接受思想政治教育的个人，也可以是专业领域的专家。

群体评估法聚焦于群体整体的思想政治教育效果和实施情况。群体评估的主体是具有一定资格的群体成员，他们共同参与固定的思想政治教育活动，并具备评估工作所需的能力和资质。这种评估方法注重群体成员之间的互相学习和交流，通过群体整体的表现来评价教育效果，从而为教育工作提供改进和调整的方向。

个体评估法则侧重于对个体的思想政治素质和学习效果进行评估。个体评估方法关注个体的学习进展、理解水平以及在思想政治方面的表现，通过对个体的评估来了解教育的实际效果和个人的成长情况。

根据实际情况选择不同的评估方法是很重要的。有时候需要综合运用群体评估和个体评估两种方法，以全面了解教育活动的整体情况和个体表现。也可以根据评估的重点和目的来确定主次关系，使其中一种评估方法为主，另一种评估方法为辅，以更好地实现评估的目标。

群体评估和个体评估各有其特点和优势，在思想政治教育评估中都具有重要作用。通过科学合理地运用这两种评估方法，可以更好地了解教育活动的效果和个体的成长情况，为思想政治教育工作提供有力的支持和指导。

3. 自我评估法与他人评估法

自我评估和他人评估在思想政治教育中的区别主要在于评价主体的不同。自我评估是指教育者自己对思想政治教育活动或效果进行评价；而他人评估则是指受教育者对所接受的教育和教育效果进行评价。尽管二者评价的对象相同，都是特定的思想政治教育活动，但评价主体的不同导致了评价角度、侧重点和方式的差异。

自我评估是教育者对自己进行的内省和反思，是一种主观的、个体化的评价。教育者通过自我评估来审视自己的教育实践，反思教学过程中的优点和不足，进而找到改进的方向和方法。自我评估有助于教育者更加客观地认识自己的教育水平和教育能力，促进个人的成长与进步。

与之相反，他人评估是受教育者对教育者进行的评价，是一种外部的、客观的评价。受教育者可以根据自己的实际感受，对教育者的教学方法、教育效果进行评价，从而给教育者提供及时的反馈和建议。他人评估有助于教育者更全面地了解受教育者的需求和期望，调整教学方法，提高教育效果。

自我评估和他人评估是相辅相成、相互促进的。自我评估可以帮助教育者及时发现和解决教学过程中的问题，提高自身的教育水平；而他人评估则可以为教育者提供客观的反馈和建议，促使其进行更深入的反思和改进。二者相结合，可以更有效地推动思想政治教育的发展，培养更优秀的社会主义建设者和接班人。

在思想政治教育评估中，常用的方法主要是他人评估法。这是因为他人评估法能够提供更客观、全面的反馈，更好地反映受教育者的真实感受和需求，有利于促进教育者的成长。自我评估法也同样重要，它可以帮助教育者更好地认识自己，提高自我调节和反思能力，从而更好地应对教育工作中的各种挑战和变化。

个人和社会是有机统一的。自我评估和他人评估应该共同推动思想政治教育的发展，实现个体和社会的共同进步。

4.定性评估法与定量评估法

定性评估法的重要性不言而喻。由于思想政治教育的对象是人，而人具有主体性和复杂性，因此无法简单地用单一的量化指标来准确反映思想的变化和发展。单纯的定性评估法可能会受到主观因素的影响，容易产生主观错觉，因此需要通过定量评估法获取客观数据，从而为定性评估法提供基础和支持，使评估更加准确。

定性评估法和定量评估法常常结合使用。比如比较分析法、因果分析法、系统分析法和综合分析法，这几种方法既有定性评估的成分，又包含一定的定量评估方式，是思想政治教育评估中常用的方法。比较分析法通过对不同对象或不同时期的情况进行比较，来评估教育效果的优劣；因果分析法则着重考察教育活动与思想变化之间的因果关系；系统分析法则从整体和系统的角度来考量教育活动的影响；综合分析法则将多种评估方法和数据综合起来，以便更加全面客观地评价思想政治教育的效果。

评估结论的形成应当遵循两个原则：一是坚持价值判断与评估信息、评估标准统一的原则。评估结论应该在事实的基础上，根据评估标准，按照评估信息的反馈而进行，以确保评估的客观性和准确性。二是坚持判断结论与分析说明相统一的原则。评估结论必须有相应的分析说明，以确保评估结论的客观、公正和有效性。

定性评估法与定量评估法的结合运用以及采用多种逻辑分析方法，可以更全面、准确地评价思想政治教育的效果。评估结论的形成应当遵循客观公正的原则，确保评估工作的科学性和有效性。

第二节　思想政治教育研究方法的确立

一、研究对象：确立思想政治教育研究方法的出发点

任何学科的研究方法都不是泛泛而谈的，而是根据其研究对象的特殊性和复杂性来选择和运用的。对思想政治教育学而言，要确立适合的研究方法，首先需要明晰其研究对象，剖析其本质属性和主要特点。

研究对象是一个学科研究的基础，它决定了该学科问题研究的方向。

研究对象是多元而复杂的，涉及个体的思想、意识形态、道德观念等多方面内容。对学科研究对象的认识和把握程度直接影响着学科方法论的完善程度。必须重新思考和判定思想政治教育学的研究对象，深入探讨其本质属性，才能构建适合的研究方法论。

二、学科属性：确立思想政治教育研究方法的规定性

学科属性是研究方法选择的重要依据。思想政治教育作为一门特殊的应用性学科，具有科学性和人文性的双重属性。人是主体，思想、意识形态等是研究的重要内容。研究方法应当注重尊重人的主体性和主动性，以人的历史和现实存在为出发点，实现人自我教育的理想境界。

在选择研究方法时，还应考虑思想政治教育的应用性。思想政治教育的研究方法应当具有一定的指导性和实践性，能够为实际教育工作提供有效的支持和指导。需要综合考虑理论研究和实证研究的方法，以确保研究的科学性和实用性。

在研究方法的规定中，还需要考虑思想政治教育的特殊性和复杂性。思想政治教育涉及多个层面和因素，如教育对象的心理特点、社会环境的影响等，因此研究方法应当具有多样性和灵活性，能够应对不同情况和问题的需求。

确定思想政治教育学的研究方法需要深入剖析其研究对象和学科属性，充分考虑其应用性和特殊性，以构建科学、实用的研究方法论，为思想政治教育的发展提供有力支撑。

三、教育客体：确立思想政治教育研究方法的落脚点

认识和实践活动都不可避免地面向自身的客体，思想政治教育作为一种塑造和培养人的教育实践活动，同样如此。前文已经提及，思想政治教育学的研究对象是"思想政治教育现象及规律"，其中"规律"包含了人的思想政治素质形成发展的规律（形成规律）和对人的思想政治素质进行塑造和培育的规律（教育规律）。尽管学科的研究主题千差万别，但归根结底都是对思想政治教育实践的客体进行研究。

教育活动围绕两个基本维度展开：一是智育，二是德育。而思想政治

教育显然属于后者。智育主要涉及传播科学文化知识，同时兼顾价值观的渗透；而思想政治教育则以科学认知为基础，着重传播和教化价值观，其目的在于使学生达到"价值认同"。若智育旨在教学生学会学习，那么德育则旨在教学生学会追求觉悟。从根本上讲，思想政治教育的宗旨在于帮助个体自觉地改造主观世界，唤起和促进个体发展的理性自觉。

在思想政治教育的理论视域中，对于价值观教育的探析涉及多个方面，例如如何确立人的价值观，这需要研究价值与人的主体性、价值与人的需要、价值与规范、价值与真理、价值与实践的相互关系。思想政治教育中为何要谈价值观教育，这是由思想政治教育的客体——人的思想政治素质的内部结构决定的，思想政治教育的本质、目标和宗旨就是价值观教育。教育内容可以划分为知识、规范、价值观三大形态，而知识教育和规范教育从根本上都是使人们认同规范背后的价值观念。思想政治教育学科中的许多热点问题，比如意识形态安全、话语权、社会思潮、实效性问题等，都与价值观问题有关。

对于思想政治教育学科而言，研究价值观教育是至关重要的。通过深入探讨人的价值观形成机制、价值观与教育相互关系等问题，可以更好地理解和指导思想政治教育实践，促进个体的全面发展和社会的进步。在价值观教育方面的研究不仅有助于加深对思想政治教育本质和目标的理解，也能为应对当下和未来社会变革中的各种挑战提供重要的理论支持和指导。

第三节　思想政治教育研究的发展方向

一、树立思想政治教育学研究的整体性观念

(一)理论建构与现实回应相统一

思想政治教育作为一门学科，其存在和发展的本质规定是科学性。为了使思想政治教育更好地发挥实效，对受教育者的思想政治素质，尤其是价值观，产生实实在在的影响，必须首先加强学科的基础理论研究。这就要求思想政治教育学在坚持思想政治理论指导的前提下，加强对学科基本概念、

范畴、规律、原理的把握和建构。围绕思想政治教育学科的基本理论命题，如学科属性、教育目标、主要内容、逻辑结构、功能特征、发展规律、价值取向等多元问题和许多富有争议的思想政治教育前沿热点问题进行研究，从而不断推动学科的发展。

(二) 事实描述与价值证成相结合

事实描述与价值证成相结合是思想政治教育研究的重要原则。因为研究者的个人兴趣不同，任何研究都存在不同的认知旨趣。通过将事实描述与价值证成相结合，可以使思想政治教育研究更具深度和广度，既能客观地反映事物的真实状态，又能提出合理的规范和原则，以指导实践活动的开展。事理研究与学理研究相互呼应，事理问题和学理问题相辅相成。思想政治教育的原则和方法的设定必须基于对受教育者思想政治素质实际状况的事实考察和对人的受教育规律的遵循，这样才能符合思想政治教育的道理，彰显其价值。

(三) 事理研究与学理研究相呼应

在思想政治教育的科学研究中，存在着不同的研究旨趣。首先是对思想政治教育领域的现象和事实进行描述，获取经验性知识或称事实性知识的研究。其次是建构思想政治教育实践原则的研究，提出并论证关于人们如何开展思想政治教育实践活动的理念、原则、方法等，获取规范性知识或称指示性知识。最后是批判和剖析现实世界中思想政治教育领域各种不合理观念和行为的研究，通过一定的分析框架对问题进行归因分析，从而引导和启发人们改革实践方式，改善教育效果。

二、建构系统化的思想政治教育方法论体系

(一) 强化思想政治教育研究的本位意识

强化思想政治教育研究的本位意识是建构系统化的研究方法体系的重要前提。这意味着要清晰认识思想政治教育学术研究的本质属性和基本理论，从而促进对学科的全面理解。本位意识不仅是对学科的自我认知，更是

对学科基本问题的深入探讨，涉及思想政治教育的起源、本质特征、核心理念、功能作用等方面的基本规定。

（二）借鉴相关成熟学科的研究方法

在建构系统的研究方法体系时，借鉴相关成熟学科的研究方法是非常重要的。思想政治教育学科应该在吸收借鉴其他学科的理论和方法的基础上，建立自己的研究方法论体系。这不仅有助于拓展思想政治教育的研究视角和思路，还能够提高学科的学术水平和研究质量。

（三）形成层次丰富的研究方法体系

在形成层次丰富的研究方法体系时，需要考虑不同层级的内容。首先是宏观层面的研究方法论，包括哲学方法论、学科方法论和逻辑学等方面的理论，这些是构建学科研究方法体系的基础。其次是中观层面的一般研究方式，包括实证研究和非实证研究等，这些是具体研究方法的中间层次。最后是微观层面的研究手段和技术，包括社会测量技术、资料搜集技术等，这些是具体研究方法的具体运用。

强化思想政治教育研究的本位意识、借鉴相关成熟学科的研究方法、形成层次丰富的研究方法体系，是构建系统化的思想政治教育研究方法体系的重要步骤。只有在此基础上，才能够更好地推动思想政治教育学科的发展，提高研究水平和学术影响力。

三、提升思想政治教育研究方法的运用水平

（一）优化实证研究方法的运用

在研究思想政治教育领域时，优化实证研究方法的运用至关重要。实证研究方法的优势在于其强调规范性、客观性和可重复性，能够提供清晰、精确、可预见的研究结论。在过去的科学研究领域，实证主义方法曾一度盛行，被认为是科学研究的主导思维方式。实证研究方法通常采取数量化、程序化的手段，以确保研究结果的准确性和可靠性。在思想政治教育研究中，单纯依靠实证研究方法可能无法充分覆盖领域内的复杂性和多样性。

（二）深化思辨研究方法的运用

深化思辨研究方法的运用也是至关重要的。思辨研究方法在于其深刻的特点，它是一种形而上学的方法论，通过逻辑推理和抽象思维来得出新的结论。思辨研究方法更注重对问题的本质、内在联系和深层次原因的思考，能够在一定程度上弥补实证研究方法在探索问题深层次方面的不足。

（三）促进实证研究与思辨研究的统一

要真正实现对思想政治教育领域的全面理解和深入探索，促进实证研究与思辨研究的统一至关重要。实证研究和思辨研究各有其优势和局限性，二者应相互补充、统一运用。思想政治教育研究往往需要综合运用实证和思辨研究方法，既要基于对现实状况全面而真实的把握，又要运用严谨的辩证逻辑思维，分析要素之间的相互关系，归纳问题的成因。

研究者应充分利用实证研究方法获取和分析大量的教育实践数据，同时运用思辨研究方法对现象进行深层次思考和理论抽象，以提出新的问题、新的视角和解决思路。这样的综合运用不仅能够丰富思想政治教育研究的视野，还能够提高研究的深度和广度，为学科领域的发展做出更为重要的贡献。

四、注重思想政治教育研究方法的实践路径

（一）以微型党课创新育人载体

作为思想政治教育的重要组成部分，微型党课创新了育人载体，为学生提供了一个常态化、接地气的思想政治教育平台。微型党课的主题围绕着"初心、使命、担当"，通过党员间的互讲和分享，以及前辈的传承，使理论素养的提升和"西农精神"的传承得以实现。关键在于微型党课的形式灵活，课程安排贴近学生生活，通过定期授课、课前研讨和课后分享等方式，促进党员的学习和思想交流。这种微型党课的方式，不仅让思想政治教育贴近了学生的日常生活，更是为思想政治教育的常态化提供了有力支撑。

（二）以微服务增强育人实效

微服务作为另一种创新形式，通过树立榜样、竞优良、促学风的理念，动员学业优秀学生担任朋辈导师，开展线上线下的微帮扶活动。这种微帮扶的方式，不仅能够提高学生的学业水平，还能够增强学生的学习氛围和学习兴趣。结合学术社团和生涯工作室，开展面对面的指导活动，更能够满足学生不同层次的需求，为他们的成长提供更加全面的支持。

（三）以微活动丰富育人形式

微活动则是通过丰富多彩的形式，进一步拓展思想政治教育的渠道。从过"政治生日"到"寻访红色足迹"，这些活动不仅能够增强学生的爱国主义情怀，还能够提高他们的思想政治教育参与度。重要的是，这些活动以有趣、有益、有效为目标，注重了学生的体验和感受，使思想政治教育更加深入人心。

（四）以微榜样和微阵地激发创先争优

在微榜样和微阵地的支持下，思想政治教育的实效性得到进一步提高。通过榜样人物的宣传和树立，可以激发更多学生的学习热情和进取心，促进学风的形成。而强化学生党支部和宿舍阵地，则为思想政治教育提供了更加广阔的空间，使思想政治教育的影响力不断扩大。

（五）以微创新拓宽育人渠道

微创新在思想政治教育中发挥着重要作用，通过微型党课、微服务、微活动、微榜样和微阵地等形式的创新，为学生提供了更为丰富和多样化的思想教育内容和载体，进一步增强了思想政治教育的实效性和影响力。

第三章　大学生思想政治教育

第一节　大学生思想政治教育的理论考察

一、大学生思想政治教育的内容

(一) 领导机制

领导机制在大学生思想政治教育中扮演着关键的角色。高校党委作为思想政治教育的领导核心，应该制定并执行思想政治教育的战略规划，明确教育目标和教育任务，加强对思想政治教育工作的领导和指导，以确保思想政治教育的社会主义方向和办学特色。高校党委还应为思想政治教育提供组织保障，建立健全管理体系，推动和监督教育工作的落实。

(二) 导向机制

导向机制是指引导思想政治教育活动和个体发展的机制。导向机制旨在引导学生在思想、行为和态度等方面实现全面自由发展。为此，需要加强对基层管理者和教师的培训和指导，提高他们的专业水平和教学质量，以及关注学生的个性发展和成长需求，促进他们在思维方式和行为习惯上的更新和转变。

(三) 整合机制

整合机制是确保大学生思想政治教育有效开展的关键。它涵盖了目标整合、信息整合、功能整合、环境整合等多个方面。整合机制的建立旨在优化教育资源配置，提高教育质量和效率，促进思想政治教育工作的全面发展和持续改进。

(四) 激励机制

激励机制对于推动大学生思想政治教育工作的开展和改进至关重要。通过激励措施，可以提高教育工作者的工作动力和学生的积极性，促进他们的成长。在思想政治教育系统中，激励机制不仅能够调动各要素的积极性，还能够协调他们之间的平衡关系和利益关系，从而推动教育工作的顺利开展。

(五) 预警机制

预警机制是确保大学生思想政治教育工作正常运行的重要保障。由于思想政治教育涉及大学生的世界观、人生观和价值观等方面，是一项复杂、动态和多变的教育活动，建立一套科学的预警机制，能够及时发现和解决教育工作中的问题，提高教育工作的科学性和可预见性。

(六) 评估考核机制

评估考核机制是对大学生思想政治教育工作进行监督和评价的重要方式。通过评估考核，可以全面了解教育工作的开展情况和取得的成效，及时发现问题并加以解决。评估考核还可以激励教育工作者和学生的积极性，促进教育工作的不断改进和提高。

(七) 反馈机制

反馈机制是保证大学生思想政治教育工作顺利开展的重要环节。通过对教育工作中的运行状态、问题和发展趋势进行有效的收集、分析和评估，并及时做出相应的反应，可以更好地指导和改进教育工作。反馈机制的建立有助于保持教育工作的连续性和稳定性，提高教育工作的科学性和有效性。

二、大学生思想政治教育的功能

(一) 优化整合的功能

优化整合的功能体现在将各个机制要素有机整合为一个协调的整体，

以实现教育目标和任务。这种优化整合不仅要求各要素之间相互作用、相互制约、相互促进，还要符合思想政治教育的规律和原则。通过优化整合，可以更好地配置和协调教育资源，推动思想政治教育工作的全面发展和持续改进。

(二) 能动发展的功能

大学生思想政治教育具有能动发展的功能，表现在两个方面：一是作用于教育对象大学生身上，通过积极引导、激发学生的思想活力和创造性，促进其全面发展和成长；二是教育系统自身具有自我调整、自我约束、自我完善的能力，能够随着教育环境和客观条件的变化，动态地进行自我调整和更新，以适应社会发展的需要和学生的变化需求。

(三) 动态育人的功能

作为一种长效的教育体系，大学生思想政治教育具有动态育人的功能。这种功能体现在教育活动的持续性、动态性和发展性上。大学生思想政治教育不仅是一次性的教育过程，更是一个持续性的运行过程，通过不断地调动学生的主动性和积极性，促进其智力和能力的发展。教育系统需要不断地进行动态规划和调整，以适应教育对象的需求和社会的变化，实现教育目标的动态调整和优化。

优化整合、能动发展和动态育人是大学生思想政治教育体系的重要功能。只有充分发挥这些功能，才能实现思想政治教育工作的有效开展和持续改进，为大学生的思想政治素质培养提供坚实的保障。

第二节 大学生思想政治教育的创新发展

一、大学生思想政治教育创新的重要意义

(一) 大学生思想政治教育创新是学生全面发展的重点

大学生全面发展的目标是确保其思想道德素质、科学文化素质和身体

健康素质等各方面得到持续提高。这些素质之间存在着密切的内在联系，它们共同构成了大学生综合素质的重要组成部分。

思想道德素质是大学生全面发展的灵魂和基础。作为人的灵魂，思想道德素质直接影响着一个人的行为举止和处事方式。在大学阶段，不断提高思想道德素质可以培养大学生正确的世界观、人生观和价值观，使他们具备正确的道德判断和行为规范，从而成为德才兼备的优秀人才。

科学文化素质是大学生全面发展的重要内涵。科学文化素质不仅包括对科学知识的了解和掌握，更重要的是培养大学生的科学思维和创新能力。通过学习科学知识和掌握科学方法，大学生可以更好地理解和把握客观规律，有效地认识世界和改造世界，为社会进步和人类福祉做出贡献。

身体健康素质是大学生全面发展的重要保障。身体是革命的本钱，只有拥有健康的身体，大学生才能更好地投入学习和工作，才能应对各种挑战和压力。身体健康素质教育应当成为大学生思想政治教育的重要内容之一，通过体育锻炼和健康教育，培养大学生良好的生活习惯和健康的心理素质，从而提高他们的身体素质和抗压能力。

大学生全面发展的目标是使其在思想道德、科学文化和身体健康等方面都得到全面提高。这不仅有利于培养大学生正确的人生观和价值观，更能够为他们未来的学习和工作奠定坚实的基础，促进个人和社会的全面进步。大学生思想政治教育和素质教育应当紧密结合，共同推动大学生全面发展目标的实现。

(二) 大学生思想政治教育创新是社会发展的需要

思想政治教育在大学生成长中的重要性不言而喻，它不仅关注大学生的思想层面，还直接影响着他们的行为、态度以及对社会的认知和参与。在高校层面，加强思想政治教育是培养合格社会主义人才的必要途径之一，因为这不仅可以帮助大学生树立正确的世界观、人生观和价值观，还可以提升他们的思想政治素养，使他们成为具有高度社会责任感和创新能力的新一代社会主义建设者和接班人。

思想政治教育有助于帮助大学生把握就业形势、了解相关政策。学生可以更深入地了解社会发展的趋势和就业市场的需求，从而为自己的就业规划提供更清晰的方向。了解相关政策也能够让学生在求职过程中更加得心应手，提高就业的成功率。

思想政治教育引导大学生树立正确的就业思想观念。正确的思想观念对于大学生的就业至关重要，它可以帮助大学生树立正确的就业态度和价值观念，理性对待就业压力，增强面对困难的勇气和信心，从而更加积极地应对挑战，实现自己的就业目标。

思想政治教育有助于培养大学生健康、稳定的心理素质。在现代社会竞争激烈的就业环境中，心理素质的稳定和健康对于大学生的就业和职业发展至关重要。思想政治教育可以帮助大学生树立正确的人生观和价值观，增强他们心理的承受能力，从而更好地应对各种挑战和压力，保持乐观、积极的心态。

思想政治教育促进大学生形成良好的职业道德。在职业生涯中，良好的职业道德是大学生成功的关键之一。思想政治教育可以帮助大学生树立正确的职业道德观念，注重诚信、责任和奉献，培养他们良好的职业素养，提高他们在职场中的竞争力和可持续发展能力。

思想政治教育在大学生就业与创业中发挥着重要的作用，它不仅可以帮助大学生把握就业形势、树立正确的就业观念，还可以培养他们健康、稳定的心理素质和良好的职业道德，为他们的职业生涯打下坚实的基础。高校应不断加强对大学生的思想政治教育，为他们的成长和发展提供坚实的保障。

二、大学生思想政治教育创新的主要策略

(一) 大学生思想政治教育的创新体系构建

1. 大学生思想政治教育创新的内容分析

(1) 思想政治教育内容创新的目的

加快我国高校思想政治教育的创新步伐，是为了更好地传承和发展中国特色社会主义理论体系，培育民族精神和弘扬时代精神，同时提高学生的公德素质和促进其全面发展。具体的举措如下。

一是坚持和发展中国特色社会主义理论体系。高校思想政治教育应以

中国特色社会主义理论体系为指导，将其作为教育的重要内容。为此，需要加快中国特色社会主义理论体系的创新步伐，确保其融入课堂教学和教材编写，以及大学生的学习过程。通过将理论知识传授和思想政治教育活动相结合，大学生能够更好地理解和掌握中国特色社会主义理论，为未来的社会实践和生活做好充分的准备。

二是弘扬民族精神与时代精神。民族精神和时代精神是中国社会的精神支柱，对于凝聚人心、促进社会发展至关重要。高校思想政治教育应当以爱国主义为核心，培育学生团结统一、勤劳勇敢、爱好和平和自强不息的民族精神。要关注时代精神，积极引导大学生关注时事热点、社会变革，提升他们的社会责任感和使命感，让他们成为时代的有力推动者和引领者。

三是提高大学生道德素质。道德素质是大学生全面发展的重要组成部分，也是社会公德的基础。高校应该加强对大学生的道德教育，弘扬社会主义核心价值观，培养大学生的爱国守法、团结友善、诚实守信等良好品质。通过在课堂教学、校园文化建设以及社会实践活动中注重道德规范的培养，使学生树立正确的人生观和价值观，成为社会的栋梁之材。

只有通过这些措施，才能够培养出德才兼备、具有社会责任感和创新精神的优秀人才，为实现中华民族伟大复兴的中国梦贡献力量。

(2) 思想政治教育内容创新的原则

大学生思想政治教育内容的创新必须遵循一定的原则，只有这样才能确保教育工作的顺利进行和取得实效。以下是其中的一些重要原则。

一是坚持以中国特色社会主义理论为教育主体。中国特色社会主义理论以现代中国社会的实际为基础，在中国特色社会主义的伟大实践中不断创新发展。在大学生思想政治教育的内容创新中，应当贯彻中国特色社会主义理论，将其作为教育的主体，并以之为指导，从而更好地引导大学生树立正确的世界观、人生观和价值观。

二是突出学生主体地位，从学生实际出发。大学生思想政治教育内容的创新必须以学生为本，充分尊重和关注学生的实际需求和特点。这意味着教育内容应当紧密结合学生的实际情况和成长需求，注重激发学生的主动性和创造性，促进其全面发展。

三是坚持继承与创新相结合的原则。在思想政治教育内容的创新中，需要继承前人的成功经验和理论成果，同时在此基础上进行创新。这既包括对前人教育经验和教育成果的继承和借鉴，也包括对当代社会和大学生的新要求的创新回应。只有在不断总结前人经验、继承优良传统的基础上，才能推动大学生思想政治教育内容的创新和发展。

大学生思想政治教育内容的创新必须坚持以中国特色社会主义理论为主体，同时将继承和创新相结合。只有如此，才能更好地适应时代发展的需要，为大学生的思想政治教育提供更加有效的指导和支持。

(3) 思想政治教育内容创新的任务

在当前高校思想政治教育领域，需要着重强调以下几个方面。

一是加强思想政治教育学科的探索。为了更好地满足大学生的需求和社会的发展需求，思想政治教育学科应该在尊重实际情况的基础上，结合理论研究和实践经验，深入探讨大学生在校园和社会中面临的实际困难，并通过研究和实践不断完善思想政治教育体系。在学科研究中，需要将重点理论与实际情况相结合，尤其是关注大学生的实际成长需求和发展方向，以确立适合大学生发展的思想政治教育目标。

二是突出思想政治教育的重点。大学生思想政治教育应该在培养学生正确的世界观、人生观和价值观的基础上，注重引导学生树立正确的就业观念和职业道德，提高大学生的心理素质和社会适应能力。为此，需要加强对大学生的就业形势、政策和职业道德等方面的教育，引导大学生树立正确的理想信念，提升其道德品质和社会责任感，为其未来的就业和创业打下坚实的思想基础。

保证高校德育工作的进行。高校德育工作是培养大学生全面发展的重要环节，需要通过校园文化建设、社区生活教育等多种途径，引导学生积极参与社会实践，培养其社会责任感和公民意识。要关注学生的心理健康，为其提供必要的心理辅导和支持，帮助他们建立健康的人际关系和情感管理能力，从而促进其身心健康和全面发展。

高校思想政治教育需要不断创新和完善，以适应时代发展和大学生需求的变化。只有加强学科探索、突出教育重点、保证德育工作的进行，才能更好地为大学生的成长与发展提供良好的思想政治教育环境，为社会培养更多合格的社会主义人才做出贡献。

（4）思想政治教育内容创新的具体内容

大学生思想政治教育的内容创新始终是党和国家高度重视的时代课题。我国的公共教育开展、精神文明建设、文化产业发展等都需要在社会主义核心价值观的引领下进行，并将其融入社会生活的各个方面，内化为人们自身的思想观念、情感态度和行为习惯。

我们需要对思想政治教育内容的历史沿革进行科学研究和全面掌握。在改革开放至今的发展变革中，国际局势的变革和经济社会的全面发展为大学生思想政治教育内容的创新提供了重大机遇和挑战。在过去的40多年里，党和国家在对内容的改革方向、时代主题把握、选择和规范措施制定等方面的经验越来越丰富，使思想政治教育内容不断优化丰富，具有变革性质。

要充分发挥中国化理论成果的导向作用来指引内容创新。中国化理论成果是思想政治教育内容创新的基本准则，明确其核心引领地位有助于促进内容创新的良性、健康、有序、深入发展。紧跟时代步伐、抓住时代主题，通过详细深入地研究分析内容创新的发展历程，可以发现不同时期产生的新内容及其组织结构都带有特定时期的时代烙印。要从时代发展背景、时代发展特色、精神等方面着手，拓展和丰富思想、政治、道德、法纪、心理等所有相关层面的内容。

要根据大学生的思想特点，有计划、有目的、有针对性地打造课程内容。通过科学合理地设置课程内容和结构，能够有效地解决不同时期大学生的思想疑虑，精准把握和攻破当时思想政治教育的重点和难点问题。寻求切实有效的内容打造方式，将思想精神的内容载体融入课程设置，有助于向大学生传递中国化理论成果的精神和思想，从而树立正确的三观，为实现国家富强、民族振兴、人民幸福的中国梦而努力拼搏。

要推进思想政治教育内容体系的创新。思想政治教育内容的创新不仅要注重从基础上培养和坚定大学生的理想信念，还要围绕爱国教育、弘扬民族精神、加强道德教育等方面展开工作。只有如此，才能打造出与时代发展需求和大学生思想特征相吻合的优秀内容体系，为大学生思想政治教育的开展奠定坚实的基础。

2. 大学生思想政治教育创新的保障体系

(1) 大学生思想政治教育创新的制度保障

大学生思想政治教育领导制度的创新是推动综合性人才培养的关键一环。高校思想政治教育的有效开展需要建立科学的领导体系，以确保工作的顺利进行。在这一方面，有以下三项主要举措。

一是需要明确思想政治教育的政治方向。作为高校教育的重要组成部分，思想政治教育的开展必须符合党和国家的政治方向。高校领导者应确立正确的政治方向，确保教育工作不偏离正确的政治轨道。这意味着高校领导者要在思想政治教育工作中积极践行社会主义核心价值观，引导大学生树立正确的世界观、人生观和价值观。

二是需要明确思想政治教育工作的主导因素。高校领导者是推动思想政治教育工作的主导力量，他们应当通过科学的决策和有效的管理，推动思想政治教育工作向着既定目标迈进。高校领导者要明确自己的责任，合理分配工作任务，确保思想政治教育工作的顺利进行。

三是需要建立思想政治教育工作监督制度。监督制度是保障教育工作正常开展的重要手段，可以有效监督和评估高校领导者的工作行为，确保其按照规定和政策进行工作。监督制度也可以激励高校领导者不断提升工作水平，促进教育工作的持续改进和发展。

思想政治教育执行管理制度的创新是大学生思想政治教育工作有效开展的重要保障。有以下三个主要方面需要创新。

一是要将理论知识与实践活动相结合。思想政治教育的实践活动是学生思想政治素质培养的重要途径，必须将理论知识与实践活动相结合，通过实践活动提高学生的思想政治素质。高校教育管理者也要将实践活动纳入管理范畴，加强对实践活动的组织和管理，确保活动的顺利开展。

二是要创新执行管理制度，提高工作效率。在新时代下，为了适应时代的发展，需要对思想政治教育执行管理制度进行创新。这包括优化管理流程、简化管理程序、提高管理效率，确保教育工作的顺利进行。

三是要建立有效的考评制度。考评制度是评价教育工作成效的重要手段，必须建立科学合理的考评制度，对教育工作进行客观全面的评价。这不仅可以激励教育工作者积极工作，还可以为教育工作的持续改进提供重要参考。

（2）大学生思想政治教育创新的人才保障

大学生思想政治教育工作的开展需要专业的人才保障，而高校教师作为主导力量，承担着培养大学生的使命。他们的职责不仅在于传授知识，更重要的是在于思想政治教育方面对大学生进行引导和培养。高校教师的素质至关重要，他们需要具备一定的政治素养、教育能力和道德品质。

高校教师应注重自身政治素质的培养。他们需要深入学习国家政策和时事动态，了解国家的政治方针和主张，以此来指导和引导大学生的思想观念。他们还应具备较高的政治敏感度和分析能力，能够准确把握时代潮流和社会发展的方向，从而更好地引领大学生的思想方向。

高校教师应具备扎实的教育专业知识和教学能力。他们需要不断学习教育理论和教学方法，提高自己的教学水平和教育能力，以更好地满足大学生的学习需求和教育需求。他们还应注重培养大学生的批判性思维和创新能力，引导他们自主学习和自主思考，培养他们的综合素质和能力。

另外，高校教师应具备良好的道德品质和职业操守。他们需要以身作则，做大学生的榜样和引导者，注重培养大学生的道德品质和社会责任感，引导他们正确树立人生观和价值观，以此来促进大学生的全面发展。

为了提高高校教师的素质，高校应加强对教师的培训和引导，建立健全的教师培训体系和考核评价机制，促进教师的专业成长。高校还应注重选拔和培养优秀的教师人才，提供良好的工作环境和发展平台，激励教师的工作积极性和创造性，从而推动大学生思想政治教育工作的深入开展。

（3）大学生思想政治教育创新的法治保障

法治思想的普及和实践已经渗透到社会的各个领域，成为我国治国理政的基本方式之一。在高校管理中，法治理念起着至关重要的作用。高校作为社会培养人才的重要阵地，需要通过加强法治教育，帮助学生树立正确的法治观念，从而为高校的思想政治教育工作奠定基础。

保障学生合法权益是法治校园建设的基础。高校需要建立健全的校规制度，确保大学生的合法权益得到充分保障。在制定校规的过程中，应当注重公开透明，充分听取学生和家长的意见建议，确保校规的公平性、公正性和民主性。建立健全的法律风险防范机制也是十分必要的，通过预防性的措施，及时预判可能出现的法律风险，有效防范和化解潜在的法律问题。

强化高校管理机制是实现法治校园建设的关键。高校应当建立健全的管理责任制，依法治理校园，严格依据法律法规对大学生的行为进行规范和管理。对于违反校规的行为，应当依法追究责任，形成对违法行为的严厉惩处和有效威慑。只有通过落实责任制管理，提高管理水平，才能有效维护校园秩序，促进学校的健康发展。

增强教育效果是法治校园建设的重要目标。高校应当加强法治和德治教育，使大学生在道德素质和法治观念上达到统一。只有通过提高学生的思想道德水平，培养他们自觉遵守法律法规的意识，才能真正实现法治校园的目标。高校在开展思想政治教育工作时，需要将法治教育与德治教育相结合，以提升大学生的整体素质和综合能力。

高校在推进法治校园建设中，需要加强大学生的法治教育，保障大学生的合法权益，强化管理机制，增强教育效果，从而为培养社会主义法治和德治相统一的复合型人才做出应有的贡献。只有通过全面推进法治校园建设，才能不断提升高校的治理水平，促进高等教育事业的健康发展。

(4) 大学生思想政治教育创新的物质保障

在提高大学生思想政治教育工作的创新力和创造力方面，物质保障是至关重要的一环。为了有效地促进大学生思想政治教育工作的开展，培养全面发展的社会人才，需要建立合理的物质保障机制。

要加大学生物质鼓励机制的投入力度。根据需求层次理论，满足学生的物质需求是释放其潜力的基础。学校应该以学生为本，建立健全的物质鼓励机制，帮助贫困生完成学业。这包括完善奖学金和助学金发放体系，确保公平公正，让更多贫困生受益；设立专门的助学通道和勤工俭学中心，提供更多的经济支持和工作岗位，减轻学生的经济负担，增强他们的学习动力。

要加大学校硬件设施的投入。大学生思想政治教育工作的重点是培养全面发展的人才，而健康的体魄是发展其他素质的基础。学校应该注重提供良好的食堂卫生环境，完善卫生规范制度，加大监督力度，确保大学生的饮食安全。还应该注重提供良好的学习和生活环境，提升校园硬件设施水平，为大学生提供舒适的学习和生活条件。

要加大就业指导服务的投入力度。随着社会竞争的加剧，大学生面临就业压力和未来规划的困惑。学校应该开设相关课程，帮助大学生进行职业生涯规划，邀请专家指导大学生进行就业指导，设置就业指导中心，提供多种形式的就业服务。通过多种途径帮助大学生缓解就业压力，增强他们的就业竞争力和自信心。

要提高大学生思想政治教育工作的创新力和创造力，需要全面加强物质保障，包括加大大学生物质鼓励机制的投入力度、提升学校硬件设施水平、加大就业指导服务的投入，从而为大学生的全面发展和社会主义建设提供坚实的物质保障。

(二) 大学生思想政治教育的创新方法实施

1. 大学生思想政治教育方法创新的原则

在大学生思想政治教育工作中，系统性原则、疏导结合原则和循序渐进原则都是至关重要的。它们不仅指导着教育者的具体行动，也影响着教育对象的思想认识和行为表现。下面将分别对这三个原则进行更加深入的探讨。

（1）系统性原则

系统性原则强调教育工作必须按照一定的系统和组织结构进行，以确保教育活动的连贯性和有效性。系统性原则的应用体现在教育内容的系统设计和教育过程的有机安排上。教育者需要考虑教育对象的特点和需求，同时结合意识形态和政治教育的任务和要求，有序地进行教育活动。

系统性原则要求教育内容必须循序渐进、有条不紊地进行，不断深化和拓展大学生的思想认识和政治素养。教育者需要从整体出发，全面考虑教育对象的发展需求和成长环境，因此在教育内容的选择和安排上应该具有前瞻性和长远性。

（2）疏导结合原则

疏导结合原则强调在教育过程中要及时发现问题，引导和疏通学生的思想情感。疏导结合原则的实践体现在教育者与学生之间的互动沟通中。教育者需要善于发现学生的疑惑和困惑，积极引导他们正确地思考和理解，从而促进他们的思想成长和进步。

疏导结合原则要求教育者要有耐心和智慧，善于用正确的方式和方法引导学生，使他们在思想认识和情感体验上得到积极的引导。教育者应该注重与学生的沟通交流，倾听他们的意见和建议，积极回应他们的需求，建立起良好的师生关系和互动机制。

（3）循序渐进原则

循序渐进是指按照一定的顺序和步骤逐渐前进的过程。在教学和学习中，循序渐进具有重要意义，因为教学过程和学习过程都是具有逻辑性和内在联系的。教师在教学过程中需要遵循教学逻辑，根据教学系统进行连贯的教学，而学生在学习新知识的过程中也是逐步向前发展的。学习过程中的智力和学习能力也是逐步培养和积累的。当新知识融入已有知识中时，原有的认识会形成一种"防护层"，使新思想不能轻易进入。如果人们对新思想的接受意愿越大，则形成的"保护层"对其防御性也就越大。在进行思想政治教育时，需要改变人们的思维方式，以影响大学生的深层思维。这也意味着，在进行思想政治教育时，不能局限于课堂之上，而应深入学生的日常生活，使学生在日常生活和学习过程中体会到思想政治教育的意义。

具体到思想政治教育，应坚持由表及里、由浅入深的循序渐进原则。这体现在教育方法的创新和课程内容设置的循序渐进上。核心问题是要考虑受教育者的心理承受能力和知识结构的接受能力。教育方法的创新需要教师了解学生的心理和相关状况，以便更好地进行教学活动。在思想政治教育过程中，最好采用渐进的模式，通过潜移默化的方式，给学生树立榜样。

循序渐进的原则在思想政治教育中具有重要的指导意义。只有通过合理的教学方法和课程设置，结合学生的心理和知识结构，才能更好地实现思想政治教育的目标，培养学生正确的思想观念和道德品质，促进他们全面发展。

2. 大学生思想政治教育方法创新的内容

（1）单向灌输转为双向交流

现代思想政治教育模式的转变，从单向灌输式教育向双向交流式教育的转变，是时代发展和教育进步的必然趋势。过去，学校的思想政治教育往往采取教育者主导的单向灌输模式；如今，随着社会的进步和人们观念的变化，这种教育模式已经不再适应现代教育的需求，因而必须向双向交流的模式转变。

单向灌输教育模式的局限性在于，它使受教育者难以发挥出主观能动性。在这种教育模式下，教育者拥有绝对的主导地位，他们决定教育的内容、形式和方式，而受教育者则被动接受知识，缺乏自主思考和表达的机会。这种单向灌输的教育模式往往会压制受教育者的主观能动性，使其成为知识的被动接受者，难以真正参与到教育过程中来。

单向灌输的教育模式难以满足受教育者的实践和发展需求。教育的目的不仅是传授知识，更重要的是培养受教育者的实践能力和开发他们的发展潜力。单向灌输的教育模式往往忽视了受教育者的实际需求和发展动向，导致教育内容与受教育者的实际情况不相适应，从而影响了教育效果。为了更好地满足受教育者的实践和发展需求，必须转向双向交流的教育模式，积极倾听受教育者的意见和建议，与他们共同探讨教育问题，促进教育的双向互动和共同发展。

通过双向交流的方式，教育者和受教育者可以更好地沟通和交流，促进教育的双向互动，从而更好地实现教育的目标和效果。这种教育模式不仅可以激发受教育者的思维和创造力，还可以提高教育的针对性和实效性，推动教育事业的不断发展和进步。我们应该积极倡导和推广这种双向交流的教育模式，为现代思想政治教育的发展注入新的活力和动力。

（2）从传统手段转为现代化信息技术的运用

随着时代的发展和科技的进步，思想政治教育工作也在不断更新和转变，从传统的课堂模式向多媒体的信息模式转变。这种转变不仅得到技术发展的推动，更是为了适应学生学习方式和需求的变化。在信息时代，传统的思想政治教育课堂仍然占有重要地位，但信息化教学已成为主流趋势，为了更好地适应时代的发展和满足学生的学习需求，思想政治教育必须与时俱进，转变教学模式，注重信息技术的应用。

信息技术的全面应用为思想政治教育向现代信息技术课堂的转变提供了技术支持。随着个人计算机和移动设备的普及，以及 5G 网络的推广，信息技术已经渗透人们生活的方方面面。这为教育界提供了丰富多彩的教学工具和平台，使传统课堂教学可以与现代信息技术有机结合，实现教学内容的丰富和多样化。

另外，信息技术可以更好地呈现思想政治教育要达到的效果。传统的思想政治教育方法往往是面对面的口头传授，受教育者在有限的课堂时间内接受知识，而信息化教育模式则可以通过多媒体手段呈现丰富的教学内容，使受教育者能够在课下进行复习和巩固，从而更好地理解和消化所学知识。

现代信息技术的普及也为教育者和受教育者提供了更便捷的交流和互动平台。教育者可以通过网络平台发布教学资源，与大学生进行在线互动和讨论，及时解答学生的疑问；而大学生也可以通过网络平台获取学习资料，参与在线讨论，拓宽思想视野，提升综合素质。

传统思想政治教育课堂正在向信息化课堂转变。这种转变既是时代的要求，也是教育发展的必然趋势。教育者应积极借助信息技术，创新教学模式，提高教学效果，以更好地适应时代的发展，满足学生的学习需求，推动思想政治教育工作取得更大的成效。

（3）显性教育与隐性教育方法相结合

思想政治教育在教学方式呈现上融合了显性教育和隐性教育两个方面的内容，而现代信息技术的快速发展则助推了这两种教育手段的融合和进步。教育者可以通过开展思想政治教育活动达到一定的教学目的，也可以通过影响受教育者的环境使受教育者在潜移默化中达到既定的思想政治教育目标。

显性教育是指通过公开的课堂或其他形式，有目的、有计划地对受教育者实施教学。这包括各种媒介的宣传推广，将国家的方针政策通过教育者的课堂形式传播给受教育者，也可以通过多媒体的信息技术扩散到每一个接触的社会成员。显性教育具备明确的传播目的。隐性教育则是在无形中影响受教育群体的思想理念，具有自发性和多样化的教育特点。隐性教育是一种潜移默化的影响，相较于显性教育，隐性教育更具自发的目的。

显性教育和隐性教育方法相结合符合现代教育发展的规律。教育方式多样化的主体是人，是教育者对受教育者的教育。显性教育与隐性教育相结合，切合受教育者思想政治教育学习的发展规律。教育者利用显性教育，将思想政治理论传播给受教育者，在这个过程中通过多样的教育方式将国家建设中涌现的优秀人物事迹、国家在改革开放40多年来取得的重要成就梳理成具体的理论和思想传播给受教育群体，使其接受系统的思想政治教育理念。隐性教育则通过作用于受教育群体的生活环境和社交信息，在显性教育理论的基础上加深受教育者的思想政治教育内涵。

显性教育和隐性教育的结合更有利于思想政治教育目标的实现。思想政治教育是社会的教育，是对社会成员的教育，是终身教育。显性教育可以是校园教育也可以是社会教育，是社会成员必须接受的教育，更是社会成员必须形成系统的思想政治教育观念和意识。显性教育在社会环境各方面通过环境文化的设置、成员的社会实践活动和其他隐性方式让受教育者接受思想政治潜移默化的教育，使受教育者充分认识到国家建设的伟大，从而推动国家的建设和发展，丰富社会成员的生活。

(4) 思想政治教育方法理论体系化

思想政治教育学科的发展需要建立起完善的体系，并在理论研究方面不断加强和扩大。现代社会对思想政治教育的要求越来越高，思想政治教育方法的理论化和体系化已经成为迫切需要解决的问题。这种转变既是对思想政治教育者的要求，也是整个思想政治教育学科发展的必然趋势。

思想政治教育方法理论体系的建立是思想政治教育学科发展的基础和保障。过去，思想政治教育往往停留在传统的灌输式教育模式上，缺乏系统性和科学性，这导致了教育的效果不尽如人意。建立起完善的思想政治教育方法理论体系，对于指导教育实践、提高教育质量至关重要。这个理论体系应该包括教育目标的确定、教学内容的选择、教学方法的运用等方面，以确保思想政治教育工作能够有条不紊地进行，取得良好的教育效果。

思想政治教育理论体系的建设是对教育实践的理论支撑。随着社会的不断发展和进步，思想政治教育面临越来越多的挑战和机遇。如何在这个时代背景下有效开展思想政治教育工作，需要有科学的理论支撑。

思想政治教育方法理论体系的建立是对教育者的更高要求。现代思想政治教育工作需要教育者具备更高的素质和能力，能够根据不同的教育情况和对象，灵活运用各种教育方法，取得更好的教育效果。我们应该高度重视这项工作，加强理论研究，不断完善和发展思想政治教育方法理论体系，为思想政治教育事业的发展贡献力量。

3. 大学生思想政治教育方法创新的实施

(1) 构建"凸显个性—综合呈现"教学体系

思想政治理论课作为大学生思想政治教育的主要途径，在帮助大学生树立正确的世界观、人生观和价值观方面具有重要作用。其教学效果直接影响着思想政治教育的实效性。大学生对教师课堂教学传授的知识和信息是否乐意接受、理解、接纳并转化为自身的行为，成为衡量思想政治教育实效性的重要尺度。

为了提高思想政治理论课的教学效果，构建"凸显个性—综合呈现"教学体系是至关重要的。这一教学体系的构建需要考虑不同课程的特点和要求，并充分利用相关课程的特点，以共同取向的固有链接为基础，优化组合。在此过程中，以核心理念的变革为指导原则，密切关注实际情况，根据"学生为中心"的工作原则，采用多种教学方法。

教育者应当根据不同意识形态和政治理论课程的特点进行仔细研究和选择教学方法。每门课程都有其独特的特点和教学需求，因此教育者需要深入了解每门课程的核心内容、教学目标以及学生的学习需求，从而选择最合适的教学方法。

教育者应以改变为核心理念，并充分关注实际情况。时代在不断发展变化，大学生的思维方式和学习习惯也在不断变化，因此教育者需要及时调整教学方法，适应时代的发展。教育者也需要密切关注大学生的实际需求和反馈，及时调整教学内容和教学方法，以提高教学效果。

教育者应根据"学生为中心"的原则。大学生是学习的主体，因此教育者应重视大学生的个性和特点，灵活运用探究式、讨论式、启发式、参与式、案例式等多种教学方法，提高他们的学习积极性。

教育者需要实现"教学有法，教无定法，贵在得法"的教学目标。教学方法并非一成不变，应根据具体问题具体分析，针对不同学生进行个别指导，以实现教学目标。教育者应不断探索创新，寻找最适合自己的教学方法。教育者应根据不同课程的特点和要求，采用多种教学方法，以提高大学生的学习兴趣和学习效果，进而促进思想政治教育的实效性。

（2）开展思想政治体验式教育教学

正确的认识只能在实践中产生，没有实践的体验只能是无源之水，无本之木。在实践活动中引导学生不仅用眼看、用耳听，而且动手做，达到情动、心动，人脑、人心统一的境界，进而帮助学生在所见、所闻、所想、所做中亲身感悟，提高自身的思想道德素质，并外化为良好的道德行为。体验式教学就是通过实践教学和社会实践活动两个维度进行教学，也称为第二课堂。意识形态和政治理论的课程内容是进行实践教学、体验教学的理论依据，在课堂上的实践指导和社会实践教学等都是在指导教师的指导下进行的实践活动，但是社会实践活动的经验是学生在没有教师指导的情况下进行的自律活动。

思想政治教育教学的目标是一个由对"科学理论和基本知识"的认知，到对观念和价值的认同，最后到行为自觉的育人过程和成长过程的统一，其核心是"使人成为人"，其教育教学过程既是与学生"认知过程"的统一，也是与学生"人格养成过程"的统一。作为对科学知识的"认知过程"，主要着眼于事实判断，是一个求真的过程，体现的是科学精神，其学习过程是以"问题、探究"为主，以"情境、体验"为辅。而作为育人的"人格养成过程"，主要着眼于价值判断，是求善的过程，其教学目标是使受教育者认识和理解、体验和认同价值体系的意义，并能够身体力行。

(三) 大学生思想政治教育的创新实践路径案例

高校的思想政治教育是培养大学生综合素质、促进大学生全面发展的重要任务，而大学教师和学生作为这一项任务的重要参与者，在实现立德树人的过程中发挥着关键作用。为了真正实现思想政治工作的"教学相长"，B高校采取了一系列举措，以思想政治工作会议为牵引，统筹布局教师和学生的思想政治互动，着力打造师生融合的思想政治工作体系。

设立思想政治工作会议制度是B高校推进思想政治工作的重要举措之一。通过春季和秋季两次思想政治工作会议，分别以学生工作系统和系党政班子成员、教师代表为主要参与人员，聚焦于党员发展、思想教育、制度建设等核心工作内容。这样的会议安排有助于全面了解学校思想政治工作的情况，及时总结经验，找出存在的问题，并统一思想，规划下一步工作。

在具体的实施过程中，B高校的机械系着重采取了一系列措施来促进师生思想政治融合。其中包括以下几点。

第一，强化本科生导师制度。通过建立健全的本科生导师制度，教师与学生之间的交流互动得以加强。导师不仅要关注学生的学业成绩，更重要的是要关心学生的思想政治教育和全面发展。

第二，推行研究生导师和大学生互亮身份制度。通过研究生导师与学生互相了解对方的身份和背景，有助于打破师生之间的距离感，促进更深层次的交流和沟通。这种制度的实施可以增强师生之间的信任和互动，为思想政治工作提供更好的基础。

将高年级研究生党员编入教师支部。将高年级研究生党员与教师共同编入教师支部，既有助于丰富支部的成员结构，又能够为研究生党员提供更好的学习和交流平台。这种做法有利于促进师生之间的思想交流和共同成长，为学校的思想政治工作注入新的活力。

B高校通过设立思想政治工作会议制度和采取一系列具体措施。这些举措不仅有助于加强教师和学生之间的沟通和交流，促进师生之间的思想交流和共同成长，更能够推动思想政治工作向更高水平迈进，为培养德、智、体、美、劳全面发展的社会主义建设者和接班人做出更大的贡献。

1. 加强师生交流的统筹安排

为加强师生交流工作，系党委已经部署了一系列措施，旨在促进教师与学生之间的密切联系，提升教育教学质量。这些措施包括领导干部走进班级、党课讲授、干部参与学生班团活动、教师走进课堂、班主任选聘和体育育人功能的强化。

领导干部走进班级是一项具有示范和引领作用的举措。通过系党委领导干部定期走进班级，与学生面对面交流，能够更加直观地了解学生的思想动态和学习情况，进一步拉近师生关系，为大学生提供更多的学习支持和指导。

系党委书记每年给本科生和研究生新生讲党课，是加强思想政治教育的重要举措。通过党课的讲授，不仅能够帮助大学生树立正确的世界观、人生观和价值观，还能够增强大学生对党的信任感和归属感，提高大学生的思想政治素质。

系党办负责干部参与学生班团活动的安排，有助于加强教师与学生之间的交流。通过参与学生班团活动，教师能够更好地了解学生的需求和关注点，进而更有针对性地开展思想政治教育工作。

另外，为了扩大干部听课范围，系党委将安排更多教师走进课堂，这有助于提升教学质量。教师们通过走进课堂，不仅能够了解同行教学方法和教学经验，还能够与学生建立更加紧密的联系。

在班主任选聘工作方面，系党委将更多思想素质好、学术能力强的教师安排在班主任岗位上，这有助于提高班级管理和教育指导的水平，为学生提供更好的学习环境和服务。

系党委还注重体育育人功能，通过召开体育工作研讨会，研究鼓励教师参与学生体育活动的措施，进一步促进了师生之间的交流与合作，丰富了学生的课余生活，提高了学生的身心健康水平。

系党委的这些举措有助于加强师生交流工作，促进了师生之间的深入沟通与合作，为提高教育教学质量和学生成长成才提供了有效保障。

2. 实施创新的本科生导师制

B 高校机械系自 2013 级本科生开始实施导师制全覆盖，并于 2019 年进行了一次改革，旨在更好地服务大学生的学业和成长发展。在这次改革中，机械系遴选了 60 名教师，依据专业特点为每位同学匹配三位学业导师，涵盖了机械设计、机械制造和成形制造等三个学科方向。这一举措突出了院系师生交流的专业认知导向，明确了导师在本科生思想成长、人生发展和科研科创方面的重要指导作用。

导师制全覆盖为大学生提供了更为个性化的学业指导和支持。通过为每位学生匹配三位学业导师，学生可以根据自己的兴趣和学习需求选择适合自己的导师，从而获得更加专业化、个性化的学业指导。这种一对多的导师制度可以更好地满足大学生的学习需求，促进大学生的学术成长和发展。

导师制度强调导师不仅承担学业导师的责任，还兼具思想导师的角色。导师除在学术上指导大学生完成课程学习和科研项目外，还应关注学生的思想成长和人生发展。通过日常谈话、课题研讨、体育运动等形式，导师可以潜移默化地进行思想教育，引导大学生树立正确的人生观、价值观和社会责任感。这种综合性的指导模式有助于大学生全面发展。

导师制全覆盖还促进了师生之间的长期、紧密交流。通过导师制度，师生之间建立了更加紧密的联系和沟通渠道，促进了师生之间的互动和交流。导师可以更加全面地了解大学生的学习情况和成长需求，为大学生提供更为个性化的指导和支持。大学生也可以更加方便地向导师求助和咨询，获得及时的帮助和建议。

机械系导师制全覆盖的实施和改革，为大学生提供了更加个性化、专业化的学业指导和支持，强调了导师在学术、思想和人生发展方面的重要作用，促进了师生之间长期、紧密的交流和互动，有助于培养德、智、体、美、劳全面发展的优秀人才，为社会主义建设和现代化事业培养更多的接班人和领军人才。

3. 研究生师生党员"互亮身份"

自 2017 年起，机械系在思想政治工作中探索创新，开展了研究生党员师生"互亮身份"活动，旨在将育人工作贯穿研究生成长的每一个环节，为师生之间建立起更加密切的联系和良好的互动文化。

这一活动的安排十分周密，从研究生新生入学开始，便将师生党员"互亮身份"信息卡作为首要工具。新生入学后，便与导师见面，共同填写党员信息，同时开展思想交流。这种身份互相了解的过程，不仅拉近了师生之间的距离，还为后续的师生互动奠定了基础。

特别值得一提的是，2021 级研究生班级还在微信公众号上晒出了师生党员"互亮身份"的合影和感受体会。通过这种方式，不仅展示了师生之间的亲密关系，也彰显了学校对思想政治工作的重视和成果。这种公开展示的举措，为整个活动增添了更多的活力和吸引力，同时鼓励了更多师生积极参与到思想政治工作中来。

研究生师生党员"互亮身份"活动的开展，不仅是对传统思想政治工作模式的有益探索和创新，更是对师生之间相互了解、相互尊重的重要体现。通过这种活动，师生之间的关系更加密切，学术氛围也更加浓厚，为研究生的全面发展提供了更好的保障。

在今后的工作中，机械系将继续坚持这种创新思想政治工作模式，进一步巩固和发展师生之间的良好关系，为培养更多优秀的研究生和未来社会的建设者做出更大贡献。也将不断总结经验，完善活动方案，确保活动的持续性和有效性，为学校的思想政治工作不断注入新的活力和动力。

第三节　大学生思想政治教育资源的运用

一、大学生思想政治教育资源的主要内容

(一) 社会主义核心价值体系

社会主义核心价值体系是高校思想政治教育的重要内容，它体现了中国特色社会主义的核心理念和时代精神，对于引导大学生树立正确的世界观、人生观和价值观，推动大学生全面发展具有重要意义。这一核心价值体系包括中国特色社会主义共同理想、以爱国主义为核心的民族精神、以改革创新为核心的时代精神以及社会主义荣辱观等内容。

中国特色社会主义共同理想作为奋斗目标的驱动力，反映了各民族人民的共同意志和强烈愿望。共同理想能够激发大学生的责任感和使命感，同时为实现个人的奋斗目标提供强大的精神支柱。高校应该注重共同理想教育，引导大学生树立正确的人生追求，促进他们的自我实现和为社会做贡献。

民族精神和时代精神是推动社会全面进步、实现个体自我发展的重要精神动力。民族精神强调了爱国主义、团结和民族自尊心；时代精神强调了改革创新、开放包容。这两者相互联系、密不可分，共同构成了中国特色社会主义的精神内核，为高校思想政治教育提供了丰富的内容和活力。

社会主义荣辱观作为道德评判的标尺，生动而全面地概括了思想道德体系的主要内容，为教育对象提供了基本的道德标准和行为依据。高校应该通过教育实践，引导大学生树立正确的荣辱观，提高他们的道德修养和自我约束能力。

社会主义核心价值体系是高校思想政治教育的基本内容，它包括了共同理想、民族精神、时代精神和社会主义荣辱观等多个方面。高校应该充分发挥这些价值观念的教育作用，引导大学生树立正确的人生观和价值观，促进他们全面发展、健康成长。

（二）道德观教育

道德观作为一种思想意识与行为标准，通过公众舆论、社会风俗和个体信仰等因素维持着其在社会生活中的重要性和影响力。道德观教育是至关重要的精神资源，旨在引导学生树立正确的价值观和行为准则，以此调节个体与他人、个体与社会之间的关系，促进社会和谐与稳定的发展。

道德观教育涵盖了社会公德教育、职业道德教育和家庭道德教育三个主要方面。

社会公德教育强调的是人们在参与社会活动时需要遵循的基本公共准则，如遵纪守法、互助友爱、公正诚信等。通过加强社会公德教育，可以提高教育对象的文明程度和文化素养，培养学生积极向上的社会责任感，从而为构建和谐社会做出贡献。

职业道德教育着眼于塑造学生在特定职业领域内的道德品质和职业操守。在高校教育中，应该注重培养学生的职业道德，使其具备良好的职业素养和专业精神，遵循职业伦理规范，恪守职业操守，维护职业声誉，为社会提供优质的服务。

家庭道德教育也是道德观教育的重要组成部分。高校应该通过开展家庭教育课程和活动，引导学生尊重家庭成员、关爱家庭，培养其家庭责任感和家庭美德，从而建设和谐的家庭关系，促进个体身心健康成长。

道德观教育在高校思想政治教育中具有重要地位和作用。通过加强社会公德教育、职业道德教育和家庭道德教育，可以培养大学生正确的道德观念和行为规范，推动社会的文明进步与和谐发展。

（三）法治观教育

法治观教育是高校思想政治教育中的重要组成部分，旨在引导学生正确理解和认同社会的法律制度与秩序，培养法治意识和法治精神。具体来说，法治观教育主要包括民主、法制和纪律三个方面。

民主方面的法治观教育强调民主法治的基本原则和核心价值。通过开展民主教育活动，学校可以向学生介绍民主的概念、原则和实践，引导他们了解民主制度的重要性和优势。学校可以组织选举和民主议事等活动，让学生亲身体验民主决策的过程，培养他们的民主意识和参与意识。

法制方面的法治观教育注重培养学生的法律意识和法治精神。学校可以通过法律知识讲座、法制宣传栏等形式，向学生普及法律知识，提高他们的法律素养。学校还可以组织模拟法庭、法律辩论等活动，让学生了解法律的实际运作过程，增强他们的法治意识和法律遵从意识。

纪律方面的法治观教育着重培养学生的自律和规范意识。学校可以通过建立健全的校规校纪，加强对学生行为的规范管理，引导学生自觉遵守学校规章制度，树立正确的行为准则和道德观念。学校还可以通过开展纪律教育活动，增强学生的纪律意识和责任意识，培养他们的自律精神、自强精神。

（四）特色校园文化

在特色校园文化方面，校园文化作为学校特有的精神氛围和文化底蕴，在高校思想政治教育中发挥着重要作用。校园文化包括物质层面的基础建设和精神层面的校风校纪、校史校训等内容。学校可以通过营造积极向上、融洽和谐的校园文化氛围，引导学生形成正确的人生观和价值观，增强他们的文化自信和社会责任感。学校还可以通过宣传校史校训、组织文化活动等形式，传承和弘扬学校的优良传统和精神风貌，激发学生的爱校情怀和集体荣誉感。

法治观教育和特色校园文化是高校思想政治教育的重要组成部分，对于培养大学生正确的法治观念和树立良好的校园文化氛围具有重要意义。学校应该通过多种形式和途径，加强对大学生的法治观教育和校园文化建设，为社会主义建设培养更多的接班人和栋梁之材。

二、大学生思想政治教育资源的运用呈现

（一）在大学生思想政治理论教育中的呈现

1.融入教材

教材的重要性不言而喻，它是国家主流意识形态的重要反映，也是表达国家意志和民族信念的重要载体。教材扮演着至关重要的角色。教材是课

程建设的基础，它规范了教学内容和教学方法，保证了高水平的教学质量。教材是教学经验的总结，融合了教学者多年的经验和心得，具有很高的实践性和可操作性。教材也是科学研究成果的重要反映，它反映了学科的最新进展和研究成果，有利于引导学生进行科学研究和思辨。

大学生思想政治教育资源在思想政治理论教育中的首要呈现就是融入教材。这包括融入思想政治理论课教材、思想政治教育专业核心教材以及思想政治教育资源研究的专门教材等。通过融入教材，可以将思想政治教育的理论知识系统化、科学化地传授给学生，帮助他们建立正确的世界观、人生观和价值观，增强思想政治觉悟和道德修养，从而全面提升大学生的思想政治素质和综合素养。

2. 进入课堂

除了融入教材，大学生思想政治教育资源在思想政治理论教育中的又一具体呈现是进入课堂，特指进入思想政治理论课课堂。课堂是思想政治理论教育的主要场所，是实现教学目标的重要平台。在课堂中，教师可以通过讲解、讨论、案例分析等多种教学方法，向学生传授思想政治理论知识，引导学生思考和探索，激发学生的学习兴趣和参与度。

大学生思想政治教育资源进入课堂的方式多种多样，例如教师可以利用多媒体技术进行展示，引导学生参与讨论，组织学生进行小组活动等。通过这些方式，可以使思想政治教育资源在课堂中得到最大限度的发挥，保障思想政治理论课课堂效果的最大化，达到预期的教学目标。

3. 渗入学术报告

另外，大学生思想政治教育资源还可以渗入学术报告。学术报告是高校教育教学创新的重要体现，它通常以专业领域的前沿问题为主题，反映某专业领域的最新科研信息或前沿成果。聆听学术报告有助于大学生拓宽学术视野、提高学术创新能力、提升学术修养。

渗入学术报告是指思想政治教育资源以不同的形式循序渐进地渗入学术报告中，这是一个动态的过程。例如，教师可以在学术报告中引入一些思想政治理论的内容，或者组织学生参加与思想政治相关的学术活动，从而使学生在学术报告中接触到思想政治教育资源，增强其思想政治素质和综合素养。

融入教材、进入课堂和渗入学术报告是大学生思想政治教育资源在思想政治理论教育中的三种重要呈现方式。通过以上方式，可以使思想政治教育资源得到充分利用，实现最大化的教育效果，为培养德、智、体、美、劳全面发展的社会主义建设者和接班人做出积极贡献。

（二）在大学生思想政治教育实践中的呈现

1. 贯穿学生社团活动

学生社团活动是大学生自我教育、自我管理和自我服务的重要载体。学生社团以自愿组成、自主活动为特点，涵盖了各种兴趣和领域。在学生社团活动中，可以有针对性地融入思想政治教育资源，例如通过开展主题讨论、举办知识竞赛等形式，加强大学生对社会主义核心价值观的理解和认同，培养大学生的责任感和集体意识。学生社团活动也是培养大学生领导能力和团队合作精神的重要途径，通过组织、管理和参与社团活动，大学生能够提升自己的组织能力和沟通能力，进而促进个人全面发展。

2. 寓于文化育人活动

文化育人活动是思想政治教育资源在校园文化建设中的重要体现。校园文化活动不仅是学生精神生活的重要组成部分，也是思想政治教育的重要平台。在各种文化活动中，可以通过丰富多彩的形式，传播和弘扬社会主义核心价值观，激发大学生的爱国情怀和社会责任感。例如，可以组织文艺演出、文化沙龙等活动，通过艺术表达和文化交流，引导大学生积极投身社会主义精神文化建设中。

3. 结合社会实践活动

社会实践活动是大学生思想政治教育的重要环节。通过参与各类社会实践活动，学生可以深入社会、了解国情、增强社会责任感和社会情怀。学生可以结合所学知识，实践所思所学，培养实践能力和创新精神。社会实践也是思想政治教育资源的重要载体，可以通过引导学生开展社会调查研究、参与志愿服务、开展创新创业等形式，促进大学生的全面发展和个人成长。

学生社团活动、文化育人活动和社会实践活动是大学生思想政治教育资源的重要组成部分，它们为大学生提供了广阔的发展平台和实践机会。将思想政治教育资源融入这些活动，能够有效地促进大学生的思想政治素质提升，培养大学生的社会责任感和创新精神，推动大学生全面发展和成长。高校应该重视这些活动的开展，充分发挥其在大学生思想政治教育中的积极作用。

三、大学生思想政治教育资源的运用优化

(一)加强队伍建设，保证科学运用

1. 全面提高素质

教育主体的素质是教育事业能否有效开展和取得成功的关键因素之一。提高教育主体的各方面素质，不仅是对个体教育工作者的要求，更是对整个教育系统的要求。全面提高教育主体的素质，需要从政治素质、思想素质、知识素质和能力素质等多个方面进行全面培养和提高。

政治素质是教育主体必备的核心素质。具备正确的政治观念、坚定的政治信仰和良好的政治品德，是教育主体履行教育职责的前提。教育主体应当加强政治理论学习，不断提高政治思想水平，增强政治觉悟，以更好地引领教育工作朝着正确的方向发展。

思想素质是教育主体必备的重要素质之一。时代在发展，思想观念在变化，教育主体要与时俱进，不断更新自己的思想观念，培养科学的思维方式和严谨的思想作风。教育主体应当积极参与学术研究和思想交流，提高自己的学术水平和理论素养，不断丰富自己的思想内涵。

知识素质是教育主体必备的基本素质之一。教育主体应当具备相对系统的专业知识和理论知识，掌握比较全面的思想政治教育知识，以及其他相关学科的有用知识。只有不断充实自己的知识储备，才能更好地胜任教育工作，满足学生和社会的需求。

能力素质是教育主体必备的重要素质之一。教育主体应当具备包括观察能力、表达能力、分析能力等在内的各种技能，能够熟练运用各种教育手段和方法，灵活应对各种复杂情境，使教育工作更加有效地开展。

只有全面提高教育主体的各方面素质，有效整合和运用精神资源，才能推动教育事业的高水平、高层次发展。教育主体应当不断提升自身素质水平，为教育事业的繁荣和发展贡献自己的力量。

2. 切实履行职能

教育主体在履行教育职能方面具有重要的责任和使命。要确保教育活动的有效开展，教育主体需要做好以下三个方面的工作。

一是教育主体需要开展各类教育活动。这包括针对集体和个人的不同形式的教育活动。对于集体，可以组织理论学习、社会实践等活动，以提升整体素质和思想境界；对于个人，可以进行个性化的访谈、帮教等活动，以满足个体成长和发展的需求。通过形式多样、丰富多彩的教育活动，教育主体可以更好地施加教育影响，促进教育对象的全面发展。

二是教育主体需要传授各类精神资源。精神资源是教育活动的核心内容，教育主体需要全面理解和准确把握精神资源的丰富内涵。通过深入研究和理解社会发展的客观要求以及教育对象的实际需要，教育主体可以对精神资源进行调配、转化、创新，以形成适合教育活动的精神资源内容。这样，教育主体就能够为教育对象提供丰富的精神食粮。

三是教育主体需要促进教育对象主观创造性的发挥。为了实现这一目标，教育主体应该为教育对象创设宽松的思想空间和环境氛围，尊重并理解教育对象的价值探索，鼓励其勇于探索、敢于创新。教育主体也应该通过不断激发教育对象的积极性和主动性，引导他们更好地发挥自己的潜能和创造力。

另外，教育主体还需要履行好管理职能。科学高效的管理可以为精神资源的整合与运用提供制度上和组织上的保障。通过建立规范的管理制度和科学的管理机制，教育主体可以更好地调动和利用各种资源，推动教育工作的顺利进行，实现教育目标的有效实现。

教育主体在履行教育职能方面，既要开展各类教育活动，传授各类精神资源，促进教育对象主观创造性的发挥，又要履行好管理职能，为教育活动的顺利开展提供保障和支持。只有做好这些工作，才能够更好地促进教育对象的全面发展和成长。

(二) 尊重教育对象，实现资源内化

1. 注重理解

理解在思想政治教育中扮演着关键角色。教育主体需要深入了解教育对象的需求、价值观、情感状态等，以便更好地设计和实施教育方案。这种理解不仅是理性的，更需要有感性的吸引力，使教育对象能够从内心认同和接受所传达的精神资源。只有在相互理解的基础上，教育工作才能得到教育对象的认可和支持，才能真正发挥其教育效果。

2. 尊重差异

尊重差异是保证思想政治教育工作顺利进行的重要前提。教育对象的个体差异性是不可避免的，教育主体应当尊重这些差异，不断调整教育方法和手段，使其更符合不同学生的需求和特点。这种尊重不仅体现在教育工作的实际操作中，更需要在心态和态度上得到体现，即以平等、尊重的态度对待每一个教育对象，认可他们的个性和差异，鼓励他们展现自我，发挥潜能。

注重理解和尊重差异并不是简单的口号，而是需要教育主体不断努力和实践的理念。只有在充分理解教育对象的需求和特点的基础上，才能设计出更加有效的教育方案；只有在尊重差异的前提下，才能真正实现教育的个性化和多样化。注重理解和尊重差异是推进思想政治教育工作、提升教育效果的重要途径，也是培育和践行社会主义核心价值观的必由之路。

(三) 创新教育载体，提高运用效率

1. 关于文化载体的运用

文化载体是一种丰富多样的形式，能够将精神资源的内容融入不同的文化活动，从而对教育对象产生影响。文化作为载体，具有内涵丰富、影响广泛的特点，因此对于教育主体来说，发掘和运用文化载体至关重要。通过将精神资源巧妙地融入文化产品，教育主体可以在文化传播的过程中潜移默化地教育人、陶冶人。在校园文化建设中，教育主体需要善于发掘已有的文化产品中的精神要素，并将其与校园文化相结合，以此实现对教育对象的深入影响和教育引导。

2. 关于活动载体的运用

活动载体是一种将各种形式的活动作为教育载体，通过丰富多样的活动形式来传递精神资源的内容，从而实现对教育对象的教育影响。活动载体具有明确的实施目的性、普遍的参与度和深入的实践性。教育主体在运用活

动载体时，需要确立清晰具体的活动目标，注重活动形式的多样性，同时重视活动的实效性。教育主体应该发挥教育对象的主动性和创造性，在活动中促进他们的全面发展。

3. 关于网络载体的运用

网络载体是以互联网为基础的教育载体，通过网络传递丰富的精神资源内容，以促进教育对象良好精神状态的形成。网络载体具有内容丰富、高效快捷、交互性强的特点，极大地增强了思想政治教育活动的关注度和影响力。教育主体应该努力构建思想政治教育网络新阵地，培养网络人才，健全网络制度，以充分发挥网络载体在思想政治教育中的作用。

文化、活动和网络三种载体在思想政治教育中都具有重要作用。教育主体应当充分认识到它们的价值和作用，灵活运用不同的载体，以达到更加有效的教育目的，促进学生全面发展。

(四) 注重总结反思，提升决策质量

1. 强化精神资源整合与运用的反馈系统

为了有效地整合和运用精神资源，建立一个完善的反馈系统至关重要。可以通过创建专门的信息收集研究机构 (例如高校思想政治教育信息研究部) 来实现。该机构应当致力丰富信息收集形式，疏通信息上报路径，拓宽信息采集渠道，全方位、多途径地收集处理有关思想政治教育活动的相关反馈信息。通过对反馈信息的综合分析，可以预测教育对象的思想发展趋势，进而调整教育活动的内容、方法和手段，以确保思想政治教育工作的实效性和动态性。

这个信息研究部的职责包括但不限于：收集和整理教育对象的反馈意见和建议，分析反馈信息的趋势和特点，及时发现并解决存在的问题，提出改进和优化的建议，促进思想政治教育活动的不断改进和提升。

2. 建立精神资源整合与运用的督导机制

为了确保精神资源的整合和运用达到预期的效果，建立督导机制是必不可少的。这一机制应当包括对整合与运用过程的考核和评估，以及相应的监督和指导措施。

督导机制的建立需要将精神资源整合与运用的考核、评估工作纳入思想政治教育的过程。可以通过对教育对象思想道德状况的测评和精神资源整合运用工作的考核来实现。通过定期的评估和监督，可以真实地了解精神资源运用的整体效果和思想政治教育的实施情况，并及时采取措施进行调整和改进。

督导机制的建立有助于动态地管理和监督精神资源的整合与运用过程，确保教育工作的顺利进行和取得实际成效。督导机制也可以促进教育主体对于思想政治教育工作的重视和投入，进而提高整体教育的水平和质量。

(五) 开展教学实践，创新方式方法的案例

在 C 高校开展的"新时代学习弘扬雷锋精神"活动中，对大学生思想政治教育教学实践进行了全面系统的融合。这一活动展现了在当前大学生思想政治教育中，全面深入弘扬雷锋精神的重要性，并提出了以下几个方面的具体做法。

一是活动充分发挥了课堂主渠道的作用。通过将雷锋精神融入大中小学的思想政治教育中，确保学生对雷锋精神有充分的认识和深刻的理解。依据相关课程标准，将雷锋的事迹和精神有针对性地融入语文、思想政治、历史、劳动等课程中，使学生在课堂上接触到更多与雷锋相关的故事和精神内涵。建设"云上大思想政治课"平台，推出一批传承弘扬雷锋精神的在线精品课程和教学案例，引导学生崇尚雷锋的品德，感悟雷锋精神的时代内涵。

二是活动深化了对雷锋精神的研究阐释。将雷锋精神研究纳入教育部人文社会科学研究项目和全国教育科学研究规划，组织专家学者深入学习研究习近平总书记关于弘扬雷锋精神的重要论述，进一步宣传阐释新时代雷锋精神的时代内涵、文化内涵和实践传承。积极探索新时代学雷锋活动常态化、机制化、体系化的模式与方法，推出一批有分量的研究成果，为传承弘扬雷锋精神提供扎实的学理支撑。

通过以上措施，C 高校在大学生思想政治教育实践中全面系统地融入了雷锋精神。这一活动不仅使学生更加深入地了解和理解雷锋精神，还通过深化研究阐释，为雷锋精神的传承和弘扬提供了坚实的理论基础。这也为其他高校在思想政治教育工作中全面系统地融入社会主义核心价值观提供了有益的借鉴和参考。

第四章　我国区域文化的分类

第一节　华北文化区

一、华北文化区的地理与自然环境

华北文化区位于中国北部，包括北京、天津、河北、山西、内蒙古。这一地区地形多样，包括平原、高原、山地等。黄河、海河等河流贯穿其间，为这片土地带来了丰富的水资源和肥沃的土壤。这种地理环境为华北文化区的农业发展提供了得天独厚的条件，也孕育了独特的农耕文化。在这片土地上，人们在数千年的历史长河中不断开拓耕地、修建水利，形成丰富多样的农耕文化，其中既有对自然环境的顺应，也有对自然资源的开发和利用，这些都成为华北文化区的地理与自然环境的重要组成部分。

二、华北文化区的历史演变

华北文化区的历史演变可以追溯到远古时期。自夏、商、周三代以来，华北地区一直是中国的政治、经济、文化中心。尤其是北京，作为六朝古都，见证了众多历史时期的兴衰更迭。在这里，历史上曾经有许多重要的王朝和政权的建立和衰落，如元朝、明朝、清朝等。这些政权的兴衰、文化的传承与交流，都对华北文化区的形成和发展产生了深远的影响。

除了政治中心的地位，华北文化区还是古代中国重要的经济中心之一。黄河、海河等水系的存在，为这里的经济发展提供了重要的条件，也为文化的繁荣奠定了基础。而在历史的长河中，华北文化区也经历了战乱、政治动荡等诸多变迁，但其作为中国文化的重要发祥地和传承地的地位始终不变。

华北文化区的历史演变，不仅体现在政治、经济方面，也包括文化、艺术、科技等方面。从古至今，这片土地上孕育了许多著名的文化人物、历史事件和文化遗产，如长城、故宫等重要文化遗迹，都是华北文化区丰富历史的见证。

华北文化区作为中国历史文化的重要发祥地和传承地，其地理与自然环境以及丰富多彩的历史演变，构成了其独特的文化底蕴和历史魅力，对于中国乃至世界历史文化的发展都具有重要意义。

三、华北文化区的主要文化特点

(一) 农耕文化

农耕文化是指人们在长期的农业生产中形成的一种风俗文化，它蕴含着丰富的文化内涵，是中国文化传统中极为重要的组成部分。农耕文化以农业生产为核心，涵盖了农事、农具、农艺、农俗、农时、农历、农作物等多个方面，体现了人们对自然的认识、对生活的态度以及对社会的理解。

农耕文化在中国文化中具有重要地位。它不仅是农业生产技术和经验的传承，更是一种生活的哲学和人生的智慧。农耕文化的核心理念包括"男耕女织"和"耕读传家"，体现了儒家文化的理想与追求，即勤劳致富、勤俭持家、尊师重道的传统价值观。

农耕文化涵盖了农民生活的方方面面。农村建筑、农民生活用品、民俗习惯、节日庆典等都是农耕文化的重要组成部分。传统的农舍、农具、农村道路、灌溉渠道等都承载着丰富的历史文化信息，反映了古代农耕文化的发展和演变。

农耕文化与中国传统节气和节日密切相关。二十四节气和一些传统节日都与农业生产和农民生活息息相关，是中国民间文化的重要组成部分。这些节气和节日不仅是农耕文化的体现，也是中国人民丰富多彩生活的重要组成部分。

保护和传承农耕文化对于推动农村经济发展、促进农村文化繁荣、维护农村社会稳定具有重要意义。农耕文化作为人类文化遗产的重要组成部分，对于推动人类文明的发展和进步也具有重要作用。我们应该重视农耕文化的传承和弘扬，让其在现代社会中焕发新的生机和活力。

（二）民俗文化

民俗文化，又称为传统文化，是一种由民间民众创造、传承并共享的风俗文化的统称。它是在普通民众的生产生活中逐渐形成的一系列非物质文化遗产，是人们用心灵和双手创造的文化，体现了民族、地区特有的生活方式、价值观念和精神世界。民俗文化是一个民族或地区文化的重要组成部分，承载着丰富的历史、文化内涵和生活智慧，具有重要的历史、文化和社会意义。

在中国，民俗文化的内容丰富多样。传统节日是民俗文化的重要组成部分。例如，春节、端午节、中秋节等节日，都承载着丰富的文化内涵和历史意义。在这些节日中，人们会举行各种传统仪式和活动，如贴春联、放鞭炮、吃汤圆、赏月等，这些活动不仅是庆祝节日的方式，更是人们对传统文化的传承和弘扬。

民俗文化还包括各种民间信仰和习俗。中国的民间信仰涵盖了道教、佛教、儒家思想等多种宗教文化，形成丰富多样的宗教信仰体系。人们在日常生活中，会参加各种宗教仪式和活动，祈求神明的保佑。还有一些民间习俗如祭祀祖先、拜神求福等，体现了人们对生活的敬畏和对传统文化的尊重。

民俗文化还包括各种民间艺术和手工艺品。剪纸、刺绣、泥塑等民间艺术是中国传统文化的重要组成部分，具有独特的地域特色和文化魅力。这些艺术形式不仅美观，更承载着丰富的文化内涵和历史意义，是人们在长期生产生活中创造的文化瑰宝。

民俗文化是中国文化的重要组成部分，它承载着丰富的历史和文化底蕴，反映了人民群众的智慧和创造力。保护和传承民俗文化对于维护文化多样性、促进文化交流和增强民族凝聚力具有重要意义。我们应该重视和保护民俗文化，传承和弘扬中华民族优秀的传统文化。

四、华北文化区的现代发展

华北文化区作为我国的重要文化区域，在时代变迁和社会发展浪潮中，持续展现着文化的生机与活力。从古代到现代，从保护到创新，华北文化区的文化脉络在不断地延展和丰富，为国家文化建设注入了新的动力。

华北文化区在文化传承方面持续努力。对传统文化的保护与传承是文化发展的基础。华北文化区通过加强对文化遗产的保护和修复工作，如修复古建筑、保护传统工艺等，使历史的瑰宝能够得以延续。这不仅是对过去的尊重，更是对未来的承诺，让后人能够继承和感受到华北文化的博大精深。

华北文化区积极推动文化产业的发展。随着经济的发展和科技的进步，文化产业逐渐成为推动经济增长的新引擎。华北文化区充分发挥自身的文化优势，将传统文化与现代科技相结合，打造具有地方特色的文化品牌。例如，利用数字技术对传统戏曲、书法等文化形式进行创新，推出了一系列具有现代感的文化产品，吸引了更多年轻人的关注与参与。

华北文化区也在探索文化传承与创新的平衡之道。传承是为了不忘初心，而创新则是为了与时俱进。华北文化区在保留传统文化的同时，不断引入新的元素和理念，丰富和拓展文化的内涵。例如，通过文化创意产业的发展，给传统文化赋予新的生命，让古老的故事在现代社会中焕发新的活力，实现了文化传承与时代发展的有机结合。

华北文化区不仅具有丰富的历史底蕴和深厚的文化内涵，更在当今时代积极寻求文化传承与创新的发展路径。通过保护传统文化、推动文化产业发展以及探索传承与创新的平衡，华北文化区为推动区域文化协调发展和国家文化建设做出重要贡献。相信在未来，华北文化区将继续发挥重要作用，为中华文化的繁荣与传承贡献力量。

第二节　东北文化区

一、地理环境与自然景观

东北文化区位于中国东北部，横跨黑龙江、吉林、辽宁三省以及内蒙古东部的部分地区。山地、平原、丘陵、河流等地貌交织，形成丰富多彩的自然景观。其中，长白山、大兴安岭等山脉巍然屹立，承载着浓厚的历史文化底蕴，而松花江、辽河等河流则如绸带般穿梭其间，为这片土地赋予了生机与活力。

二、历史沿革与文化传承

从历史沿革与文化传承的角度来看，东北文化区的历史可谓源远流长。远古时期，早期的人类在这片土地上以渔猎和采集为生，形成独特的渔猎文化。随着时间的推移，农耕文化逐渐传入东北地区，农业生产逐渐兴起，形成具有地方特色的农耕文化。这种农耕文化在东北地区生根发芽，为当地社会经济的发展提供了重要支撑。

东北地区也是多民族聚居的地方，满族、汉族、蒙古族、朝鲜族等各民族在这里共同生活、工作，形成多元文化的交融与共生。不同民族之间的文化交流与融合，为东北文化区注入了新的活力，丰富了这一地区的文化底蕴。

在漫长的历史进程中，东北文化区经历了多个朝代的更迭和外来文化的冲击。尽管经历了历史的风雨，东北文化区依然保留着自己独特的文化特色。在近代以来的社会变革中，东北地区也积极吸收外来文化的精华，不断创新发展。特别是近现代工业化进程的推进，东北地区的经济得到了迅速发展，城市化进程加速推进，这些变化也影响着东北地区的文化传承和发展。

如今，东北文化已经成为中华文化宝库中不可或缺的一部分。东北地区的文化底蕴、自然景观以及多民族共生的文化氛围，为这一地区赋予了独特的魅力和活力。东北文化将继续传承创新，为中华民族的文化繁荣做出更大的贡献。

三、主要文化特点

(一) 粗犷豪放的生活态度

1. 文学艺术中的豪放情怀

在文学艺术领域，东北作家们所创作的小说、散文、诗歌和戏剧都蕴含着一种坦率直接的情感表达。他们以粗犷的笔触描绘生活中的喜怒哀乐，将人物塑造得栩栩如生，让读者仿佛能够感受到东北大地上的每一份情感。这种豪放情怀不仅体现在作品的主题和风格上，更深入作家的创作态度和审美取向。他们不畏艰难，敢于挑战传统，以自己独特的视角和风格书写着东北的故事，让东北文学在中国文坛上独树一帜。

2. 民俗风情中的豪放气质

在民俗风情方面，东北人民展现出了直爽豪放的性格特点。无论是在婚丧嫁娶、节庆活动还是日常生活中，他们都表现出了热情好客的态度。东北人喜欢用喝酒、唱歌、跳舞等方式来表达内心的喜悦和豪情。在民间艺术中，如二人转、东北大秧歌等，也充满了豪放的气质和激情的韵律，展现了东北人民对生活的热爱和对美好的追求。

3. 饮食习惯中的豪放风格

在饮食习惯方面，东北菜以其独特的口味和充足的分量而闻名。东北人民喜欢大碗喝酒、大口吃肉，他们将餐桌上的丰盛视作对生活的享受和对友情的表达。东北人热爱美食，更是因为他们对生活的豪放态度，他们享受着每一顿饭的滋味，将美食与生活紧密地联系在一起。

4. 现代社会的挑战与豪放生活的延续

随着现代社会的发展，东北传统文化和生活方式也面临一些挑战。城市化进程加速，现代生活节奏加快，传统文化受到了一定程度的冲击。但东北人民并没有因此改变他们豪放的生活态度，反而更加坚守传统，努力传承和发展东北文化。无论是在文学艺术领域，还是在民俗风情和饮食习惯中，东北人民都在用自己的方式将豪放的精神传承下去，让这种精神在新时代焕发出新的光彩。

东北文化中的豪放情怀贯穿文学艺术、民俗风情和饮食习惯的方方面面。这种豪放不仅是一种生活态度和行为习惯，更是一种精神追求和文化认同。东北人民以其勇于面对挑战、热爱生活的精神，将豪放的生活态度传承发扬，让东北文化在中华文化的大家庭中独树一帜，彰显着东北人民的民族自豪感和文化底蕴。

(二) 独特的民间艺术

1. 二人转：幽默诙谐的民间艺术

二人转作为东北地区最具代表性的民间艺术形式之一，承载着丰富的文化内涵和浓厚的人文情感，是东北地区文化的一面旗帜，也是人们精神生活的重要组成部分。

二人转起源于东北的民间歌舞和说唱艺术，经过长期的发展演变，逐渐成为一种集歌唱、说白、表演于一体的综合性艺术形式。其独特的表演风格，幽默诙谐的对白，以及生动的情节，使其赢得了广大观众的喜爱和认可。在二人转的表演中，演员们通过夸张的表演手法，巧妙地将生活中的喜怒哀乐展现得淋漓尽致，引人入胜，让人忍俊不禁。

二人转的魅力在于其富有感染力的音乐唱腔。演员们擅长运用地方方言，结合生动的旋律，唱出了富有东北特色的歌曲，表达了人们对生活的热爱、对情感的感悟，以及对未来的美好憧憬。这些歌曲既传达了东北人民的生活态度，又反映了东北地区的风土人情，使二人转成为一种真实、贴近生活的艺术形式。

二人转的表演艺术不仅在于歌唱，更在于其幽默诙谐的对白和表演技巧。演员们通过生动的肢体语言、夸张的动作表情，将戏剧性的情节展现得淋漓尽致，引发观众阵阵笑声。这种幽默风格既是对生活的一种嘲讽，又是对人性的一种体验，使观众在笑声中感受到了人生的种种情感和境遇。

二人转作为东北地区的民间艺术形式，不仅具有娱乐性，更承载着文化传承和民族情感。它是东北地区人民智慧和创造力的结晶，是对生活的真实反映，也是对民族文化的珍视和传承。尽管二人转面临新型娱乐方式的挑战，但它依然是东北地区不可或缺的文化瑰宝，值得我们用心珍惜和传承下去。

2. 东北大秧歌：热情奔放的舞蹈艺术

东北大秧歌作为东北地区另一种广受欢迎的民间艺术形式，是一种富有热情与活力的舞蹈艺术，深受东北人民的喜爱和推崇。其独特的节奏、粗犷豪放的舞姿以及热情洋溢的表演，不仅展现了东北地区的文化底蕴，更是东北人民对生活的真挚热爱和对未来的美好憧憬的生动表达。

秧歌舞蹈以其欢快热烈的节奏而著称。每当秧歌队伍在场地上跃动起来，那震耳欲聋的鼓点声和激昂的乐曲伴奏声，犹如一股奔涌的河流，带动着每一个观众的心跳。舞者们身姿矫健有力，手持彩绸、扇子等道具，伴随着鼓声的节奏，舞姿轻盈而又富有张力，将东北人民的热情与活力表现得淋漓尽致。

东北大秧歌的舞姿粗犷豪放，充满了力量和激情。舞者们以挥舞扇子、抛撒彩绸、翩翩起舞的方式，展现出东北人民勇敢坚毅、豪迈豁达的性格特征。他们的舞姿中融入了对生活的热爱和对未来的美好憧憬，让人们感受到了东北地区的文化底蕴和精神风貌。

东北大秧歌作为东北地区的重要民间艺术形式，不仅是一种舞蹈表演，更是一种文化传承和生活态度的体现。它将东北人民的精神风貌和文化特色展现得淋漓尽致，成为东北地区不可或缺的文化符号，也为东北人民的生活增添了无尽的欢乐和魅力。

3. 剪纸艺术：精巧细腻的手工艺

剪纸艺术作为东北地区一种古老而独特的手工艺形式，承载着深厚的文化底蕴和丰富的民族特色。以纸为材料，通过剪刀或刻刀雕刻出各种精美的图案和文字，剪纸艺术在东北地区历经千年，以其粗犷豪放、线条流畅的风格，展现出东北人民的智慧和创造力，成为东北文化的一种重要载体。

东北的剪纸艺术源远流长，融合了丰富的文化元素。在剪纸作品中，常常可以看到寓意深远的图案和文字，如福字、喜鹊、花鸟等，寓意着吉祥和美好，反映了东北人民对生活的热爱和对未来的憧憬。这些图案和文字不仅在装饰房屋、庆祝节日时使用，还经常作为礼品赠送他人，传递着美好的祝愿和情感。

剪纸艺术的魅力在于其精湛的技艺和独特的风格。东北地区的剪纸作品线条粗犷有力，色彩鲜明，充满了浓厚的民族特色和地域文化气息。在制作过程中，艺人们往往需要经过长期磨炼和练习，才能掌握剪纸的技巧和精髓。他们运用剪刀或刻刀，以及丰富的想象力和创造力，将纸张雕刻成各种形态各异、富有生命力的作品，展现了东北人民对艺术的独特理解和追求。

除剪纸艺术外，东北地区还拥有许多其他独特的民间艺术形式，如皮影戏、刺绣艺术、泥塑艺术等。这些艺术形式各具特色、丰富多彩，共同构成东北文化的瑰宝。例如，皮影戏通过灯光照射皮影，展现出戏剧性的表演；刺绣艺术则以针线绣出精美的图案，传承着东北地区的文化传统；而泥塑艺术则以泥土为材料，塑造出栩栩如生的形象，展现了东北人民对生活的独特理解和表达。

这些民间艺术形式既丰富了东北人民的精神生活，又为外界了解东北文化提供了重要的窗口。在现代社会中，我们应该积极保护和传承这些独特的民间艺术形式，让它们在新的时代里焕发出新的光彩。通过传承和发扬民间艺术，我们可以更好地弘扬民族文化，丰富人们的精神生活，促进文化的多样性和繁荣发展。

(三) 民俗风情

东北地区的民俗风情别具一格，深受其特殊的地理、历史和文化环境的影响。从婚丧嫁娶的习俗到节庆活动，再到饮食文化，每一个方面都展现出东北人民的独特生活方式和价值观念，构成了丰富多彩的东北文化。

东北地区的婚丧嫁娶习俗承载着浓厚的地方色彩。结婚时，人们会举行各种传统仪式，如迎亲、过门、敬茶等，以示尊重和祝福。而在丧礼方面，东北人有着独特的祭奠仪式和习俗，如"三七""二七""送终"等，这些仪式凝聚了家庭成员之间的情感，体现了对逝者的哀思和敬重。

东北地区的节庆活动也是民俗风情的重要体现。例如，春节是东北人民最重要的传统节日之一，家家户户贴春联、过大年，庆祝新春的到来；元宵节则是一场热闹的灯笼秀和元宵品尝盛会；而清明节，则是扫墓祭祖的重要时刻，家人会聚在一起祭奠祖先，表达对先人的思念和敬意。

除了婚丧嫁娶和节庆活动，东北地区的饮食文化也是其民俗风情的重要组成部分。东北人以其独特的口味和丰富的菜肴而闻名。比如，烧烤是东北人民喜爱的美食之一，炭火烤制的肉类和蔬菜，香气扑鼻，令人垂涎欲滴。另外，东北人还喜欢炖菜，将各种食材放入砂锅中慢火炖煮，保留了食材的原汁原味，营养丰富，口感鲜美。而酸菜更是东北人餐桌上的必备佳品，不仅口感酸爽，还开胃，有助于消化，是东北人民冬季必不可少的食品之一。

这些民俗风情反映了东北人民勤劳朴实、热情豪爽的生活方式和对家庭、传统的珍视。在现代化进程中，尽管东北地区发生了许多变化，但这些传统的民俗风情依然保留着，并且深深地融入当地人民的生活中，成为东北文化不可或缺的一部分。它们不仅是东北地区独特的文化符号，更是中华民族丰富多彩的文化宝库中的瑰宝，值得我们倍加珍视和传承发扬。

四、面临的挑战与发展机遇

东北文化区作为中国文化的重要组成部分，面临一系列挑战。这些挑战主要来自城市化进程、现代化发展以及外来文化的冲击，它们对东北传统文化的传承和发展提出了新的考验。

随着城市化的推进和现代化的发展，东北地区的传统文化元素和民俗风情逐渐受到影响。许多传统习俗和节庆活动在现代社会中变得陌生，青年一代对传统文化的了解和传承也日渐减少。城市化的过程带来了生活方式的改变，人们的生活节奏加快，对传统文化的关注度下降，这对东北文化的传承构成了挑战。

外来文化的冲击和全球化的影响，使东北文化面临传承与创新的双重压力。随着信息技术的发展和文化交流的加深，外来文化在东北地区的影响日益增强，一些传统文化元素面临被外来文化同化的风险。东北文化在与外来文化的交流中需要保持自身特色，不断进行创新和发展，以适应现代社会的需求。

正是这些挑战和问题，为东北文化的发展提供了新的机遇。东北地区可以积极挖掘和传承传统文化资源，推动文化旅游和创意产业的发展。通过丰富多彩的文化活动和旅游景点，可以吸引更多人了解和关注东北文化，促进文化产业的繁荣和经济的增长。另外，东北地区也可以借鉴外来文化的优点和长处，丰富和发展自身文化内涵和表现形式。通过与外来文化的交流和融合，可以为东北文化注入新的活力和创意，推动文化的更新和发展。

东北文化区拥有独特的历史、地理、民族和文化背景。在这片广袤的土地上，东北人民以豪放、直爽的性格和独特的艺术形式，展现着对生活的热爱和对文化的传承。尽管在现代社会中面临一些挑战和问题，但东北文化仍然保持着独特的魅力和影响力。

未来，随着经济社会的发展和文化的交流与融合，东北文化区有望在保护和传承传统文化的基础上实现更大的创新和发展。东北文化也将继续为中国文化的多样性和丰富性做出重要贡献，为中华民族的文化繁荣和发展贡献力量。

第三节　华东文化区

一、多元融合的文化现象

华东文化区，位于中国东部，包括上海、江苏、浙江、安徽等地。作为中国东部沿海地区的代表，承载了丰富多彩的文化底蕴，其多元融合的文化现象不仅是历史的见证，更是当今时代的独特魅力所在。

华东文化区以其地理位置的特殊性，自古以来就是文化交流的重要节点。这一地区既传承了中原文化的源远流长，又吸纳了江南文化的细腻柔情，同时受到海洋文化的影响，形成多元而丰富的文化面貌。这种多元文化的交融，使华东文化区在历史长河中展现出独特的文化风采。

在华东文化区内部，不同地域、不同民族之间的文化交流与融合更是频繁而深刻。以上海为例，作为华东地区的文化中心，上海汇聚了来自全国各地以及国外的文化元素，形成独特的海派文化。海派文化既融合了中国传统文化的精髓，如文学、戏曲、书法等，又吸收了西方文化的现代元素，展现出开放、包容、创新的精神风貌，成为中国乃至世界文化的瑰宝之一。

二、历史传承与文化底蕴

华东文化区拥有悠久的历史传承和深厚的文化底蕴。自古以来，这一地区就是中国文化的重要发祥地之一，见证了先秦时期的文明起源，历经了春秋战国、秦、汉、唐、宋、元、明、清等各个历史时期的兴衰变迁。在这些历史进程中，华东地区形成丰富多彩的文化遗产和传统习俗，如传统建筑艺术、戏曲艺术、书法绘画等，都展现出华东文化的独特韵味和魅力。

例如，在传统建筑艺术方面，华东地区的古建筑群具有独特的风貌和内涵，体现了江南水乡的古色古香，如苏州园林、杭州西湖等，每一座建筑都承载着丰富的历史文化信息，成为中国文化的重要象征。

在戏曲艺术方面，华东文化区的传统戏曲艺术，如京剧、昆曲、越剧等，以其精湛的表演技艺和深刻的文化内涵，吸引了无数观众的目光。这些戏曲艺术不仅是文化的传承，更是人们对生活、情感、道德等方面的深刻思考和表达，是华东文化区不可或缺的组成部分。

华东文化区的书法绘画也是独具特色。无论是江南水墨画的婉约清新，还是北方工笔画的刚健雄浑，都展现了华东地区艺术家们对生活、自然的独特理解和表达，为华东文化的发展增添了无限魅力。

华东文化区作为中国文化的重要组成部分，其多元融合的文化现象在历史长河中展现出了独特的魅力。这种文化的传承与创新，不仅丰富了中国文化的内涵，也为世界文化的交流与发展提供了宝贵的经验和借鉴。

三、主要文化特点

(一) 精致细腻的江南文化

1. 自然环境与生活方式

江南地区地处江河交汇之处，河网密布，水乡特色明显。这样的自然环境，塑造了江南人与水息息相关的生活方式。人们常说"水乡人家百姓俗，半分水土半分乡"，这句话表达了江南人民与水相依相存的生活状态。江南的园林设计精妙绝伦，以白墙黑瓦、小桥流水、曲径通幽为特点，体现了人与自然的和谐共生。江南人民常以水为伴、以水为乐，船只成为他们日常生活不可或缺的交通工具，而水乡的风情也深深地烙印在了他们的文化和生活中。

2. 艺术与审美

江南文化在艺术和审美方面有着独特的追求。无论是绘画、书法、陶瓷还是园林艺术，都展现了江南人民对美的品鉴和追求。这些艺术作品往往注重细节，追求精致和完美，体现了江南文化的细腻和精致。江南园林被誉为"人类创造的天堂"，其设计风格追求自然、雅致、淡泊，给人以美的享受和心灵的抚慰。江南人的审美情趣也反映在他们的日常生活中，精美的家居摆设、精致的茶具、考究的服饰等无不体现出对美的追求和热爱。

3. 生活品质与精神追求

江南人民对生活品质有着极高的追求，注重生活的细节和品质。他们追求优雅、闲适的生活，注重精神层面的满足。这种追求不仅体现在日常生活中，也体现在他们的社交、娱乐、文化活动等方面。

4. 开放性与包容性

江南文化具有开放性和包容性的特点。它善于吸收和融合不同地域、不同民族的文化元素，形成独具特色的文化体系。江南地区历来是文化交流的重要地区，不仅与周边地区保持着密切的交往，而且吸引了许多外来文化的输入，从而形成多元化的文化景观。江南文化在多元文化的交流中不断发展和创新，展现出开放包容的精神品质。

5. 崇文重教

崇文重教是江南地区的传统美德。历史上，江南地区一直是中国文化的重要发祥地之一，儒家文化在这里得到了广泛传播和深入发展。江南人民尊师重教，注重知识的传承和普及。在江南地区，教育一直被视为提升个人品质、改善社会风气的重要途径，这种崇文重教的传统也使江南地区在教育、科技、文化等方面取得了显著的成就。

精致细腻的江南文化是中国文化的重要组成部分，具有独特的魅力和价值。它体现了人与自然的和谐共生、对美的敏感和追求以及开放包容的精神特质。在今天的社会中，我们应该继续传承和发扬江南文化的优秀传统，为构建和谐社会、推动文化繁荣发展做出贡献。

（二）开放包容的海派文化

1. 开放性

海派文化以其开放性而闻名。作为一个国际化大都市，上海融汇了来自世界各地的文化元素。这种多元文化的交融为海派文化赋予了极大的包容性和吸引力。海派文化不受传统束缚，而是善于吸收和融合外来文化的精华，形成自身独特的文化风格。这种开放性不仅表现在文化的外在形式上，更体现在人们的思想观念和行为方式上。上海市民敢于接纳新事物，勇于尝试新思想，这种开放的精神为海派文化注入不竭的活力和创造力。

2. 包容性

海派文化的包容性也是其重要特征之一。在海派文化中，不同地域、不同民族、不同阶层的文化都能得到尊重和融合。这种包容性使海派文化拥有极大的丰富性和多样性。无论是高雅的艺术还是通俗的文化，都能在海派文化中找到自己的位置。这种包容性不仅促进了文化的繁荣和发展，也增强了社会的凝聚力和向心力。海派文化将不同文化元素融合在一起，形成了一个和谐共生的文化生态系统，为社会的和谐稳定奠定了坚实的基础。

3. 商业性

商业性是海派文化的另一个重要特点。作为一个商业城市，上海的商业文化是海派文化的重要组成部分。海派文化强调契约精神、尊重规则和法治，注重商业道德和诚信。这种商业文化不仅促进了上海经济的繁荣和发展，也塑造了上海人务实、精明、创新的性格特点。上海市民在商业活动中展现出的勤劳和智慧，为上海的商业繁荣打下了坚实的基础。

4. 创新性

海派文化具有强烈的创新性。在吸收和融合外来文化的过程中，海派文化不满足于简单的模仿和重复，而是注重创新和创造。这种创新性不仅体现在文化艺术领域，也体现在科技、教育、经济等各个领域。正是这种创新精神，使海派文化能够不断发展和进步，成为中国文化的重要组成部分。

海派文化以其开放、包容、商业和创新的特点，展现了上海作为国际化大都市的独特魅力，也彰显了上海人民开放包容、务实创新的精神风貌。我们应该继续传承和发扬海派文化的优秀传统，为推动中国文化的繁荣发展做出更大的贡献。

四、面临的挑战与发展机遇

华东文化区面临一系列挑战和问题，这些挑战不仅来自城市化、工业化的快速发展，也源自外来文化的冲击和全球化的影响。在这些挑战的背后，也蕴藏着发展华东文化的新机遇。

随着城市化和工业化的快速发展，一些传统的文化元素和民俗风情正在面临消失或淡化的风险。城市的现代化进程往往会导致传统建筑的拆除和传统手工艺的衰落，这些都对华东地区丰富多彩的文化遗产构成了威胁。快节奏的生活方式也可能使人们对传统文化的关注和传承度下降。

外来文化的冲击和全球化的影响也给华东文化的传承与发展带来了挑战。随着信息的全球传播和人员的跨国流动，外来文化在华东地区的影响日益显现。一些年轻人可能更倾向于追求西方文化或流行文化，而忽视本土传统文化的重要性，这对华东文化的传承和发展构成了一定的压力。

挑战之下，华东文化也面临新的机遇。华东地区可以积极挖掘和传承传统文化资源。通过加强对传统文化的保护和利用，华东地区可以吸引更多游客，促进经济增长。创意产业的发展也为华东文化注入了新的活力，为传统文化赋予了更多的时代内涵。

华东地区也可以借鉴外来文化的优点和长处，文化交流和融合已经成为必然趋势，华东地区可以通过开放包容的态度，吸收和吸纳外来文化的精华，从而丰富和完善自身的文化体系。

华东地区汇聚了多种文化元素，既有中原文化的深厚底蕴，又有江南文化的细腻韵味，还有海洋文化的开放精神。华东地区应继续挖掘和传承传统文化资源，同时积极吸收外来文化的先进元素，推动华东文化的创新与发展。相信在华东人民的共同努力下，华东文化区将焕发出更加绚丽多彩的文化光芒。

第四节　中南文化区

一、深厚的历史底蕴

中南文化区以其深厚的历史底蕴、独特的文化魅力和多元的文化特色而著称。这一区域包括湖南、湖北、河南、广东等地，自古以来就是中国古代文化的重要发祥地之一，孕育了丰富的文化遗产，如湖北的楚文化、湖南的湖湘文化、广东的广府文化、广西的八桂文化等。这些文化在历史上相互影响、相互融合，形成独具特色的中南文化体系。

中南文化区以其深厚的历史底蕴而闻名。这一区域早在先秦时期就已有人类活动，留下了丰富的历史遗迹和文化遗产。例如，湖北的荆州古城、湖南的岳阳楼、广东的广州陈家祠、广西的桂林漓江等，都是中南文化的重要代表。这些历史遗迹见证了中南文化的辉煌历史和独特魅力，吸引了无数游客前来参观和学习。

二、独特的文化魅力

中南文化区以其独特的文化魅力而著称。这一区域的文化既有南方的细腻与柔美，又有北方的豪放与激情。中南文化注重人情世故、家族观念、乡土情怀等传统美德，强调人与人之间的情感纽带和社会责任。这种独特的文化魅力在中南地区的文学、艺术、民俗等方面得到了充分体现。

三、多元的文化特色

中南文化区是一个多元文化交融的地区。这一区域既有汉族文化的深厚底蕴，又有少数民族文化的独特魅力。在中南地区，汉族文化与苗族、土家族、壮族等少数民族文化相互交融、相互影响，形成独具特色的文化景观。

四、面临的挑战与发展机遇

面对现代社会的快速发展，中南文化区也面临一些挑战。随着城市化、工业化的推进，一些传统文化元素和民俗风情逐渐消失或被淡化。外来文化的冲击和全球化的影响也使中南文化面临传承与创新的挑战。

为了应对这些挑战，中南地区应该积极采取措施保护和传承传统文化。可以加强对历史遗迹和博物馆的保护和修缮，让更多的人认识和了解中南文化的历史底蕴；可以推动传统文化与现代科技的结合，利用互联网、新媒体等手段传承和弘扬中南文化；还可以加强中南地区与其他地区的文化交流与合作，借鉴其他地区的成功经验，推动中南文化的创新与发展。相信在中南地区人民的共同努力下，中南文化区将继续焕发出更加绚丽多彩的文化光芒。

第五节　西南文化区

一、深厚的历史底蕴

西南文化区位于中国西南地区，包括云南、贵州、四川、重庆等地。它的历史底蕴源远流长，承载着丰富的文化遗产和悠久的人类历史。作为中华文明的发祥地之一，这片土地孕育了众多具有重要历史意义的文化现象和人文景观。在数千年的历史长河中，西南文化区不仅见证了各种历史事件的发生与演变，也培育了许多独具特色的文化传统和民族风情。

西南文化区的历史底蕴体现在其丰富多彩的文化遗产上。这片土地上留存着诸多古老文明的痕迹，如四川的三星堆文化、云南的石器时代文化、贵州的夜郎文化等，都是西南文化的重要组成部分。这些文化遗产在漫长的历史长河中相互交融、相互影响，为西南地区的文化积淀奠定了深厚的基础。

西南文化区的历史底蕴还体现在其众多的历史遗迹和博物馆中。这些遗迹和博物馆如乐山大佛、云南石林、贵州黄果树瀑布等，不仅是历史的见证者，更是西南文化的瑰宝。它们承载着丰富的历史信息和文化内涵，吸引着来自世界各地的游客前来参观、探索。

二、独特的民族风情

西南文化区的独特之处在于其多民族的聚居和多样化的民族风情。彝族、苗族、藏族、傣族等众多少数民族共同生活在这片土地上，每个民族都有着独特的语言、服饰、习俗和文化传统。这种多民族的共生共存，使西南文化区呈现出丰富多彩、多姿多彩的民族风情。

在西南文化区，不同民族之间的文化交流与融合是一种常态。例如，在四川的凉山彝族自治州，彝族文化与汉族文化相互交融，形成独特的凉山文化。这种文化融合既丰富了西南文化的内涵，也促进了各民族之间的团结与和谐。

西南文化区的民族风情还体现在其丰富多样的艺术形式中。彝族的火把节、苗族的跳花节、藏族的雪顿节等，都是西南文化中独具特色的节日活动。这些节日不仅丰富了人们的文化生活，也传承了民族文化的精髓，成为西南文化不可或缺的一部分。

西南文化区以其深厚的历史底蕴、多元的民族风情和丰富的文化遗产，展现出了独特的魅力和活力。西南文化区的文化传承和创新将继续为人类文明的发展做出重要贡献。

三、多元的文化特色

(一) 饮食

西南文化区的特色美食丰富多样，是其文化的重要组成部分，反映了地理环境和民族文化的多样性。在西南地区，人们以大米和糯米为主食，同时食用小麦、玉米、红苕、蚕豆、青稞、荞麦、土豆和高粱等杂粮。这种多样性不仅体现在主食上，还体现在米制品小吃上，如米线、糌粑、糍粑、粽粑、竹筒饭、芭蕉叶包饭等。这些美食不仅口味独特，而且多用于待客，展现了西南地区对食物的独特追求和热情好客的文化传统。

西南地区的饮食口味独特，以麻辣味为主，同时注重酸、甜、苦、咸等多种味道的平衡。例如，四川的火锅、串串香、麻辣烫等特色饮食，深受人们喜爱。而贵州的酸汤鱼、酸辣粉等则以酸味为主，具有独特的风味。西南地区的饮食还注重食材的新鲜和原汁原味，善于利用当地的特色食材制作出各种美食。

西南地区的饮食文化还体现了对自然的敬畏和感恩之情。在祭祀活动中，人们会将最好的食物献给祖先和神灵，以示感恩和敬意。人们也注重节约粮食、珍惜食物，体现了对自然的敬畏和感恩之情。

除此之外，西南地区的饮食文化还具有丰富的文化内涵和历史渊源。例如，在四川地区，有一种名为"开水白菜"的经典川菜，虽然看似简单清淡，但实际上蕴含着深厚的文化内涵和历史渊源。据说这道菜起源于古代皇家御膳房，是专门为皇帝准备的一道清爽解腻的佳肴。如今，"开水白菜"已经成为川菜中的经典之作，代表了四川饮食文化的精髓和独特魅力。

西南文化区的饮食文化丰富多样，不仅口味独特，而且蕴含着丰富的文化内涵和历史渊源。这些美食不仅是西南人民日常生活的重要组成部分，也是中华饮食文化宝库中的重要组成部分。

(二) 建筑

西南文化区的建筑文化是一个丰富多彩、充满魅力的领域，受到地理环境、民族文化和历史传统的深刻影响。从建筑形式到建筑材料，再到建筑空间布局，都展现出了西南文化区的独特风貌。

西南地区的建筑风格多样，融合了传统与现代的元素。传统的土木结构建筑是西南地区建筑文化的主要代表之一。这些建筑以木材、土木为主要材料，采用穿斗式或抬梁式构架，注重与自然环境的和谐共生。例如，四川的吊脚楼、云南的傣族竹楼、贵州的石板房等，都是典型的西南地区传统建筑，它们融合了地域特色与民族文化，展现出了浓厚的地方风情。

西南地区的建筑在空间布局上也具有独特的特点。由于西南地区地势复杂，山地、丘陵等地形占比较大，因此建筑在布局上常常顺应地形，依山傍水而建。这种布局方式不仅体现了人与自然的和谐共生，也使建筑本身成为一种景观，与周围环境相互映衬，形成独特的景观效果，增添了建筑的魅力。

西南地区的建筑注重装饰和细节处理。在建筑的立面、屋顶、门窗等部位，常常可以看到精美的雕刻、彩绘等装饰元素。这些装饰元素不仅美化了建筑外观，也体现了西南地区人民对建筑艺术的重视和对美的追求，反映了地方文化的独特魅力。

西南地区的建筑文化承载着丰富的历史和文化内涵。例如，在四川的彝族土掌房中，可以看到一种古老而独特的建筑。土掌房是一种以土为墙、以木为梁的建筑，具有冬暖夏凉、防火防盗等特点。这种建筑形式在西南地区有着悠久的历史和深厚的文化内涵，是彝族人民在长期的生产生活中形成的独特建筑文化，展现了民族文化的丰富性与多样性。

西南文化区的建筑文化具有多样性、独特性和丰富性等特点。无论是传统的土木结构建筑，还是现代的高楼大厦，都体现了西南地区人民对建筑的独特追求和创新精神。西南地区的建筑文化还承载着丰富的历史和文化内涵，是中华文化宝库中的重要组成部分。希望西南地区的建筑文化能够得到更加全面的保护和传承，为中华民族的文化繁荣做出更大的贡献。

四、面临的挑战与发展机遇

尽管西南文化区具有独特的魅力和活力，但在现代社会的快速发展中，它也面临一系列挑战。随着城市化和现代化的推进，传统文化元素和民俗风情正逐渐被淡化。外来文化的冲击和全球化的影响也对西南文化产生了一定的影响。应对这些挑战并不是不可能的，通过一系列的措施和努力，西南地区可以保护和传承其丰富的文化遗产，同时开拓出更加辉煌的未来。

西南文化在地区经济社会发展中也具有重要作用。文化产业可以将西南地区的文化资源优势转化为经济优势，带动相关产业的发展，促进就业和经济增长。西南文化还可以为地区间的文化交流与合作搭建平台，推动不同地区之间的文化互鉴与共同发展。

西南文化也有机会走向世界舞台。通过加强对外文化交流与合作，可以让更多人了解和欣赏西南文化的独特魅力，增强西南文化的国际影响力。西南文化也可以从世界各地的文化中汲取养分，不断丰富和发展自身内涵。

西南文化区以其深厚的历史底蕴、独特的民族风情和多元的文化特色而著称。在现代社会的快速发展中，虽然面临挑战，但也蕴含着巨大的机遇。通过加强文化保护与传承工作、推动文化创新与发展以及加强对外文化交流与合作等方式，可以让西南文化在新时代更加绚丽多彩。相信在西南地区人民的共同努力下，西南文化将继续为中国文化的繁荣与发展做出重要贡献。

第六节　西北文化区

一、深厚的历史底蕴

西北文化区位于中国的西北地区，包括陕西、甘肃、宁夏、新疆等地，以其深厚的历史底蕴而闻名，是中国历史的发祥地之一。数千年来，这片土地见证了东西方文明的交流与融合，是古代丝绸之路的重要通道。在这片古老的土地上，留存着众多世界文化遗产，如秦始皇陵、敦煌莫高窟、西安兵马俑等，这些遗迹见证了西北文化区悠久的历史与文明。

在悠久的历史长河中，西北文化区孕育了众多杰出的历史人物。诸如秦始皇、汉武帝、唐太宗等伟大的统治者，以及老子、庄子、荀子等著名的思想家，他们为中华文化的发展奠定了坚实的基础。他们的故事和成就激励着后人不断前行，继承和发扬着中华民族的优秀传统。

二、多元的文化特色

西北文化区是一个多元文化交融的地区，融合了华夏文明、游牧民族文化和西域文化的特色。这些文化在西北大地上相互碰撞、融合，形成独具特色的西北文化。在民俗方面，西北地区的民间艺术、民俗风情独具特色。陕西的秦腔、甘肃的鼓书、宁夏的"花儿"等，都是西北人民智慧的结晶，展现了西北文化的独特魅力。西北地区的饮食文化也丰富多样，如兰州拉面、羊肉泡馍、烤全羊等美食，深受大众喜爱。

在建筑方面，西北地区的建筑风格多样，既有传统的四合院、庙宇等建筑形式，也有现代化的大厦楼宇。这些建筑在材料、色彩、装饰等方面都体现了西北文化的独特韵味。如陕北的窑洞、西北土楼等，都是西北地区传统建筑的代表。这些建筑不仅承载着历史文化的沉淀，也展现了当地人民的智慧和勤劳。

三、壮美的自然景观

除了人文历史，西北文化区还以其壮美的自然景观而著称。这里有雄伟的黄土高原、广袤的草原、苍茫的沙漠以及雪山、湖泊等壮美的自然风光。这些自然景观不仅为西北地区增添了无尽的魅力，也为当地人民提供了丰富的生产资料和生活空间。这些自然景观也为西北地区的旅游业发展提供了得天独厚的条件。游客们可以在这里欣赏到大自然的鬼斧神工，感受到西北文化的独特魅力。

西北文化区以其深厚的历史底蕴、多元的文化特色和壮美的自然景观而独具魅力。它不仅是中华民族的文化宝库，也是世界文明的重要组成部分。我们应该倍加珍视和传承西北文化，让其光彩熠熠，永放异彩。

第五章　区域文化对大学生价值观的影响

第一节　价值观的定义、影响因素与形成

一、价值观的定义

价值观是一个广泛而深刻的概念，它涵盖了人们对事物的认知、评价以及行为取向，反映了个体和群体在道德、美学、社会规范等方面的观念和信念。这种观念和信念的形成受到多种因素的影响，包括生活经历、文化传统、宗教信仰、教育背景等，因此呈现出多样化和个性化的特征。

从哲学的角度来看，价值观是人类对于客观事物的主观反映和认知。它不仅反映了人们对世界的认知和理解，也指导着人们的行为和选择。价值观的形成是一个复杂的过程，既受到客观存在的影响，也受到主观认知和情感体验的影响。每个人的价值观可能会因个体差异而有所不同，表现出主观性和个性化。

在社会生活中，价值观发挥着重要的作用。它不仅指导着人们的行为和决策，还构建了社会规范和行为准则，对于维护社会秩序和社会稳定起着至关重要的作用。例如，道德、法律、文化传统等都是人们共同认可的价值观，它们约束着个体的行为，规范着社会的发展。

另外，价值观也是文化的重要组成部分。不同的文化背景和传统习俗会塑造不同的价值取向和行为模式。例如，东方文化强调的是集体主义、孝道、礼仪等价值观，而西方文化则注重个人主义、自由、平等等价值观。这些不同的文化价值观共同构成了世界上多样化的文化景观，展现了人类社会的多样性和丰富性。

在当今全球化的背景下，不同文化之间的交流和融合也在不断加深，这进一步挑战着传统的价值观念和行为准则。人们面临如何在多元文化的环境中保持自身的文化认同和价值取向的问题。对于个体来说，理解和尊重他

人的不同观念和价值观是至关重要的，有助于促进文化交流与共存，推动世界文明的进步与发展。

价值观是人类社会发展和文化传承中不可或缺的重要因素。理解和尊重多样化的价值观念，促进文化交流与共融，是实现世界和平与发展的重要路径之一。

二、价值观的影响因素

(一) 家庭教育

1. 家庭教育与情感交流

家庭教育在塑造孩子成长过程中扮演着至关重要的角色，而情感交流则是家庭教育的基石。父母通过与孩子的日常交流，传递着自己的情感态度和价值观，这种情感交流往往在孩子的内心深处留下深刻的印记，成为他们日后价值观形成的重要参考。例如，父母如果在日常生活中展现出对诚信、尊重他人的重视，孩子很可能会在成长过程中形成相似的价值观。

2. 行为示范的重要性

除了情感交流，父母的行为示范也对孩子的成长产生着深远的影响。父母的一言一行都会成为孩子模仿的对象。如果父母能够以身作则，践行自己倡导的价值观，孩子很可能会在潜移默化中接受并内化这些价值观。例如，父母如果在日常生活中表现出勤俭节约、绿色环保的行为习惯，孩子很可能会在日后形成相似的行为模式和价值观。

3. 文化传承与家庭教育

文化传承也是家庭教育的重要任务之一。作为文化传承的基本单位，家庭承担着将民族文化、家族传统等传递给下一代的使命。父母不仅需要将传统文化和价值观传授给孩子，还需要引导孩子理解和认同这些文化和价值观。通过文化传承，孩子可以更好地理解自己的文化根源和民族身份，形成更加稳定和持久的价值观。

4. 道德教育与家庭教育

道德教育在家庭教育中扮演着至关重要的角色，它不仅是培养孩子综合素质的重要途径，也是塑造其良好品德和行为习惯的基石。父母作为孩子成长过程中最亲近、最直接的引导者和榜样，他们在日常生活中的言传身教对孩子的道德发展起着决定性的影响。

尊重他人是道德教育的基本原则之一。父母应该教导孩子尊重他人的权利、尊严和个人空间，培养孩子礼貌待人、关心他人、体谅他人的品质。这种尊重他人的态度不仅能够促进人际关系的和谐，也有助于孩子树立正确的人生观和社会观。

诚实守信是道德教育的重要内容之一。父母要教育孩子诚实守信，言行一致，做到说到做到，言出必行。通过这样的教育，可以培养孩子的责任心和信任感，使其成为值得信赖的人，受到他人的尊重和欢迎。

热爱劳动也是道德教育的重要内容之一。父母应该引导孩子树立正确的劳动观念，让他们明白劳动的重要性和价值所在，激发他们的劳动热情，培养他们艰苦奋斗、勇于拼搏的品质。只有通过自己的劳动才能实现自我价值，并为社会贡献力量。

关心社会是道德教育的又一个重要方面。父母应该教育孩子关爱他人、关心社会，培养他们积极参与公益事业、关注社会热点、关心弱势群体的意识。通过道德教育，可以让孩子认识到自己是社会的一员，应该为社会的发展和进步做出自己的贡献。

道德教育是家庭教育的核心内容之一，通过父母的言传身教，可以帮助孩子树立正确的道德观念和行为规范，培养他们的品德修养和社会责任感。只有通过良好的道德教育，孩子才能在成长过程中逐渐形成正确的价值判断和道德选择能力，为日后的社会生活和职业发展奠定坚实的基础。

（二）社会环境

1. 政治环境对价值观的影响

政治环境是个体价值观形成的重要因素之一。政治环境的不同，会导致个体产生不同的政治信仰、政治态度和政治行为。在一个民主、公正、法治的政治环境下，个体更可能形成尊重他人、追求公平和正义、遵守法律等积极价值观。相反，在一个专制、腐败、混乱的政治环境下，个体可能会形成权力崇拜、不公正、违法乱纪等消极价值观。

2. 经济环境对价值观的影响

经济环境也是影响个体价值观的重要因素。经济发展水平、分配制度、就业机会等都会影响个体的价值观。在一个经济繁荣、分配公平、就业机会充足的环境下，个体更可能形成积极、乐观、进取的价值观。相反，在一个经济衰退、分配不公、就业困难的环境下，个体可能会产生消极、悲观、失望的情绪，形成消极、保守的价值观。

3. 文化环境对价值观的影响

文化环境是影响个体价值观的关键因素。不同的文化传统、价值观念、风俗习惯等都会对个体的价值观产生深刻影响。在一个多元、开放、包容的文化环境下，个体更可能形成尊重差异、包容多样、开放创新的价值观。相反，在一个单一、封闭、排他的文化环境下，个体可能会形成狭隘、偏见、排斥的价值观。

4. 教育环境对价值观的影响

教育环境在个体价值观形成中起着至关重要的作用。教育不仅是传授知识，更会塑造人的思想、态度和行为。在一个注重全面发展、尊重个体差异、倡导创新的教育环境下，个体更可能形成积极、健康、向上的价值观。相反，在一个片面追求分数、忽视个性发展、抑制创新的教育环境下，个体可能会形成功利、狭隘、消极的价值观。

(三) 个人经历

1. 童年经历与价值观的基石

童年经历被认为是个体价值观形成的基石。在个体生命的最初阶段，家庭环境和父母的教育方式对个体的发展产生着深远的影响。一个充满温馨、支持的家庭环境可能会培养出个体对人际关系和他人的信任感，而一个充满冲突和暴力的家庭环境则可能导致个体对人际关系产生恐惧和不信任。这些早期的经历为个体心理良性建设提供有力支撑，为后续价值观的形成打下重要基础。

2. 成长过程中的关键事件与价值观的塑造

童年时期的学习和社交经历也对个体的价值观产生着重要的影响。个体的学习态度、对待友情的理解以及对社会规范的认知等，都在童年时期得到了初步的塑造。这些经历为个体今后的成长奠定了基础，影响着其后续的行为和决策。

在成长过程中，个体还会经历一系列关键事件，这些事件往往成为塑造其价值观的重要因素。这些事件可能是挑战与困境，例如学业上的失败、人际关系的破裂，也可能是转折与改变，如搬家、升学、就业等。这些事件所带来的心理冲击和情感体验，促使个体对自己的认知和价值观进行反思和调整，有助于个体更加深入地了解自己、他人和世界。

3. 社交经历与价值观的碰撞与融合

社交经历也在价值观形成过程中扮演着至关重要的角色。在与他人交往的过程中，个体会接触到各种不同的文化、思想和价值观，这些差异可能会引发个体的思考和反思。在社交的碰撞与融合中，个体逐渐明确自己的立场和态度，建立起独立而成熟的个人价值观体系。个体也通过社交经历学会尊重他人的观点，拓宽了自己的视野，增强包容与理解的能力。

童年经历、关键事件以及社交经历共同构成了个体价值观形成的重要因素。这些因素相互交织、相互影响，共同塑造了个体的核心价值观念和行为准则。家庭、学校和社会应共同努力，为个体提供积极健康的成长环境，引导他们形成积极向上、社会责任感强的价值观，为社会和谐稳定做出贡献。

三、价值观的形成

(一) 认知加工

认知加工在个体的价值观形成过程中扮演着至关重要的角色。这一过程涉及了感知、注意、记忆、思维和想象等一系列认知活动，个体对外部信息进行处理和理解，最终形成对事物的认识和评价，进而构建了自己的价值观。

感知是认知加工的起点。它涉及个体对外界信息的接收和识别，通过感知器官接收到的信息，个体能够对周围环境进行感知和认知。个体根据自身的经验和兴趣进行选择性关注，这种选择性关注直接影响了个体对外部世界的认知范围和深度，从而影响了价值观的形成。

注意是认知加工的关键环节。在大量信息中，个体需要集中注意力去关注那些与自身利益相关或引起自身兴趣的信息。这种注意力的分配和转移不仅影响着个体对事物的认知深度，还决定着其价值观的倾向性。个体长期关注某些特定信息，往往会形成相应的价值取向。

记忆是个体对过去经验的存储和重构。在认知加工中，记忆扮演着至关重要的角色。个体通过记忆将过去的经验和知识存储在大脑中，以便在需要时进行提取和应用。这些经验和知识不仅影响着个体对事物的认知和理解，还为其价值观的形成提供了基础。

思维是认知加工的高级阶段，它涉及对信息的分析和判断。在价值观的形成过程中，思维发挥着决定性的作用。个体通过思维对外部信息进行深入的判断分析，从而形成对事物的看法和评价。这些看法和评价会进一步影响个体的价值选择和价值判断。

(二) 情感体验

情感体验在个体的认知和情感发展中扮演着至关重要的角色，特别是在形成和发展个体的价值观方面具有重要的影响。简而言之，情感体验是个体对外界事物或情境的主观感受和反应，它涉及个体的情感反应和情感表达，是个体对事物好坏、美丑、善恶等的主观评价和认知。在价值观的形成和发展过程中，情感体验起着至关重要的作用，具体体现在以下几个方面。

一是情感体验为价值观提供了情感基础。个体对不同事物和情境产生的喜怒哀乐、爱恨情仇等情感体验，直接影响着其对事物的评价和态度。例如，当个体面对美丽的自然风景时，会产生愉悦和舒适的情感体验，个体会更加珍惜和保护自然环境；而面对不公平或挫折时，会产生愤怒和失望的情感体验，则会促使个体对社会公正和坚忍不拔产生认同。

二是情感体验有助于个体形成深刻的认知。在情感体验的作用下，个体更加关注和深入地认知与之相关的事物或情境，从而形成更加准确和全面的认知。这种深刻的认知有助于个体形成正确的价值评判。例如，个体通过亲身经历贫困和艰辛，能够更深刻地理解生活的不易和珍贵，进而更加珍惜现有的生活条件和资源。

三是情感体验促进了个体价值观的内化和践行。个体在情感体验过程中形成的对事物的独特评价和态度，会逐渐转化为其内在的价值观。当个体践行其内化的价值观时，会产生相应的积极情感体验，如自豪、满足等，进而增强其践行价值观的积极性和动力。例如，一个热爱公益事业的人，在参与公益活动时会感受到快乐和满足，从而更加坚定地践行自己的公益价值观。

四是情感体验影响着个体价值观的稳定性和持久性。个体的情感体验与其生活经历、文化背景、社会环境等密切相关。一旦个体形成某种价值观并与之产生深厚的情感联系时，即使在外界环境发生变化时，个体也会坚守自己的价值观并为之努力，从而增强其价值观的稳定性和持久性。

情感体验在价值观的形成和发展中具有重要作用，它为价值观提供了情感基础，促进了个体的深刻认知，促进了价值观的内化和践行，同时影响着价值观的稳定性和持久性。在教育和培养中，我们应该注重培养个体的情感体验能力，帮助其形成健康、积极向上的价值观，并为之践行。

(三) 社会学习

社会学习，又称为社会性学习，是一个涵盖多个方面的复杂过程，它涉及个体如何通过与他人的互动以及观察他人的行为来学习和获得新的知识和技能。这一过程不仅是个体满足社会性需要，掌握社会知识、经验或规范、社会行为技能的重要途径，也是个体在社会环境中形成和发展其个性特征的关键环节。

社会学习理论的核心观点是个体不仅通过直接经验来学习，而且通过观察和模仿他人的行为及其后果来学习。阿尔伯特·班杜拉是社会学习理论的主要推动者，他提出了模仿学习 (或称替代性学习) 的概念，即个体通过观察他人的行为及其后果，学习新的行为模式。这种模仿学习是社会学习的一个核心机制，它允许个体从他人的经验中获益，不需要亲身经历所有的学习过程。

在社会学习过程中，个体不仅是对他人的行为进行简单的模仿，还是一个积极主动的过程。个体会根据自己的经验、知识和情境因素来解释和理解观察到的行为，然后决定是否模仿这些行为。这一过程涉及认知加工、情感体验以及行为反应等多个方面。

认知加工在社会学习中发挥着重要作用。个体需要观察并理解他人的行为及其后果，这需要他们进行信息的感知、注意、记忆、思维等认知活动。通过这些认知活动，个体能够提取出对自己有用的信息，形成对他人行为的解释和理解。

情感体验也在社会学习中起到关键作用。个体在观察他人的行为时，会产生相应的情感反应。这些情感反应会影响个体对他人行为的评价和态度，进而影响他们是否愿意模仿这些行为。例如，如果个体观察到他人的某种行为受到了他人的赞赏和奖励，他们可能会因为渴望得到同样的赞赏和奖励而模仿这种行为。

(四) 文化传承

文化传承是一个复杂而多层次的过程，它既涉及文化的传递和延续，也是文化创新和发展的重要组成部分。在当今全球化、现代化和多元化的背景下，文化传承显得尤为重要，因为它不仅关乎一个民族的文化认同和传统的传承，更关系全球文化多样性的维护和促进。

文化传承涉及文化元素的传递和延续。文化是人类智慧、情感、信仰、价值观的集合体，其传承是通过各种方式将这些元素传递给后代，使其得以延续。这种传递可以是口头的、书面的，也可以通过仪式、习俗、节日等形式进行。传承者不仅是文化的传递者，更是文化的解释者和创新者。他们需要根据时代的变化和受众的需求，对传统文化进行解读和创新，使其在新的历史条件下得到更好的传承和发展。

文化传承是文化创新和发展的过程。传承并非简单地将传统文化原封不动地传递给后代，而是在传承的过程中进行文化创新和发展。这种创新可以是对传统文化元素的重新组合和诠释，也可以是对传统文化进行现代转化和创新发展。例如，在民间艺术的传承中，传承者不仅需要掌握传统的技艺和表演方式，还需要根据现代审美和观众需求进行创新和发展，使民间艺术在新的历史条件下得到更好的传承和发展。

文化传承还涉及文化的传播和交流。在全球化和多元化的背景下，不同文化之间的交流和融合已经成为一种趋势。文化传承不仅是将本民族的文化传递给后代，还需要将本民族的文化传播到其他民族和地区，促进不同文化之间的交流和融合。这种传播和交流可以通过多种方式实现，如文化交流活动、艺术展览、文化节庆等。不同民族和文化之间可以相互了解、相互欣赏、相互学习，从而促进文化多样性和人类文明的进步。

文化传承还需要注重文化的保护和传承人的培养。随着现代化进程的加速和社会变迁的加快，一些传统文化面临消失或失传的危险。需要加强对传统文化的保护和对传承人的培养。可以通过立法、政策等手段加强对传统文化的保护和支持；另外还可以通过教育培训、文化传承项目等方式培养更多的文化传承人，为传统文化的传承和发展提供有力的人才保障。

文化传承是一个涉及多个层面和维度的复杂过程。它不仅需要将传统文化传递给后代并使其得以延续，还需要在传承的过程中进行文化创新和发展，促进不同文化之间的交流和融合，并加强对传统文化的保护和对传承人的培养。只有如此，才能使文化在全球化、现代化和多元化的背景下得到更好的传承和发展。

第二节　区域文化对大学生价值观的影响

一、大学生价值观的形成与影响因素

价值观是个体对事物价值的总体看法和根本观点，而大学生的价值观形成过程则是一个受多种因素影响的复杂过程。家庭、学校、社会等因素都发挥着重要作用。

家庭环境对大学生的价值观产生着深远的影响。家庭是一个人成长的第一个社会环境，父母的言传身教、家庭教育方式都会在潜移默化中影响孩子的思想观念和行为习惯。例如，家庭中的家风、家规、家训等对大学生的品德修养和道德观念产生着直接塑造作用。父母的教育方式、家庭成员之间的相处模式，也会在潜移默化中影响大学生的世界观和人生观。

学校教育是大学生价值观形成的重要场所。学校作为知识传授和人格塑造的地方，其课程设置、教育内容、校园文化等都会对大学生的认知和思维方式、人生态度和价值取向产生重要影响。学校的教育理念、师资队伍素质、教学方法等都会直接影响大学生的认知和世界观。

社会环境中的政治、经济、文化等因素也在塑造大学生的价值观。社会的发展水平、文化传统、价值导向等都会在潜移默化中影响着大学生的认知和行为方式。政治风气、社会风尚、经济形势等也会直接或间接地影响大学生对社会、对他人、对自我的看法和态度。

个人经历、兴趣爱好、知识水平等因素也会对大学生的价值观产生影响。每个人的成长历程、遭遇的挫折和收获、个人爱好和特长等都会在一定程度上塑造其独特的人生观和价值观。个人的知识水平、学识修养也会直接影响其对事物的认知和评价，从而影响其价值观的形成。

理解这些影响因素，对于引导大学生形成积极向上的人生观和价值观具有重要意义。家庭、学校和社会应多方共同努力，为大学生的成长提供良好的价值引导和教育环境。

二、区域文化对大学生价值观的具体影响

在大学生的成长过程中，区域文化对其产生着深远的影响。这种影响不仅体现在他们的核心价值观和行为准则上，还涉及他们的社会适应能力、心理状态以及创新思维等方面。以下将重新论述这些影响，并探讨它们对大学生的重要性和深远意义。

区域文化对大学生的核心价值观和行为准则产生着塑造作用。诸如勤劳、节俭、忠诚、孝顺等传统价值观在不同地区的文化中扮演着重要角色。这些价值观不仅是社会的基本准则，也是人们在成长过程中所接受的教育和培养的重要内容。大学生在接受高等教育的同时，也会受到所处地区文化的深刻影响。他们会将这些价值观内化为自己的行为准则，影响着他们未来的职业选择、生活态度以及社会交往方式。

不同地区文化的差异可能导致大学生在跨地区学习时产生文化冲突和适应问题。每个地区的文化都有其独特的传统、习俗和价值观念，这些差异会影响大学生对新环境的适应。对于来自不同文化区域的大学生来说，他们可能需要花费更多的时间和精力去适应新的文化环境，这对他们的社交、学习和生活都带来了挑战。提高大学生的跨文化适应能力显得尤为重要。

区域文化的风俗习惯、宗教信仰等也会对大学生的心理和行为产生影响。不同地区的文化背景使人们在处理问题、表达情感等方面存在差异。例如，某些地区的宗教信仰强调谦逊、克制，这可能会使大学生在社交场合中表现得更为内敛、含蓄。了解并尊重不同地区文化的差异，有助于大学生更

好地融入新的社会环境。

区域文化的创新氛围和开放程度也会影响大学生的创新思维和创造力。在一些鼓励创新和开放思维的区域文化中，大学生可能更容易培养出创新思维和创造力。这种文化氛围有助于激发大学生的求知欲望和探索精神，推动他们在学术研究、科技创新等方面取得更好的成绩。

三、可采取的对策

(一) 加强文化多元教育

1. 文化多元教育的内涵与重要性

文化多元教育的内涵十分丰富，它强调在教育过程中传达和介绍不同文化、价值观和生活方式，旨在培养学生跨文化理解、尊重和沟通的能力。这一教育形式注重尊重文化的多样性，促进文化间的对话和交流，培养大学生的文化敏感性、包容性和批判性思维能力。有助于他们更好地适应全球化的社会环境，提升国际竞争力。文化多元教育能够拓宽学生的视野，使他们更全面地了解世界，形成开放、包容的价值观。它还能培养学生的跨文化交流能力，为未来的职业生涯和国际合作打下基础。

2. 采取文化多元教育的途径与方法

为了加强文化多元教育，高校可以采取一系列途径与方法。可以在课程设置中整合多元文化内容，包括世界各国的历史、文化、宗教、艺术等。通过这些课程，大学生可以了解不同文化的特点和价值，培养跨文化意识和能力。可以开展各种形式的文化交流活动，如国际文化节、文化展览、学术讲座等，让大学生亲身体验不同文化的魅力，增强文化认同感和尊重感。建立国际化的师资队伍也至关重要，引进具有国际化背景的教师，为大学生提供更广阔的文化视野。鼓励大学生参与国际交流项目，如留学、实习、志愿服务等，让他们深入了解不同文化，提升跨文化交流能力。

3. 文化多元教育在大学生价值观塑造中的作用

文化多元教育在塑造大学生价值观方面发挥着重要作用，能帮助大学生形成开放、包容的价值观，尊重和理解不同文化背景下的人们的行为和观念。这有助于他们更好地融入全球化社会，与不同文化背景的人建立良好的人际关系。文化多元教育培养了大学生的批判性思维能力。通过对不同文化的比较和分析，大学生学会了独立思考、评判各种文化现象和价值观，这对于他们面对复杂多变的社会环境时，做出明智的选择和决策至关重要。文化多元教育还激发了大学生的创新精神和创造力。不同文化之间的交流和碰撞往往能够产生新的思维火花和创意灵感，通过参与跨文化交流活动和实践项目，学生可以锻炼自己的创新思维和创造力，为未来的职业发展和社会贡献打下基础。

加强文化多元教育对于塑造大学生全面而开放的价值观具有重要意义。高校应该重视文化多元教育的实施和推广，通过整合多元文化内容、开展文化交流活动、建立国际化师资队伍和鼓励学生参与国际交流等途径，为学生提供丰富多样的文化教育资源和机会。高校还应注重培养大学生的批判性思维能力、创新精神和创造力等核心素养，以帮助他们更好地适应全球化社会的发展需求并为社会做出积极贡献。

(二) 注重价值引导

1. 价值引导的内涵与重要性

价值引导的内涵在于通过各种方式，引导大学生形成正确的世界观、人生观和价值观。高校不仅要注重学科知识的传授，更需要关注大学生的思想品德、社会责任感和公民意识的培养。价值引导的重要性体现在多个方面。它有助于大学生形成正确的人生导向和发展目标，为他们的未来发展奠定坚实的基础。价值引导可以促进大学生形成积极健康的人格和道德品质，提升他们的社会适应能力和竞争力。注重价值引导还能够培养大学生的社会责任感和公民意识，推动他们积极参与社会建设和发展。

2. 注重价值引导的途径与方法

强化思想政治教育是关键一环。高校应该加强对大学生的思想政治教育，通过课程设置、主题教育、实践活动等方式，引导大学生树立正确的世界观、人生观和价值观。发挥教师示范作用也至关重要。教师作为学生的榜样，应该以身作则，通过自身的言谈举止和教育教学行为，传递正确的价值观念，引导大学生形成健康的人格和道德品质。开展丰富多彩的社会实践活动也是一种有效的途径。高校可以组织大学生参与社会实践活动，让他们在实践中感受社会责任和公民意识，培养他们的实践能力和奉献精神。加强校园文化建设也是至关重要的。高校应该注重校园文化建设，通过举办各种文化活动、讲座、展览等，营造积极向上的校园氛围，为大学生创造健康的成长环境。

3. 价值引导在大学生价值观塑造中的作用

在价值引导的过程中，大学生的价值观得到了塑造和完善。可以帮助大学生明确正确的价值取向，避免受到不良价值观的影响和侵蚀。价值引导能够促进大学生形成健康的人格和道德品质，提升他们的个人素质和社会竞争力。

高校应该加强对大学生的思想政治教育、发挥教师示范作用、开展社会实践活动和加强校园文化建设等，帮助大学生树立正确的价值观念，成为对社会有用的人。这样的价值引导工作不仅符合高校的办学宗旨，更能够为社会培养出更多有担当、有责任感的优秀人才。

(三) 提供心理支持

心理支持在大学生的成长过程中扮演着至关重要的角色。它不仅有助于缓解大学生心理压力，增强他们的心理韧性，还促进了价值观的形成和塑造。以下将重点论述心理支持的重要性、提供心理支持的途径与方法以及心理支持在大学生价值观塑造中的作用。

1. 心理支持的重要性

心理支持的重要性体现在缓解心理压力方面。大学生面临来自学业、就业、人际关系等多方面的压力，这些压力往往会导致他们产生焦虑、抑郁等负面情绪。心理支持通过提供情感上的支持和认知上的引导，帮助大学生理解和应对压力，从而缓解焦虑和抑郁情绪，保持心理健康。

心理支持对于增强大学生的心理韧性具有重要意义。心理韧性是指个体在面对挑战和逆境时表现出的适应能力和恢复能力。通过提供积极的情感支持和实用的问题解决方案，心理支持可以帮助大学生更好地适应生活中的各种挑战，培养他们的应对能力和在逆境中成长的能力。

心理支持有助于促进大学生的价值观形成。心理支持不仅要关注大学生当前的心理困境，更要注重引导他们进行自我反思和认知调整，帮助他们树立积极健康的人生观和价值观。通过与心理专业人员的交流，大学生可以更清晰地认识到自己的核心价值,并形成对社会、对他人、对自我的积极认知和态度。

2. 提供心理支持的途径与方法

在提供心理支持的途径与方法方面,首先是建立完善的心理辅导体系。高校应当配备专业的心理咨询师和心理治疗师,提供个性化、专业化的心理咨询服务,满足大学生的心理需求。其次是开展心理健康教育活动。通过举办心理健康讲座、心理素质培训等活动,普及心理健康知识,提高大学生的心理素质和自我调节能力。再次是建立师生沟通机制。教师应积极关注学生的心理状态,与学生进行及时、有效的沟通和交流,关心他们的生活、学习和情感需求。教师还应树立良好的榜样,引导学生形成健康的心理价值观。最后是建立同伴支持网络。鼓励大学生之间建立互助、支持的同伴关系,共同分享情感、经验和资源,帮助彼此渡过难关,共同成长。

3. 心理支持在大学生价值观塑造中的作用

在大学生的价值观塑造中,心理支持扮演着至关重要的角色。心理支持可以帮助大学生建立积极的自我认知,增强自信心和自尊心,从而形成积极向上的人生观和价值观。心理支持有助于促进大学生形成健康的人际关系观念,培养他们的社会责任感和同理心,促进和谐的人际关系。心理支持还可以帮助大学生形成正确的挫折观和应对方式,教会他们如何在面对困难和挑战时保持积极的心态和行动,培养坚忍不拔的意志力。

(四) 鼓励创新思维

1. 创新思维的内涵与重要性

创新思维能够帮助个体适应时代的需求。随着科技和社会的不断变革,新的问题和挑战不断涌现,需要有创新思维的个体来寻找和提供解决方案。

创新思维有助于提升个体的竞争力。在激烈的竞争环境中,那些具备创新思维的个体更容易脱颖而出,成为行业的佼佼者。

创新思维是推动社会进步的重要动力。历史上许多重大的变革和发展都源于创新思维,培养和鼓励创新思维对社会的发展至关重要。

2. 鼓励创新思维的途径与方法

创设创新环境。高校可以营造宽松、自由、包容的学术氛围,鼓励学生敢于质疑、勇于探索，提供创新的土壤和空间。

改革教学方法。采用问题导向、项目驱动等教学方式，激发学生的求知欲和创新欲，让他们在实践中培养创新思维。

鼓励跨学科学习。学科之间的融合和交叉可以激发创新思维，高校应该鼓励学生选修不同领域的课程，拓宽他们的知识面和视野。

开展创新实践活动。组织创业大赛、科技竞赛等活动，让学生在实践中锻炼创新思维和团队协作能力，培养解决问题的能力。

引入创新导师制度。邀请行业专家、企业家等担任创新导师，为学生提供指导和建议，激发他们的创新潜能和创造力。

3. 鼓励创新思维在大学生价值观塑造中的作用

创新思维培养了大学生勇于挑战、敢于创新的精神，使他们在面对困难和挑战时更加坚定和自信，从而形成积极向上的人生态度。

创新思维让大学生学会从不同角度看待问题，提升了他们的批判性思维和独立思考能力，培养了他们客观、理性的思维方式。

通过创新实践，大学生能够更好地将理论知识与实际应用相结合，形成更为完善的知识体系和价值观念，从而塑造了积极向上、实践创新的人生态度。

高等教育应该重视大学生创新思维的培养与引导，通过创设创新环境、改革教学方法、跨学科学习、开展创新实践活动以及引入创新导师制度等措施，激发学生的创新潜能和创造力，为社会的进步和繁荣注入新的活力。

第三节　区域文化对大学生价值观的塑造

一、区域文化对大学生价值观塑造的影响

（一）区域文化对大学生价值观的塑造机制

1. 文化认同与价值观内化

文化认同与价值观内化是区域文化塑造大学生价值观的重要机制之一。区域文化通过家庭、学校等渠道向大学生传递其独特的文化元素和核心价值

观念。大学生不断接触和体验这些文化元素，逐渐产生对所在区域文化的认同感。这种认同感促使大学生将区域文化的价值观念内化为自己的行为准则和生活取向，从而在他们的行为、言语和态度中得以体现。

2. 社会实践与价值观强化

社会实践与价值观强化相互作用，对大学生的价值观塑造具有重要意义。大学生通过参与各种社会实践活动，如志愿服务、实习实训、社会调查等，将所学的理论知识与实际应用相结合。在这些实践活动中，他们不仅加深了对区域文化的理解和认同，还通过实际行动强化了自己的价值观。例如，参与社会公益活动的大学生可能会深刻体会到奉献精神的重要性，从而强化自己对奉献、助人为乐的价值观念的认同。

3. 同伴群体与价值观塑造

同伴群体对大学生价值观的形成和塑造也具有重要影响。在大学生活中，他们与来自不同地域、文化背景的同学交往互动，相互分享和传递各自区域文化的价值观念。这种同伴群体间的文化沟通交流，有助于大学生形成更加开放包容的价值观，并促进不同文化背景下的价值观念的融合和创新。例如，通过与不同文化背景的同学交流，大学生可能会接触到不同的思想观念和生活方式，从而拓宽自己的视野，认识到世界的多样性和复杂性。

(二) 不同区域文化对大学生价值观塑造的差异

1. 职业选择与生活方式的偏好

不同区域的文化背景对大学生的职业选择和生活方式偏好产生了显著影响。在某些地区，文化鼓励创新和冒险精神，因此当地的大学生可能更倾向于选择创业或从事高风险、高回报的职业。相反，在其他地区，文化更注重稳定和保守，导致当地大学生更倾向于选择稳定的公务员或教师等职业。同样，生活方式上的差异也很显著，不同文化背景下的大学生可能拥有不同的消费观念和休闲方式。

2. 社交方式与人际关系的处理

区域文化对大学生的社交方式和人际关系处理也有显著影响。在一些强调集体主义和人情世故的地区，大学生可能更加注重人际关系的和谐，善于运用各种社交技巧来维护关系；而在一些强调个人主义和竞争精神的地区，大学生可能更加注重个人能力的展示和竞争意识的培养。

二、教育策略与建议

(一) 加强区域文化研究与教育

加强区域文化研究与教育是培养大学生积极健康的价值观的重要途径之一。高校应该深入挖掘区域文化的深层内涵和价值观念，并将其融入课程教学中，如通过开设相关课程、举办讲座、组织实地考察等方式，以帮助大学生深入认识和了解自己所属区域的文化特点，增强文化认同感和自豪感，进而形成积极向上的价值观。

(二) 注重价值观教育的多元化和开放性

在进行价值观教育时，应注重多元化和开放性。高校应尊重不同区域文化的差异性和多样性，不断引导大学生以开放的心态看待其他区域文化，学会尊重和理解不同文化背景下的价值观念和行为方式。通过多元化和开放性的教育方式，帮助大学生更好地适应多元文化社会，增强跨文化交流与合作的能力，促进价值观的形成与发展。

(三) 强化实践育人环节

强化实践育人环节也是培养大学生积极健康的价值观的重要手段。高校应加强与社会的联系，为大学生提供更多的实践机会和平台。通过社会实践、志愿服务、实习实训等方式，让大学生在亲身体验中感受社会责任和公民意识，培养他们的创新精神和团队合作能力。这样的实践活动不仅可以让大学生将所学知识应用于实践中，还可以培养他们的社会责任感和实践能力，从而促进其积极健康的价值观的形成。

(四) 建立健全心理辅导机制

建立健全心理辅导机制也是非常重要的。他们可能会面临各种各样的心理困扰和挑战，这些问题可能会影响其积极健康的价值观的形成。高校应该建立健全心理辅导机制，通过心理咨询、心理辅导、心理测评等方式，帮助大学生解决心理问题，引导他们形成健康、积极的价值观。通过这样的心理辅导机制，可以帮助大学生更好地应对生活中的各种挑战和困难，增强其自信心和抗压能力，从而促进其积极健康地成长和发展。

　　加强区域文化研究与教育、注重价值观教育的多元化和开放性、强化实践育人环节以及建立健全心理辅导机制等举措，都可以有效促进大学生积极健康的价值观的形成。这些举措不仅可以增强大学生的文化认同感和自豪感，还可以帮助他们更好地适应多元文化社会，增强其社会责任感和公民意识，从而培养出具有全球视野和国际竞争力的高素质人才。

第六章　区域文化对大学生行为模式的影响

第一节　行为模式的定义与分类

一、行为模式的定义

行为模式是个体或群体在特定情境下表现出的一系列相对稳定和有规律、可重复的行为特征。这些模式由内在心理机制驱动，具有一定的预测性和解释性，反映了个体或群体对特定情境的适应方式和反应方式。行为模式的形成受到多种因素的影响，包括遗传、环境、文化和教育等因素。

行为模式的研究是跨学科的，涉及心理学、社会学、人类学、生物学等多个学科领域。这些学科从不同角度探究行为模式的形成和影响因素，共同构成了对行为模式研究的丰富内涵和广阔视野。

行为模式的形成受到遗传因素的影响。个体的遗传基因会影响其行为倾向和特征，从而在特定情境下表现出一定的行为模式。例如，某些基因可能与情绪调节、冲动控制等心理特征相关联，影响个体在面对压力或挑战时的行为表现。

环境因素也对行为模式的形成起着重要作用。个体所处的环境包括家庭、社会、学校等，这些环境会对个体的行为产生影响，并塑造其行为模式。例如，一个成长在和睦家庭中的个体可能会展现出较为积极、合作性的行为模式，而一个成长在紧张冲突环境中的个体可能会表现出较为消极、攻击性的行为模式。

文化因素也在行为模式的形成中发挥着重要作用。不同的文化背景会赋予个体不同的行为期待和行为规范，从而影响其行为模式的表现。例如，一些文化强调个人主义和自我表达，而另一些文化则更注重集体利益和社会和谐，会导致不同文化背景下的个体表现出不同的行为模式。

教育因素也对行为模式的形成产生影响。个体在接受教育的过程中会获得知识、技能和价值观念，这些都会影响其行为模式的发展。例如，受到良好教育的个体可能更倾向于采取理性、负责任的行为模式，而受教育程度较低或教育质量较差的个体则可能表现出不同的行为模式。

二、行为模式的分类

行为模式可以从多个维度进行分类，以下是几种常见的分类方式。

（一）按行为表现形式分类

1. 显性行为模式

（1）显性行为模式的特点

显性行为模式具有直观性。这意味着这种行为模式可以被外界直接察觉和观察，无须进行深入的解读或分析。举例来说，一个人的语言、肢体动作或者表情都属于显性行为模式，因为它们可以直接被他人感知到。

显性行为模式通常具有一定的稳定性。这意味着这些行为模式在一段时间内保持相对恒定，不易受外界因素的影响或干扰。一个人习惯性地礼貌待人，行为举止等就是一种稳定的显性行为模式。

显性行为模式具有可测量性。这意味着这些行为模式可以通过观察、记录和统计等方法进行量化分析。可以通过观察一个人在工作场所的表现，如出勤率、工作效率等来评估其工作表现。

（2）显性行为模式的影响因素

首先是遗传因素。个体的基因遗传可能会影响其行为模式的形成。例如，某些遗传性疾病可能导致特定的行为表现，如孤独症患者的社交行为模式与一般人有所不同。

其次是环境因素。个体的成长环境、教育背景、文化背景等都会对显性行为模式的形成产生影响。不同的家庭环境、社会文化背景可能导致个体在行为方式上存在差异。

还有一个重要因素是学习经历。个体在成长过程中通过学习和模仿形成的习惯和行为模式也会对显性行为模式产生影响。例如，一个人在工作环境中所学到的职业技能和职业行为准则等都属于这种学习经历的范畴。

（3）显性行为模式的应用

在人际交往中，通过对显性行为模式的观察和分析，可以更好地理解他人的意图和情感状态，从而增进人际交往的效果。

在心理治疗领域，显性行为模式可以作为评估个体心理状态和情绪状态的依据之一，有助于制定针对性的治疗方案。

在人力资源管理领域，显性行为模式可以作为评估员工职业素养和工作能力的依据之一，有助于优化人才选拔和培养策略。

显性行为模式的特点、影响因素以及应用领域的了解对于理解人类行为和社会互动具有重要意义，同时为心理治疗、人际交往和人力资源管理等领域的实践提供了有益的参考依据。

2.隐性行为模式

（1）隐性行为模式的特点

隐性行为模式具有内隐性、深刻性和稳定性等特点，对个体的思维、情感、决策等方面产生着重要影响。

隐性行为模式的特点在于其内隐性、深刻性和稳定性。内隐性指的是这种行为模式发生在个体内部，不易被外界直接观察和测量，需要通过深入的心理分析和行为解读才能揭示其本质。深刻性则表明隐性行为模式对个体的思维、情感、决策等方面产生深刻影响，是个体行为的重要驱动力。稳定性意味着隐性行为模式通常具有一定的稳定性，不易受外界因素的干扰，是个体长期形成的心理特征。

（2）隐性行为模式的影响因素

隐性行为模式的形成受到多种因素的影响。遗传因素是其中之一，个体的基因遗传对隐性行为模式的形成具有一定的影响，如某些遗传性疾病可能导致特定的心理特征。环境因素也是重要因素之一，个体的成长环境、教育背景、文化背景等都会对隐性行为模式的形成产生影响。社会因素包括社会文化、价值观念、人际关系等，这些因素也会对隐性行为模式的形成产生影响。个体在社会化中会不断吸收和内化这些社会因素，形成具有社会特色的隐性行为模式。

（3）隐性行为模式的应用

在心理咨询与治疗方面，对隐性行为模式的深入分析和理解可以帮助个体识别并改变不良的心理过程和行为习惯，促进个体心理健康的发展。研究员工隐性行为模式可以帮助企业更好地了解员工的心理需求和动机，优化激励机制和管理策略，提高员工的工作满意度和绩效表现。在市场营销与广告方面，通过对消费者隐性行为模式的研究，企业可以更准确地把握消费者的心理需求和购买动机，制定更有针对性的营销策略和广告策略，从而提升产品市场竞争力。

隐性行为模式在多个领域都具有重要的应用价值，通过深入研究和理解隐性行为模式，可以更好地促进个体的心理健康和社会发展。

(二) 按行为发生的环境分类

1. 日常生活行为模式

日常生活行为模式在家庭关系中得到充分体现。个体在家庭中的行为方式和互动方式往往受到家庭文化和家庭教育的影响。例如，一些家庭注重尊重和沟通，家庭成员之间表现出合作和支持，而在另一些家庭中可能更注重权威和纪律，家庭成员之间的关系更加严肃和规范。这些家庭关系中的行为模式反映了个体在家庭环境中所接受的教育和价值观念。

2. 工作学习行为模式

工作学习行为模式则是指个体或群体在工作和学习环境中表现出的行为特征和规律。这些行为模式与个体的职业发展和学习成果密切相关，反映了个体在特定环境中的行为偏好和能力水平。例如，在工作环境中，一些人可能更注重效率和结果，表现出积极主动的工作态度和团队合作精神；而另一些人可能更注重细节和精益求精，表现出严谨和自律的工作习惯。在学习环境中，个体的学习方式和学习策略也反映了其学习目标和学习态度，一些人可能更善于独立思考和自主学习，而另一些人可能更善于进行合作学习和团队讨论。

3. 社交互动行为模式

个体在社交互动中展现出的行为方式和沟通方式反映了其社交能力和个性特征。例如，一些人可能更善于表达自己、交流思想，喜欢参加各种社交活动；而另一些人可能更喜欢独处，表现出内向和谨慎的社交方式。个体的生活习惯，如作息时间、饮食习惯等，也是日常生活行为模式的重要组成部分，反映了个体对生活的态度和追求。

（三）按行为发生的阶段分类

1. 先天性行为模式

先天性行为模式是指个体在出生前就已经确定的行为模式，主要受到遗传因素的影响。这些行为模式通常与个体的遗传基因有关，例如某些遗传性疾病可能导致特定的行为异常，如孤独症、多动症等。这些先天性行为模式通常难以改变，因为它们根植于个体的生物基因之中。

2. 后天习得性行为模式

后天习得性行为模式则是指个体在成长过程中通过学习和经验积累而形成的行为模式。这些行为模式受到环境、教育、文化等多种因素的影响，具有一定的可塑性。例如，一个人在成长过程中通过学习和模仿形成的社交技能、职业技能、习惯养成等都属于后天习得性行为模式的范畴。这些行为模式通常可以通过适当的教育、训练和行为干预来进行调整和改变。

行为模式作为个体或群体在特定情境下表现出的行为特征和规律，具有重要的研究价值和应用意义。通过对行为模式的深入研究和理解，我们可以更好地预测和解释人类行为，指导行为改变和优化决策过程。例如，在医学领域，研究先天性行为模式可以帮助科学家们更好地理解遗传性疾病对个体行为的影响，并为相关疾病的治疗和预防提供依据。在心理学领域，研究后天习得性行为模式可以帮助心理学家了解人类行为的塑造过程，从而设计更有效的心理治疗方案。

未来，随着科技的发展和研究的深入，我们对行为模式的研究将取得更加丰富的成果和更为广泛的应用前景。随着基因编辑技术的不断发展，人们或许可以通过干预个体的基因来改变其先天性行为模式；随着大数据和人工智能技术的应用，我们也可以更准确地分析和预测个体的后天习得性行为模式。

第二节　大学生行为模式的区域文化特点

一、社交行为的差异

(一) 区域文化对社交行为的影响机制

1. 价值观导向

不同地区的文化背景和价值观念对大学生的社交行为产生着深远的影响。不同区域文化中的价值观对社交行为起着导向作用。在一些注重集体主义和家族文化的地区，个体的社交行为更加注重团队合作和家族利益，强调和谐与共赢。相反，在个人主义盛行的地区，个体的社交行为可能更加注重个人利益和自由表达，强调竞争与独立。这种价值观导向使大学生在社交中展现出不同的行为方式和态度。

2. 习俗规范

习俗规范在区域文化中也对社交行为具有约束和调节作用。不同地区的习俗规范差异较大，社交场合中的礼仪和仪式可能在一些地区非常烦琐和讲究，而在另一些地区可能更加随意和开放。这些习俗规范不仅影响着大学生的社交方式，也反映了他们对社交关系的看法和期待。大学生需要根据所处地域的文化特点，灵活调整自己的社交行为，以便更好地适应当地的习俗和规范。

3. 语言沟通

语言沟通也是影响大学生社交行为的重要因素。不同区域文化中的语言习惯和沟通方式存在差异。例如，在一些地区，人们可能习惯于使用委婉和含蓄的表达方式；而在另一些地区，人们可能更加注重直接和坦诚的沟通风格。这些语言沟通的差异不仅影响着大学生与他人交往的效果，也反映了他们对自我和他人的认知和评价。大学生需要在跨文化交流中学会理解和尊重不同的语言习惯，以促进有效的社交互动和沟通。

不同区域文化对大学生的社交行为产生着重要影响，价值观导向、习俗规范和语言沟通是其中的关键因素。大学生应该认识和理解这些文化差异，以建立积极健康的人际关系，并促进跨文化交流和发展。

(二) 大学生社交行为的区域文化特点

1. 南方文化与北方文化

南方文化和北方文化在社交行为上表现出明显的差异。南方文化注重细腻和人情味儿，强调人与人之间的情感联系和互动；而北方文化则更加注重直率和实用性，强调事务的效率和结果。这种文化差异导致南方大学生在社交中可能更加注重情感交流和人际关系的建立，而北方大学生则可能更加注重直接解决问题和达成目标。

2. 东部文化与西部文化

东部文化受到国际化和现代化的影响较深，强调开放和包容；而西部文化则更加注重传统和保守。这种文化差异导致东部大学生在社交中可能更加开放和易于接纳不同文化，而西部大学生则可能更加注重传统礼仪和习俗的遵守。

3. 城乡文化差异

城乡文化差异也影响着大学生的社交行为。城市文化注重个体发展和自由表达，强调竞争和创新；而乡村文化则更加注重集体主义和家族观念，强调和谐与稳定。这种文化差异导致城市大学生在社交中可能更加注重个人能力的展示和竞争意识的培养，而乡村大学生则可能更加注重团队合作和家族利益的维护。

(三) 区域文化对大学生社交行为的影响

区域文化对大学生社交行为的影响是多方面的，既有积极的方面，也存在挑战和限制。了解这些影响有助于我们更好地理解不同文化背景下的社交行为，并为大学生提供有效的社交指导和支持。

区域文化可以塑造大学生独特的社交风格和交往策略，增强他们在不同文化背景下的适应能力和竞争力。例如，一些地区的文化强调团队合作和集体主义，这种价值观有助于培养大学生的团队协作精神和集体荣誉感。在这样的文化氛围中，大学生更倾向于以团队为单位进行社交活动，重视团队的利益和集体的荣誉。文化注重个人主义和自由竞争，这种价值观则激发了大学生的创新精神和竞争意识。在这样的文化背景下，大学生更倾向于追求个人价值和自我实现，注重个人的成就和竞争优势。

区域文化也可能对大学生的社交行为产生挑战和限制。例如，一些地区的习俗规范可能过于烦琐和保守，限制了大学生在社交中的自由发挥和创新意识。在这样的文化环境中，大学生可能会受到传统习俗的束缚，难以展现个性和独特的社交风格。一些地区的语言沟通习惯可能存在障碍和误解，影响了大学生与他人交往的效果和深度。不同地区的语言和交流方式可能存在差异，造成沟通上的障碍和误解，这就需要大学生具备跨文化沟通的能力和技巧，以更好地应对这些挑战。

不同区域文化之间的差异也可能导致大学生在跨文化交往中出现文化冲突和误解，大学生可能需要面对来自不同文化背景的同学、同事和朋友，需要他们具备跨文化沟通的能力和技巧，以建立良好的跨文化关系。在这样的情况下，大学生需要学会尊重和理解不同文化之间的差异，避免因文化冲突而产生的误解和矛盾，以促进跨文化交流和合作的顺利进行。

了解并应对这些影响，有助于大学生在不同文化背景下更加自信和适应，提升其社交能力和跨文化交流的能力。我们应该尊重和理解不同文化之间的差异，为大学生提供多元化和包容性的社交环境和支持。

二、学习态度的差异

(一) 区域文化对学习态度的影响机制

1. 教育价值观

在不同地区的文化背景下，教育价值观呈现出显著的差异。一些地区强调教育的实用性和功利性，注重学习成绩和就业前景。在这些地区，教育被视为获取技能和知识的手段，学习的动机主要来自对未来职业发展的追求。另一些地区更加注重教育的内在价值和人文精神，强调批判性思维和创新能力的培养。教育被看作个体全面发展的重要途径，学习的目标更多地关注个人成长和社会责任。

2. 教育传统与习惯

各地区的教育传统和习惯也会对大学生的学习态度产生重要影响。例如，一些地区可能注重应试教育和题海战术，强调记忆和应试技巧。在这样的教育体系中，学生被培养成为应对考试的高效机器，学习的目的在于应付考试，获取好成绩。而另一些地区可能更加注重素质教育和实践能力的培养，强调批判性思维和创新能力。学生被鼓励发展独立思考和创造力，学习的过程更加注重启发式教学和实践探究。

3. 家庭期望与社会环境

家庭期望和社会环境也是影响大学生学习态度的重要因素。不同地区的家庭对子女的教育期望和社会对学历的要求存在差异。在一些地区，家庭期望子女用优秀的学业成绩来实现社会地位的上升和家庭的荣誉。而在另一些地区，家庭更加注重子女的个性发展和价值观培养，社会也更加关注个体的创新能力和综合素质。这种差异会导致大学生在学习上产生不同的压力和动力，进而影响他们的学习态度和学习行为。

不同地区文化中的教育价值观、传统习惯以及家庭期望和社会环境等因素，都会对大学生的学习态度产生重要影响。大学生应该认识并理解这些文化差异，根据自身情况调整学习目标和方法，努力成长为具有综合素质和创新能力的人才。

(二) 大学生学习态度的区域文化特点

1. 东部沿海地区与内陆地区

东部沿海地区与内陆地区在学习态度上存在着一定的差异。东部沿海地区由于经济发达、对外开放程度高，更加注重创新性和实用性。东部沿海地区的大学生往往更加注重实践能力和创新思维的培养，更倾向于选择具有挑战性和实用性的课程和学习内容。相反，内陆地区可能更加注重传统知识和应试技巧的学习，更倾向于选择稳定和安全的学习路径。

2. 南方文化与北方文化

南方文化注重人文精神，而北方文化则更加注重实用性。这种文化差异导致南方大学生可能更加注重学习的内在价值和人文精神的培养，而北方大学生则可能更加注重学习成绩和就业竞争力的提升。

3. 城乡文化差异

城乡文化差异也是影响大学生学习态度的重要因素。城市文化更加注重个体的发展，强调创新和竞争；而乡村文化则更加注重传统和保守，强调稳定和安全。

中国不同地区的文化背景和社会环境在一定程度上塑造了大学生的学习态度。了解和尊重这些地域文化差异，有助于更好地指导大学生的学习，提高其学习的有效性和积极性。

(三) 区域文化对大学生学习态度的挑战

区域文化对大学生学习态度的影响是多方面的，既有积极的一面，也有消极的一面。了解并正视这些影响，有助于我们更好地理解不同文化背景下的学习态度，为大学生提供有效的学习指导和支持。

区域文化可以激发大学生的学习动力和创新精神。文化传统对教育的重视和鼓励，可能会激发大学生对知识学习的热情和追求。这种文化氛围下，大学生可能会更加重视学业，积极参与各种学习活动，并且具备持之以恒的学习态度。一些地区的文化注重创新和思维的发展，这种价值观有助于培养大学生的创造力和独立思考能力，使他们在学习过程中更加积极主动，更具有创新精神。

区域文化也可能对大学生的学习态度产生消极影响。一些过于功利或保守的教育价值观和教育传统，可能限制了大学生的创新能力和综合素质的提升。大学生可能会更加注重功利性的学习成果，而忽视了学习过程中的探索和思考。一些地区的文化可能过于封闭或保守，限制了大学生的视野和学习范围，影响了他们的创新思维和跨文化交流能力的培养。

我们需要正视区域文化对大学生学习态度的挑战，并采取积极的措施加以应对。高校应该加强跨文化教育和交流，帮助大学生拓宽视野、增强文化适应能力。通过开展多样化的文化交流活动和国际交流项目，让大学生接触和了解不同文化背景下的学习方式和价值观，从而拓宽他们的学习视野和思维方式。另外，高校也应该注重培养学生的批判性思维和创新能力，鼓励他们勇于尝试、敢于创新。通过开设创新教育课程、组织创业实践项目等方式，培养学生的创新意识和实践能力，提升他们的学习态度和能力。

未来，随着社会的不断发展和文化的交流融合，大学生学习态度的区域文化特点可能会发生变化。

三、生活方式的差异

(一) 区域文化对生活方式的影响机制

1. 价值观导向

不同地区文化中的价值观对大学生的生活方式产生了显著的导向作用。一些地区注重集体主义和家族文化，大学生的生活方式更加注重与家人的联系和团聚。在这样的地区，家庭和谐与亲情被视为重要的生活价值，大学生更倾向于将更多的时间和精力投入家庭关系的维护和培养中。而在另一些地区，大学生的生活方式可能更加注重个人自由和独立。个人成长和实现被看作更为重要的生活目标，大学生更倾向于追求个性化的生活方式和独立的生活态度。

2. 习俗规范

习俗规范在塑造大学生生活方式中发挥着重要的约束和调节作用。不同地区的习俗规范存在着明显的差异性。在一些地区，大学生的日常生活可能受到严格的传统习俗和礼仪的约束。这些传统习俗要求大学生在日常生活中遵守一系列的行为准则和礼仪规范，影响着他们的日常行为和交往方式。在另一些地区，大学生的生活方式可能更加随意和开放，较少受到传统习俗的束缚。大学生更倾向于自由选择自己的生活方式和行为习惯，不受传统规范的过多限制。

3. 自然环境与资源

自然环境和资源也是影响大学生生活方式的重要因素。不同地区的自然环境、气候条件和资源分布，都会影响大学生的日常活动、休闲方式和消费选择。例如，一些大学生可能更喜欢户外活动和探险，因为那里的自然环境适宜户外运动和探索；另一些大学生可能更倾向于室内娱乐和休闲，因为那里的气候条件可能不太适合户外活动。自然环境与资源的差异也会影响大学生的生活方式选择。

不同地区文化中的价值观、习俗规范和自然环境与资源等因素，都对大学生的生活方式产生着重要影响。大学生应该根据自身情况调整生活方式，追求符合自己价值观的生活方式，实现个人成长和幸福生活。

（二）大学生生活方式的区域文化特点

1. 南方文化与北方文化

在中国文化中，南方文化和北方文化在生活方式上表现出明显的差异。南方气候湿润，注重生活品质，因此南方大学生可能更注重饮食的健康与精致，喜欢品茶、赏花等节奏较慢的生活方式；而北方气候寒冷，生活节奏较快，北方大学生可能更注重实用和效率，喜欢户外运动和集体活动。

2. 东部文化与西部文化

东部沿海地区经济发达，国际交流频繁，因此东部大学生可能更加注重时尚和潮流，喜欢尝试新鲜事物，消费观念也更加开放；而西部地区可能更注重传统和稳定，大学生的生活方式可能更加朴素和节俭。

3. 城乡文化差异

城市文化注重现代化和便捷性，因此城市大学生可能更喜欢网购、外卖等现代化生活方式，社交活动也更加丰富多样；而乡村文化注重自然和环保，乡村大学生可能更喜欢户外活动和农耕体验，生活方式更加贴近自然。

（三）区域文化对大学生生活方式的挑战

区域文化对大学生生活方式的影响既有积极的一面，也有消极的一面。积极影响方面，区域文化可以丰富大学生的生活体验，拓宽他们的视野，增强他们的文化适应能力；消极影响方面，一些过于保守或功利的区域文化可能限制了大学生的创新精神和个性化发展。我们需要正视区域文化对大学生生活方式的挑战。要大力加强跨文化教育和交流，帮助大学生开阔视野；另外，高校也应该注重培养大学生的批判性思维和创新能力。

总而言之，不同地区的文化特色对大学生行为模式产生了深刻影响。这些差异不仅反映了不同地区的文化传统和社会环境，也为高校教育和管理提供了有益的参考。

第三节 区域文化对大学生行为模式的主要影响

一、区域文化对大学生行为模式的影响机制

(一)社会化过程

1.区域文化对大学生行为模式的影响内容

(1)家庭教育与社会期望

家庭教育在塑造大学生的行为模式和价值观方面起着关键作用。家庭是大学生社会化的第一课堂,家庭教育方式、家庭氛围以及家庭成员的行为模式都会对大学生产生深远的影响。在特定区域文化背景下,家庭教育往往承载着该区域的社会期望和价值观,通过日常互动和教育实践,将这些期望和价值观传递给下一代。例如,某些地区注重集体主义和家族荣誉,家庭教育可能强调服从、尊重和忠诚;而在注重个人主义和自由精神的地区,家庭教育可能更加注重独立、创新和批判性思维。

(2)学校教育与社会规范

学校教育也对大学生的行为模式和价值观产生了深远影响。学校是大学生社会化的重要场所,学校的教育理念、教育方式以及学校文化都会对大学生产生深刻影响。学校教育往往承载着传承和弘扬该区域文化的使命,通过课程设置、教育方式和社会实践等方式,将区域文化的社会规范和价值观传递给大学生。例如,某些地区注重纪律和服从,学校教育可能更加强调秩序和规则;而在注重创新和探索的地区,学校教育可能更加注重创新和批判性思维。

(3)同伴群体与亚文化

同伴群体也在塑造大学生的行为模式和价值观方面发挥着重要作用。同伴之间的互动和交往方式会对大学生产生深刻影响,同伴群体往往形成具有区域特色的亚文化,这些亚文化通过同伴之间的互动和交往方式,将区域文化的价值观和行为模式传递给大学生。例如,某些地区注重集体主义和人际关系,同伴群体可能更加强调合作和团结;而在注重个人主义和竞争精神的地区,同伴群体可能更加注重个人能力和成就。

家庭教育、学校教育和同伴互动是大学生社会化过程中的重要因素，它们共同塑造了大学生的行为模式和价值观。了解这些影响因素，有助于更好地指导大学生的社会化过程，培养他们符合当地文化和社会期望的行为特征和价值观。

2. 区域文化对大学生行为模式的具体影响

（1）价值观和行为取向

不同区域文化中的价值观和行为取向对大学生的行为模式产生着深刻的影响，从社会行为到生活方式，这些文化因素都在塑造着大学生的行为方式和价值取向。不同区域的文化会对大学生的行为模式产生不同的影响。在一些强调集体主义和家族观念的地区，大学生可能更加注重团队合作和家族荣誉，他们倾向于以集体利益为重，尊重长辈，注重家庭的声誉和传统。在强调个人主义和自由精神的地区，大学生可能更加注重个人的发展和自由表达，他们更倾向于追求个人目标和理想，注重个人成就和独立性。

（2）社交方式和人际关系

区域文化也深刻影响着大学生的社交方式和人际关系。不同地区的文化对于人际关系的理解和处理方式存在差异，直接影响了大学生的社交方式。在一些重视人情世故和人际关系的地区，大学生的社交方式可能更加注重礼节和关系维护，他们更倾向于通过建立良好的人际关系来获取支持和资源。而在注重效率和结果的地区，大学生的社交方式可能更加注重直接和高效，他们更倾向于通过实际行动和成果来建立人际关系，注重合作的效率和结果。

（3）生活方式和消费习惯

区域文化还影响着大学生的生活方式和消费习惯。不同地区的文化对于生活方式和消费观念的塑造存在差异，这直接影响了大学生的生活方式和消费习惯。在一些注重生活品质和享受的地区，大学生的生活方式可能更加注重休闲和娱乐，他们更倾向于追求高品质的生活体验和精神享受。在注重实用和节俭的地区，大学生的消费习惯可能更加注重性价比和节约，他们更倾向于理性消费，注重实用性和经济性。

区域文化对于大学生的行为模式、社交方式和生活方式都产生着深远的影响。了解并理解这些文化因素的影响，有助于我们更好地指导大学生的行为和发展，促进他们在不同文化背景下的适应和成长。我们应该重视并尊重不同地区文化的多样性和差异性，为大学生提供更加丰富和全面的成长环境和支持。

（二）心理认同

1. 区域文化对大学生心理认同的影响

（1）价值观塑造

区域文化中的价值观对大学生的心理认同产生着重要影响，从而塑造了他们的行为模式。不同地区的文化价值观存在着差异，这些差异直接影响着大学生对自我、他人和社会的认知和评价。在某些注重集体主义和家族文化的地区，大学生往往更加强调团队合作和家庭责任。这里的文化价值观强调团队利益高于个人利益，家庭责任被视为每个人的首要任务。大学生可能更注重与家人的亲密关系，并乐于为家庭和社区做出贡献。在注重个人主义和自由精神的地区，大学生可能更加注重个人发展和自由表达。个人的独立性和自由意识被视为重要品质，大学生可能更加注重个人成长和自我实现，更愿意追求自己的兴趣和目标。

（2）身份认同

身份认同是区域文化中的另一个重要组成部分，对大学生的心理认同有着深远影响。大学生通过对特定区域的归属感和认同感，形成对自己身份的认知和定位。这种身份认同不仅影响着大学生对自我角色的认知，还影响着他们与外界的互动方式。例如，在某些地区的大学生可能更加注重地域身份的传承和发扬，将这种身份认同融入日常行为，表现出对地方文化和传统的尊重。这种身份认同使大学生更加自豪地展现自己的地域特色，同时促使他们积极参与地区建设和发展。

（3）情感归属

情感归属是区域文化中的另一个重要方面，也是大学生心理认同的情感基础。大学生在特定区域文化的熏陶下，会形成对该地区的深厚情感。这种情感归属不仅增强了大学生对区域文化的认同感和归属感，还激发了他们对该地区发展建设的热情和责任感。这种情感归属会进一步影响大学生的行为模式，使他们在面对问题时更加关注区域的整体利益和长远发展。例如，一位深受地方文化熏陶的大学生可能更愿意为家乡的繁荣与发展而努力奋斗，将个人的成长与地区的发展紧密联系在一起，表现出强烈的责任感和使命感。

区域文化中的价值观念、身份认同和情感归属对大学生的心理认同产生着重要影响，并塑造了他们的行为模式。

2. 心理认同对大学生行为模式的影响

心理认同作为大学生行为模式的内在动力，对其行为选择、行为倾向和行为表现产生深刻影响。在区域文化的熏陶下，大学生形成的心理认同会引导他们在行为上表现出与该区域文化相一致的特点。例如，注重集体主义可能促使大学生的行为更加注重团队合作和家庭责任。心理认同还会影响大学生的人际交往、消费习惯、生活方式等方面的行为模式。

(三) 文化比较与冲突

1. 区域文化对大学生行为模式的几点影响

区域文化是指在某一特定地理区域内形成的独特文化传统和行为方式，它是地域性的文化积淀，承载了地区特有的历史、地理、民俗等元素，对居民的生活方式、价值观念和社会交往方式产生深远影响。大学生作为社会的新生代，在成长过程中深受所处区域文化的熏陶和影响，形成具有地域特色的行为模式。

区域文化对大学生的行为模式产生影响的一个重要方面是价值观念。不同地区的文化背景塑造了居民的价值观念，反映在大学生身上，就体现为他们对于事物的评价标准、人生目标和行为准则的差异。例如，在一些重视家庭和人情味儿的南方地区，大学生可能更加强调孝顺、家庭责任和情感交流；而在一些注重实用性和效率的北方地区，大学生可能更加注重个人成就、事业发展和务实思维。

区域文化在社会规范方面也会对大学生的行为模式产生影响。不同地区的社会规范塑造了人们的社会行为方式和礼仪习惯，这也反映在大学生的行为表现上。例如，在一些强调尊重和谦逊的地区，大学生可能更加注重言谈举止的得体和礼仪规范。

区域文化还影响了大学生的社会交往方式。不同地区的文化传统和交际习惯导致大学生在社交场合中表现出不同的特点。例如，在一些重视人际关系和集体合作的地区，大学生可能更加注重团队精神和合作共赢；而在一些个人主义倾向较强的地区，大学生可能更加注重个人利益和竞争优势。

区域文化对大学生的行为模式产生了深远影响，表现在价值观念、社会规范和社会交往方式等方面。了解并尊重地区文化差异有助于促进大学生的健康成长和适应社会，培养他们具有包容性、开放性和创新性的行为特征，从而更好地适应多元化的社会环境。

2. 文化比较与冲突对大学生行为模式的影响

在全球化的时代背景下，大学生面临与来自不同区域的文化元素和价值观相互接触的情况。这种文化比较与冲突对大学生的行为模式产生了深远的影响，体现在以下几个方面。

首先，文化比较与冲突影响了大学生的认知和理解。当大学生接触到不同区域的文化元素时，他们可能会面临对于陌生文化的认知挑战。这种挑战可能表现为对于不同文化观念和价值观的理解不足或误解。例如，某些文化中的行为举止在另一些文化中可能被解读为无礼或不合适，这可能导致文化之间的冲突和误解。

其次，文化比较与冲突影响了大学生的行为模式和社交方式。不同区域的文化背景塑造了大学生的行为习惯和社交模式。当不同文化背景的人们相遇时，可能会出现行为模式的冲突和不适应。例如，某些文化中的直接表达和坦诚可能与另一些文化中的含蓄和间接表达产生冲突，导致沟通不畅或误解。

再次，文化比较与冲突影响了大学生的价值取向和生活方式。不同文化背景下的人们往往具有不同的价值观念和生活方式。当大学生接触到来自不同文化的人们时，他们可能会面临对于自身价值观和生活方式的重新审视和调整。这种调整可能导致文化认同的困惑和不适，以及对于自身身份和归属感的反思。

最后，文化比较与冲突也为大学生提供了学习和成长的机会。通过与不同文化背景的人们接触和交流，大学生可以拓宽自己的视野，增进对于多元文化的理解和尊重。这种跨文化交流和互动有助于培养大学生的跨文化沟通能力和包容性思维，提升其在全球化时代的竞争力和适应能力。

文化比较与冲突对大学生行为模式的影响是多方面的，既包括认知和理解的困难，也包括行为模式和价值观的调整。大学生需要面对这种文化比较与冲突，积极应对，以实现自身的全面发展和成长。大学教育应该注重培养大学生的跨文化意识和能力，引导他们正确处理文化比较与冲突，为未来的社会交往和职业发展打下坚实的基础。

3.应对文化比较与冲突的策略

（1）加强文化教育

加强文化教育是促进大学生在不同文化背景下行为模式适应的重要举措。通过文化教育，大学生可以了解不同区域文化的特点和价值观，提高他们的文化敏感性和跨文化交流能力。这有助于减少文化冲突和误解，使大学生更好地融入多元化的社会环境。

（2）培养批判性思维

培养大学生的批判性思维也是至关重要的。批判性思维能够帮助大学生独立思考和判断不同文化背景下的价值观和行为模式，使他们能够更加客观地看待文化差异，理性地应对文化冲突。

（3）提供心理支持

提供心理支持也是必不可少的。在文化比较与冲突中，大学生可能会面临心理困扰和焦虑，需要得到及时的心理支持和辅导。心理支持可以帮助他们更好地理解和应对文化冲突，保持心理健康和积极的行为模式。

二、区域文化对大学生行为模式的具体影响

（一）社交行为

社交行为习惯和规范的显著差异，对大学生的社交行为产生直接影响。例如，有些人可能更倾向于保持一定的距离，而有些人可能更倾向于亲密和直接的交流方式。这些社交习惯和规范的差异不仅影响了大学生在社交场合的表现，也反映了他们对人际关系和社交网络的认知和期待。

（二）价值观念

区域文化也深刻影响着大学生的价值观念。价值观念是区域文化的核

心组成部分，直接影响着大学生的行为选择和价值取向。例如，在某些地区，可能强调尊重权威和服从集体；而另一些地区则更注重个人主义和自由竞争。这些不同的价值观念不仅影响了大学生在学习、工作、生活等方面的行为模式，也塑造了他们对自己、对他人、对社会的认知和评价。

(三) 生活方式

区域文化也在影响着大学生的生活方式和消费习惯。在某些地区，人们可能更看重物质享受和奢侈品的消费；而在另一些地区，人们则更注重简约和环保的生活方式。这些不同的生活方式和消费习惯，不仅反映了大学生对生活和消费的态度，也影响了他们在日常生活中的行为选择。

区域文化对大学生行为模式的影响是多维度、多层次的。它不仅表现在大学生的社交行为、价值观念、生活方式等方面，还反映在他们的心理认同和文化选择过程中。我们应该充分认识到区域文化在大学生行为模式形成过程中的重要作用，并在教育和管理中加以利用和引导。通过深入理解和尊重不同地区文化的多样性，我们可以更好地促进大学生的全面发展和社会融合。

第七章 大学生对区域文化的认同与传承

第一节 文化认同的定义与过程

一、文化认同的定义

对文化认同概念的理解，离不开对特定文化环境、认知和评价以及情感归属三个方面的深入了解。文化环境如何影响人们的文化认知，情感归属如何增强对文化的认同，等等。值得我们探究。

(一) 特定文化环境

特定文化环境是文化认同形成的重要基础。文化环境可以是一个国家、一个民族、一个社群或一个亚文化群体等，其具有独特的价值观念、行为规范、历史传统和社会结构等特征。这些特征会直接影响个体或群体对自我和他者文化的认知和评价。在特定的文化环境中，个体或群体接受了这种文化教育、生活方式和社会规范，从而形成了对该文化的认同。

(二) 认知和评价

文化认同涉及个体或群体对自我和他者文化的认知和评价。这种认知和评价是基于经验、知识、信仰、价值观等多个方面的。通过比较和分析不同文化元素之间的差异和共性，个体或群体会形成对自我和他者文化的认知和评价。个体或群体会不断地调整和更新自己的认知和评价，以适应不断变化的文化环境。

(三) 情感归属

情感归属是文化认同的重要组成部分。情感归属指的是个体或群体对某一文化在情感上的认同和归属感。这种情感归属可以基于共同的语言、历史、传统、价值观等多个方面的认同，也可以基于个人经历、情感体验和社交关系等因素的影响。情感归属使个体或群体在心理上获得归属感和满足感，从而增强了对特定文化的认同感和投入度。

总体来说，文化认同是一种群体文化认同的感觉，是一种个体被群体的文化影响的感觉。更深层次地说，文化认同指来自不同文化群体对本文化以及与其他文化关系的评估和判断，也是个体进行文化定位、避免文化焦虑和不确定性的主要方式。

二、文化认同的过程

（一）接触与感知

在接触与感知阶段，个体通过对外部文化环境的感知及与其互动，初步认知和体验到文化的特点和价值观。接触和感知为后续的认知与评价提供了基础，使个体能够在接触中感知到文化的存在，并开始对其产生初步的认识。

（二）认知与评价

在认知与评价阶段，个体对文化进行深入的思考和评价。他们通过学习、观察、交流等方式，逐渐积累文化知识，并形成对文化的全面而深入的认识。个体开始将文化与自己的价值观进行比较和匹配，形成对文化的认知与评价。

（三）情感归属

在情感归属阶段，个体与文化之间建立起深厚的情感联系和身份认同。他们不仅是对文化的认知和评价，更是将文化视为自己身体的一部分，与之产生深厚的情感联系。这种情感联系可以是对文化的热爱、自豪、归属感等积极情感，也可以是对文化的怀念、依恋等复杂情感。

（四）内化与践行

在内化与践行阶段，个体将文化价值观和行为准则内化为自己的思维方式和行为习惯，并在日常生活中践行这些价值观和准则。他们不仅在思想上认同文化，更在行动上践行文化，将文化理念融入日常生活，通过实际行动来传承和弘扬文化。

（五）反思与重构

在反思与重构阶段，个体对已有文化认同进行深度审视和批判性思考，并在此基础上进行文化认同的重新构建。他们通过反思已有的文化认同，评估其合理性、有效性和局限性，以及可能的调整和完善，进而进行文化认同的重构，使其更符合个体的成长和发展需求。

文化认同的过程是一个不断深化和发展的过程，在接触与感知、认知与评价、情感归属、内化与践行以及反思与重构等阶段，个体逐步建立起对文化的认知、情感和行为的整体认同体系，实现了个体与文化之间的密切联系和和谐发展。

三、文化认同的影响因素

（一）内部因素

文化认同的形成和塑造是一个受多种内部和外部因素影响的复杂过程。在内部因素方面，个体的心理、认知、情感、动机、人格特质和自我概念等方面起着关键作用。这些内部因素相互交织，共同塑造着个体对文化的认知、态度和行为倾向。

心理因素在文化认同的形成和发展中起着核心作用。通过满足个体的心理需求、促进自我意识的发展以及参与丰富的文化实践活动，可以有效地增强个体的文化认同感，进而提升整体文化自信和文化认同的深度和广度。

认知因素在文化认同的形成过程中起着重要作用。个体通过感知、记忆、思考等认知过程对文化元素进行加工，形成对文化的认知和理解。这种认知和理解会直接影响个体对文化的接受程度和认同程度。

情感因素也对文化认同产生深远影响。个体对文化的情感反应可以是喜好、厌恶、亲切或陌生等。这种情感反应会影响个体对文化的态度和行为倾向，从而影响其对文化的认同程度。

动机因素是个体行为的内在驱动力，也是文化认同形成的重要因素。个体可能出于自我实现、社交认同、归属感等动机而寻求与某种文化的认同。这些动机会影响个体对文化的选择、接受和内化。

个体的人格特质也会影响其对文化的认同。不同的人格特质会导致个体在文化认同上的差异。一些个体可能更开放和包容，更容易接受和认同不同的文化；而另一些个体可能更保守和固执，对异文化的接受程度较低。

个体的自我概念也会影响其对文化的认同程度。个体根据自己的自我概念来选择和接受与自己价值观相符的文化元素，而排斥与自己价值观不符的文化元素。

(二) 外部因素

在外部因素方面，社会环境、家庭背景、教育背景和媒体影响，这些因素为个体提供了特定的文化环境和文化经验，进而影响其文化认同的形成和发展。

社会环境是个体生活和发展的重要背景，不同的社会环境具有不同的文化特征和价值观念，直接影响个体的文化认同。例如，不同国家和地区的历史、地理、政治因素导致的文化差异会影响个体对文化的认同和态度。

家庭背景对个体的文化认同也具有重要影响。家庭的文化氛围、父母的教育方式、家庭传统等会影响个体对文化的认同程度。例如，家庭文化传承可能会影响个体对家族文化的认同程度。

教育背景则反映了个体获取知识和技能的重要途径。不同的教育环境会提供不同的文化元素和价值观念，影响个体对文化的认知和评价。

媒体作为信息传播的重要渠道，也会影响个体对文化的认同。媒体传播的文化信息会影响个体对文化的认知和态度。例如，媒体对某种文化的宣传和推广可能会促使个体更加了解和接受该文化。

文化认同的形成和发展受到多种内部和外部因素的影响。个体的心理、认知、情感、动机、人格特质和自我概念这些内部因素与社会环境、家庭背景、教育背景和媒体影响这些外部因素相互交织、相互作用，共同塑造了个体的文化认同。

对于个体和群体而言，文化认同具有重要的意义，有助于个体在社会中找到归属感和满足感，促进群体的凝聚力和向心力；有助于促进跨文化间的交流和理解，减少文化冲突和误解。在全球化和多元化的时代背景下，文化认同的重要性更加凸显，需要加强对文化认同形成机制的研究，促进文化认同的多元发展，实现文化的和谐共存。

第二节　区域文化的传承与创新

一、区域文化传承

（一）区域文化传承的意义

1. 维护文化多样性

维护文化多样性，我们需要采取积极有效的措施。要加强文化教育，提高公众对文化多样性的认识和尊重。通过教育引导人们理解和欣赏不同文化，增强文化自信。要保护和传承传统文化。对于濒危的传统文化遗产，要采取有效措施进行抢救和保护；对于活态的传统文化，不仅要鼓励其传承和创新，还要加强其与国际间的交流与合作，推动不同文化之间的对话与理解。

2. 促进地方经济发展

区域文化传承为地方经济提供了独特的资源和品牌。每一个地区都有其独特的文化特色和历史背景，这些都可以成为地方经济发展的重要资源。通过深入挖掘和传承这些区域文化，地方可以形成自己独特的品牌形象，吸引更多的游客和投资者。

3. 增强社会凝聚力

区域文化传承还有助于增强社会凝聚力。通过塑造共同的文化认同、继承和弘扬优良传统以及提供共同的文化活动和交流平台，区域文化传承不仅丰富了地方居民的精神文化生活，更为地方社会提供了强大的凝聚力。

4. 传承历史记忆

区域文化传承是地方社会维系其独特性和连续性的关键。历史记忆的传承显得尤为重要。历史记忆是一个地方、一个民族、一个国家得以凝聚其文化认同、社会凝聚力和国家认同的重要基石。而区域文化传承，正是这些历史记忆得以延续和传承的重要途径。

区域文化传承通过保存历史文物和古迹，传承传统技艺和民俗风情等，使地方的历史记忆得以具体化和生动化。这些文化遗产不仅是物质的存在，更是历史的见证和文化的载体。通过保护和传承这些文化遗产，我们可以更好地了解地方的历史脉络、文化传统和社会变迁，从而建立起对地方的深厚情感。

区域文化传承通过教育、文化活动、社区参与等方式，将历史记忆传递给青年一代。青年一代是地方文化传承和发展的希望所在，他们对地方历史的理解和认同，将直接影响地方文化的未来。通过各种形式的教育和文化活动，让青年一代深入了解地方的历史记忆和文化传统，是区域文化传承的重要任务。

（二）区域文化传承的现状

当前，区域文化传承正面临诸多挑战，这些挑战源自现代化、全球化和城市化等多个方面。

随着现代化进程的加快，许多传统文化元素逐渐消失或被边缘化，青年一代对传统文化的认知和兴趣减弱。现代化的快速发展带来了新的生活方式和价值观念，使一些传统文化在新的社会背景下变得陈旧过时，逐渐失去了吸引力和生命力。

全球化带来的文化同质化趋势也对区域文化的独特性构成了威胁。随着信息交流和人员流动的加速，各地区的文化开始趋同，传统的地方文化逐渐受到外来文化的冲击和影响，导致文化多样性受到威胁，区域文化特色逐渐模糊。

另外，城市化进程中的拆迁、重建等活动也导致了许多文化遗产的消失。随着城市化进程的加速推进，许多历史悠久、具有独特文化价值的建筑和景观被拆除或改建，导致了文化遗产的丧失和传承环境的破坏，给区域文化传承带来了巨大挑战。

尽管面临重重挑战，但令人欣慰的是，越来越多的地方政府和社会组织开始重视区域文化的传承工作，并采取了积极的措施来应对挑战。他们通过制定相关政策、建立文化保护机制、开展文化活动等方式，努力推动区域文化的传承和发展，保护和弘扬优秀的传统文化。

地方政府通过出台相关政策和法规，加强对区域文化遗产的保护和管理，建立文化保护机制，提升文化遗产的保护水平。另外，社会组织和文化机构积极组织开展各种形式的文化活动，包括传统节庆、文化展览、艺术表演等，加强对传统文化的传承和弘扬。

还有一些地方政府和社会组织积极开展文化教育和宣传工作，通过各种渠道向公众传播和普及优秀的传统文化，提高社会大众对传统文化的认知和理解，增强对传统文化的自豪感和认同感。

(三) 区域文化传承的策略

1. 加强文化教育

区域文化传承是保护和传承地方独特文化的重要过程，它涉及历史、民俗、艺术、信仰等多个方面。加强文化教育显得尤为重要，因为文化教育是培养人们对地方文化的认知、认同和尊重的基础。

加强文化教育有助于增强人们对地方文化的认知。地方文化作为区域文化传承的核心内容，包括了该地区的历史、传统、习俗、艺术等多个方面。通过系统的文化教育，人们可以更全面地了解地方文化的内涵和特点，进而形成对地方文化的深刻认知。这种认知不仅有助于传承和弘扬地方文化，还能够激发人们对家乡的自豪感和归属感。

加强文化教育有助于培养人们对地方文化的认同。在全球化和现代化的冲击下，许多地方文化面临被边缘化甚至消失的风险。通过加强文化教育，人们可以更深入地了解地方文化的独特性和价值，从而增强对地方文化的认同感和归属感。这种认同感不仅有助于维护地方文化的传承和发展，还能够促进地方社会的和谐稳定。

加强文化教育有助于增强人们对地方文化的尊重。文化教育不仅是传授知识，更是一种价值观的传递和认同感的建立。通过加强文化教育，人们能够更深入地了解地方文化的历史、传统和价值观，从而增强对地方文化的认同感和尊重。这种教育有助于引导青年学生传承地方文化，铸牢地方文化共同体意识，增强对地方文化的认同和尊重。此外，加强文化教育还能够引导青年学生担当使命、奋发有为，传承和发展地方文化，建设地方现代文明。

2. 挖掘和保护文化遗产

区域文化传承的核心在于挖掘和保护文化遗产，这一过程是地方文化持续发展不可或缺的重要环节。文化遗产作为历史的见证和文化的载体，不仅承载着地方独特的历史记忆和文化传统，也是地方文化特色的重要体现。

挖掘文化遗产是区域文化传承的前提。每个地区都拥有自己独特的历史和文化，这些历史和文化通过一代又一代的传承，形成丰富多彩的文化遗产。随着时间的推移和现代化的冲击，许多文化遗产逐渐被人们遗忘或忽视。挖掘这些被遗忘或忽视的文化遗产，是区域文化传承的首要任务。通过深入调研、挖掘和整理，我们可以重新发现这些文化遗产的价值和意义，为区域文化传承提供丰富的素材和资源。

保护文化遗产是区域文化传承的关键。文化遗产是地方文化的瑰宝。由于各种原因，许多文化遗产面临被破坏或消失的风险。加强文化遗产的保护工作至关重要。这包括制定和完善相关法律法规、加大监管和执法力度、投入更多的人力物力进行保护和修复等。只有保护好文化遗产，才能确保它们得以传承和发扬。

3. 创新文化传承方式

在保护和弘扬地方文化的过程中，创新文化传承方式显得尤为关键。传统的文化传承方式可能已经不能完全适应现代社会的需求，我们需要寻找和创造新的方式来有效地传承地方文化。

创新文化传承方式可以增强年轻人的参与感。年轻人是文化传承的重要力量，但很多时候，传统的文化传承方式可能无法吸引他们的兴趣。通过创新文化传承方式，如利用现代科技手段、开发互动性强的文化活动等，可以激发年轻人的参与热情，使他们更加积极地参与文化传承。

创新文化传承方式可以扩大文化的影响力。传统的文化传承方式往往局限于特定的群体或地域，而通过创新文化传承方式，如利用社交媒体、网络平台等，可以将地方文化传递给更广泛的人群，增强文化的影响力。在当今数字化时代，互联网已成为信息传播的重要平台，利用社交媒体平台和网络直播等方式，可以将地方文化以更加生动有趣的方式呈现给全球观众。例如，可以通过建立地方文化的官方社交媒体账号，定期发布有趣、新颖的文化内容，吸引更多的网民关注和传播，从而扩大文化的影响范围。

创新文化传承方式还可以促进文化的创新发展。传统的文化传承方式可能更注重保持文化的原汁原味，而创新文化传承方式则可以在传承的基础上，加入新的元素和理念，促进文化的创新发展。通过引入现代元素和创意设计，可以为传统文化注入新的活力和魅力，使之更加符合当代人的审美和需求。例如，在传统手工艺品制作过程中，可以加入现代设计元素，推出具有时尚感和个性化的新产品，吸引更多年轻人的关注和喜爱，同时有助于传统手工艺品的传承和发展。

为了创新文化传承方式，我们可以采取多种措施。例如，可以利用现代科技手段，如虚拟现实、增强现实等，为游客提供沉浸式的文化体验；可以开发互动性强的文化活动，如文化工作坊、文化体验活动等，让游客亲身参与文化相关物品的制作和体验；还可以利用社交媒体、网络平台等，将地方文化以更加生动、有趣的方式呈现给更广泛的人群。通过不断探索和实践创新的文化传承方式，我们可以更好地传承和弘扬地方文化，为文化的传承和发展注入新的活力和动力。

4.加强区域间的交流与合作

区域文化传承并非单一地区或民族的事务，而是需要各地区、各民族共同努力、相互合作的过程。加强区域间的交流与合作显得尤为重要，因为它不仅能够促进文化的融合与发展，还能够拓宽文化传承的视野和路径。

加强区域间的交流与合作有助于实现文化资源的共享。不同地区都拥有自己独特的文化资源和传统，通过加强交流与合作，可以实现文化资源的共享和互通有无。这不仅有助于丰富各地区的文化内涵，还能够促进文化的多元发展，让更多人了解和欣赏不同地区的文化特色。

加强区域间的交流与合作有助于推动文化创新。不同地区的文化在交流中会产生碰撞和融合，这种碰撞和融合往往会带来新的创意和灵感。交流与合作可以激发文化创新的活力，推动各地区在文化传承中不断探索新的路径和方法。

加强区域间的交流与合作还有助于提升区域文化的整体影响力。通过交流与合作，可以将各地区的文化特色推广到更广泛的区域，增强区域文化的整体影响力和竞争力。这不仅有助于提升各地区的文化软实力，还能够促进区域经济的共同发展。

二、区域文化创新

(一) 区域文化创新的内涵

区域文化创新是指在特定区域内，以传统文化为基础，结合现代元素和时代需求，通过创造性转化和创新性发展，推动地方文化繁荣与进步的过程。它旨在实现文化的传承与发展、满足人民群众的精神文化需求、提升区域文化软实力。这一概念涵盖了文化内容、形式、传播手段等多个方面的创新，是一个多层面、多维度的复杂过程。

在精神文化层面，区域文化创新涉及整个时代的集体记忆的创新与传承。这意味着不仅要保护传统文化遗产，还要适应当代社会的发展需求，探索新的价值观念和生活方式。这包括对工业遗产的保护与利用，以及对生态和谐的追求。勇于创新、敢于冒险、追求进取的精神也是区域文化创新的核心。维护区域信用和商誉，加强行业秩序和商业道德的自律，推动各类组织间的合作，发扬和谐共赢精神，都是推动区域文化创新发展的重要动力。

在制度文化层面，区域文化创新需要建立和完善相应的制度体系，包括组织创新、机制创新、管理制度创新等。这些制度体系涵盖了人才管理、产权保护、资源配置、信誉评价、税收政策、文化成果评价、监督等多个方面。这些制度的创新为区域文化创新提供了坚实的制度保障，为文化产业和创意产业的发展提供了有力支持。

在物质文化层面，区域文化创新主要体现在文化产品和服务的创新上。这包括文化产业的发展、文化旅游的开发与推广等方面。通过不断创新文化产品和服务，地方文化可以更好地满足人们的精神文化需求，同时能够成为促进地方经济社会发展的重要引擎。

区域文化创新的内涵十分丰富，涵盖了精神文化、制度文化、物质文化等多个层面。要实现区域文化创新，需要企业、政府、社会等各个方面的共同参与和努力。通过区域文化创新，可以推动地方文化的繁荣与发展，满足人民群众的精神文化需求，提升区域文化软实力，促进区域经济社会的全面发展。

(二)区域文化创新的意义

1. 传承与弘扬地方文化

地方文化正面临前所未有的挑战。如何在保持文化独特性的同时将其传承下去并发扬光大，成为各地区文化发展的重要课题。区域文化创新作为一种新的发展路径，能够有效地传承与弘扬地方文化。

区域文化创新强调在特定区域内，推动文化的创造性转化和创新性发展。这一过程不仅涉及对传统文化资源的深入挖掘和整理，还包括与现代文化和科技元素的融合。这种融合不是简单的模仿或复制，而是在保持传统文化精髓的基础上，进行有选择性的借鉴和创新。

保持文化独特性的同时实现传承。区域文化创新注重保持文化的独特性。在创新过程中，通过对地方文化的深入挖掘和研究，可以更好地理解和把握其内在精神和价值观。将这些独特元素融入新的文化产品，使地方文化在保持独特性的同时实现传承与发展。

拓宽文化传承的视野和路径。区域文化创新不仅关注传统文化的保护和传承，还注重与现代文化的交流和融合。通过加强区域间的交流与合作，可以学习借鉴其他地区的成功经验，丰富和完善自己的文化传承体系。借助现代科技手段，如数字化、网络化等，可以拓宽文化传承的视野和路径，使更多人了解地方文化。

提升地方文化的社会影响力。区域文化创新可以推出更多具有地方特色的文化产品和服务，满足人民群众的精神文化需求。这些具有地方特色的文化产品和服务，不仅能够增强人们对地方文化的认同感和归属感，还能吸引更多游客前来参观和旅游，从而推动地方经济的发展。这些文化产品和服务还能提升地方文化的社会影响力，增强其在全球化语境中的竞争力。

区域文化创新是传承与发展地方文化的重要路径。通过结合传统与现代、保持独特性与创新发展，拓宽传承路径与提升社会影响力，可以有效地传承和弘扬地方文化，使之在全球化的大潮中绽放独特魅力。

2. 满足人民群众精神文化需求

随着社会经济的不断发展，人们对精神文化生活的需求也随之增加。区域文化创新成为满足这一需求的重要途径，它能够创造出更多符合时代潮流、贴近人民群众生活的文化产品和服务，从而满足人民群众的精神文化需求。

区域文化具有独特的魅力。它是在特定地域内形成的，承载着地域特色和民族特色。区域文化包含当地人民的生活方式、价值观念、风俗习惯、艺术表现等多个方面，这些元素相互交织，共同构成了区域文化独特的魅力。通过对区域文化的深入了解，人们能够感受到不同地域的风土人情和民族精神，获得丰富的精神体验。

区域文化能够满足多样化的精神文化需求。首先是教育需求。区域文化中蕴含着丰富的历史、民俗、艺术等元素，可作为重要的教育资源，通过学校、博物馆、图书馆等渠道向公众传播，满足人们对知识的渴望和对历史的了解。其次是审美需求。区域文化中的各种艺术表现形式，如民间艺术、地方戏曲、民族音乐等，为人们提供了多样化的审美体验，满足了人们对美的追求。最后是休闲娱乐需求。通过参与区域文化活动，如民俗节庆、文化展览、旅游等，人们可以在轻松愉快的氛围中放松身心，享受精神文化的熏陶。

区域文化与人民群众的紧密联系。区域文化源自人民群众的生活实践，是人民群众智慧的结晶。区域文化与人民群众有着天然的联系。人们可以感受到家乡的文化魅力，增强对家乡的认同感和归属感。区域文化也为人民群众提供了展示自我、交流学习的平台，促进了人与人之间的沟通与理解。

区域文化创新对满足人们精神文化需求具有重要意义。它不仅具有独特的魅力，能够满足人民群众多样化的精神文化需求，还与人民群众有着紧密的联系，为社会各界提供了丰富多彩的文化体验和交流平台。进一步挖掘和发展区域文化，对于丰富人们的精神生活、增进社会和谐稳定具有重要意义。

3.提升区域文化软实力

(1)区域文化提升文化软实力的具体表现

区域文化在提升文化软实力方面扮演着重要的角色，其具体表现和作用可以从以下几个方面来探讨。

首先，区域文化的提升可以增强地区的影响力。通过推广和传播区域文化，外界可以更加深入地认识和了解一个地区，从而提升该地区在国内外的影响力。例如，苏州的园林文化、成都的川菜文化、西安的古城文化等都是中国文化的重要代表，通过对这些地区文化的传播，可以使更多的人了解和认同这些地区，从而增强其在文化领域的软实力。

其次，区域文化的提升可以促进经济的发展。地区的文化特色往往是吸引游客、投资和人才的重要因素。例如，西湖的美丽景色吸引了大量游客，成都的美食文化吸引了众多美食爱好者，这些都为地区经济增长注入了新的活力。文化产业也是一个潜力巨大的经济增长点，通过发展文化创意产业、艺术表演、文化旅游等，可以为地区经济发展提供新的动力。

再次，区域文化的提升可以提升城市的品牌形象。具有独特魅力的区域文化可以成为城市的品牌特色，吸引更多的投资、人才和资源。例如，上海的文化创意产业、杭州的西湖文化、北京的历史文化等都成为这些城市的重要品牌形象，提升了城市的知名度和吸引力。

最后，区域文化的提升可以增强社会的凝聚力。当地的文化传统往往是当地人民的共同记忆和身份认同的重要来源。通过加强对区域文化的传承和发展，可以激发当地人民的文化自豪感和归属感，增强社会的凝聚力和稳定性。例如，一些地方的传统节日、民俗活动等都是人们共同参与的文化盛宴，可以促进社会各界的交流与融合。

(2) 发挥区域文化在提升文化软实力中的作用

为了发挥区域文化在提升文化软实力中的作用，我们可以从以下几个方面进行努力。

首先，需要深入挖掘和整理地方文化资源。每个地区都有其独特的文化传统和历史积淀，需要加强对这些文化资源的挖掘和整理，为文化创新提供丰富的素材和灵感。

其次，需要加强区域文化的推广和传播。通过各种渠道和平台，如互联网、传统媒体、文化节庆等，加强对区域文化的推广和传播，让更多的人了解、认同和参与地方文化。

再次，需要推动文化产业的发展。结合区域文化特色，发展文化产业。可以通过政府扶持、企业投资等方式，促进文化产业的发展，提升地区文化软实力。

最后，需要加强区域间的文化交流与合作。通过加强与其他地区的文化交流与合作，学习借鉴先进经验，促进地区文化的互相借鉴和共同发展，提升区域文化的整体水平和影响力。通过这些努力，我们可以更好地发挥区域文化在提升文化软实力中的作用，推动地区文化的繁荣与发展。

4.促进区域经济社会发展

（1）区域文化对经济发展的促进作用

区域文化对经济发展的促进作用显而易见。区域文化是经济增长的重要引擎之一，通过将历史遗迹、民俗风情、艺术表现等转化为文化产品，如旅游、文化创意、艺术表演等，可以激发文化产业蓬勃发展。这些文化产品的开发不仅为地方经济带来了新的增长点，还创造了大量就业机会，促进了经济持续增长。区域文化能够塑造地区的品牌形象，具有独特魅力的区域文化能够提升地区在国内外市场上的知名度和美誉度，吸引更多的投资和人才流入，从而为地方经济的发展注入新的活力。区域文化中蕴含的创新思维、创业精神等也能够激发个人和企业的创造力，推动科技创新、产品创新和服务创新，提升区域经济的竞争力，实现经济的可持续发展。

（2）区域文化对社会发展的推动作用

区域文化对社会发展的推动作用同样重要。区域文化中共同的价值观、信仰、习俗等能够增强社会的凝聚力，促进社会和谐稳定，减少社会冲突，为社会可持续发展提供了有力支撑。区域文化中的历史、艺术、民俗等元素可以作为教育资源，为教育事业的发展提供重要支持，提高了公众的文化素养和审美水平，促进了社会的文明进步。区域文化中的健康理念、生活方式等也能够引导公众形成健康、文明的生活方式，提高人民群众的生活质量，促进社会的全面进步。

区域文化对经济发展和社会进步具有不可替代的作用。政府和社会各界应该加强对区域文化的保护、传承和创新，发挥其在促进经济增长、增强社会凝聚力等方面的积极作用，推动地方经济社会的全面发展。

（三）区域文化创新的策略

1.深入挖掘地方文化资源

（1）地方文化资源的重要性

地方文化资源的重要性不可低估。这些资源包括历史遗迹、民俗风情、民间艺术、传统工艺、地方文献等，它们是地区独特文化传统的承载者，具有深厚的历史底蕴和独特的艺术价值。通过挖掘这些资源，可以深入了解地区的历史脉络和文化传承，为文化创新提供源源不断的灵感和动力。

（2）深入挖掘地方文化

地方文化资源承载着地区的历史与传统。历史遗迹、地方文献等记录了地方社会的发展历程，反映了人们的生活方式、社会制度以及文化传承。而民俗风情则展现了地方人民的生活习俗、宗教信仰等，是文化传统的生动表现。这些资源不仅丰富了人们的文化体验，更是连接过去与现在的纽带，激励着当代人传承和弘扬地方文化。

深入挖掘地方文化资源有助于推动文化创新。通过加强调研和整理，可以建立完整的文化资源数据库，为文化创新提供丰富的素材和参考。保护和传承民间艺术、传统工艺等，能够保护和传承地方独有的艺术技艺，为当代艺术家提供创作的灵感与借鉴。融合创新是关键，结合现代审美和市场需求，将传统文化与现代技术、设计相融合，开发出具有地方特色的文化产品和体验项目，不仅可以传承文化，还可以赋予其新的时代内涵。

挖掘地方文化资源还有助于地方经济社会的发展。产业开发是其中的重要途径。利用地方文化资源开发文化旅游、文化产品等产业，可以吸引更多游客和更多投资，促进当地经济的繁荣发展。这也有助于增强地方居民的文化自信心和归属感，提升地方的文化软实力。

2.结合现代元素和时代需求

（1）现代元素与区域文化的融合

现代元素与区域文化的融合为区域文化创新提供了丰富的动力和可能性。在当今时代，科技、时尚和国际元素等现代元素与区域文化相互交融，为地方文化注入新的活力和魅力。

科技元素在区域文化中的融合呈现出多样化的形式。现代科技手段如虚拟现实、增强现实和大数据等，为传统区域文化的传承和展示提供了全新的可能性。通过数字化技术，人们可以重现历史场景，让观众仿佛穿越时空，亲身体验传统文化的独特魅力。例如，利用虚拟现实技术，可以将古老的建筑、传统的手工艺品等呈现在人们面前，使观众能够身临其境地感受传统文化的魅力和历史的厚重。大数据技术也可以用于文化资源的整合和挖掘，为地方文化的保护和传承提供更加科学有效的手段。

时尚元素的融合为地方文化注入了现代气息和活力。时尚不仅是一种审美追求，更是一种文化表达和生活态度。将时尚元素融入地方文化，可以使传统文化更加贴近当代人的生活和审美需求。例如，在服饰设计中融入地方特色元素，打造具有时尚感和个性化的服装品牌，吸引更多年轻消费者的关注和喜爱。时尚元素还可以延伸至文化创意产品的设计和推广，如结合传统手工艺与现代设计理念，创作出独具特色的文化艺术品，拓展地方文化的市场和影响力。

国际元素的融合为地方文化赋予了更广阔的视野和国际化的影响力。各地区文化之间的交流和融合越发频繁。结合国际先进文化理念和创新模式，可以为地方文化注入新的活力和内涵。例如，举办国际文化节、艺术展览等活动，吸引国际艺术家和观众的参与，促进不同文化之间的交流与对话。在文化产品的设计和推广中，也可以融入国际元素，使地方文化更具包容性和吸引力，赢得更广泛的国际市场。

(2) 文化软实力与区域文化的合奏

发挥区域文化在提升文化软实力中的作用方面，可以从深入挖掘和整理地方文化资源、加强区域文化推广和传播、推动文化产业的发展以及加强区域文化交流与合作等方面着手。

深入挖掘和整理地方文化资源是提升文化软实力的重要途径。地方文化资源是区域文化的核心竞争力，只有充分挖掘和利用这些资源，才能为地方文化注入新的活力和内涵。政府部门和文化机构应加强对地方文化资源的调查和整理工作，建立健全地方文化资源数据库，为文化创新和传播提供丰富的素材和基础。

加强区域文化推广和传播是提升文化软实力的重要手段。文化推广和传播是让更多人认识和了解地方文化的关键环节，也是提升地方文化影响力和知名度的有效途径。政府部门和文化机构应加强对区域文化的宣传和推广，向公众传播地方文化的特色和魅力。

推动文化产业的发展是提升文化软实力的重要保障。文化产业是现代经济的重要组成部分，也是提升文化软实力的重要载体。政府部门和文化机构应加大对文化产业的扶持力度，鼓励文化企业创新发展，打造具有地方特色和国际竞争力的文化品牌。

加强区域文化交流与合作是提升文化软实力的有效途径。文化交流与合作是不同地区文化之间相互学习、借鉴和合作的重要方式，也是提升文化软实力的有效途径。政府部门和文化机构应加强与其他地区的文化交流与合作，拓展地方文化的影响力和交流渠道，促进文化多样性的发展和繁荣。

3.加强区域交流与合作

（1）区域交流与合作的重要性

区域交流与合作在当今全球化的背景下显得尤为重要，特别是在推动地区文化繁荣与进步方面发挥着关键作用。区域交流与合作能够实现资源共享。不同地区拥有各自独特的文化资源，通过合作交流，可以让各地区充分利用这些资源，推动文化创新与发展。例如，一个地区可能拥有丰富的历史遗迹，而另一个地区则擅长传统手工艺，通过合作，可以将这些资源进行有效整合和利用，推动文化产业的发展。

区域交流与合作能够实现优势互补。不同地区在文化创新方面各有所长，交流与合作可以发挥各自的优势，实现优势互补，共同推动区域文化的繁荣与进步。例如，一些地区可能在艺术表演方面拥有丰富的资源，而另一些地区则在文化创意产业方面有着较大的优势，通过合作可以实现资源的共享与互补，推动文化产业的协同发展。

区域交流与合作有助于扩大影响力。通过区域交流与合作，可以让更多地区了解并参与文化创新，扩大文化创新的影响力，提升区域文化的整体水平和竞争力。例如，通过举办区域性的文化节、艺术展览等活动，可以吸引更多的人群参与其中，增强文化传播的力量和影响力，从而提升地区文化的知名度和美誉度。

（2）加强区域交流与合作的策略

为了加强区域交流与合作，我们可以采取以下策略。

建立合作机制是至关重要的。我们可以建立区域文化合作机制，明确合作目标、任务和责任，推动各地区在文化创新方面的深度合作。可以通过举办交流活动来促进区域文化的交流与合作。例如，定期举办文化节、艺术展览、论坛等活动，为各地区提供展示和交流的平台，促进文化资源的共享与交流。

加强人才交流也是推动区域交流与合作的重要途径。我们可以推动文化领域的人才交流与合作，通过互派访问学者、举办培训班等方式，提升文化人才的专业素养和创新能力。

共同开发文化项目也是加强区域交流与合作的有效方式。我们可以鼓励不同地区共同开发文化项目，如联合打造文化旅游线路、共同开发文化产品等，推动地区文化的共同繁荣与进步。

4.培养文化创新人才

（1）文化创新人才的重要性

文化创新人才在地区文化繁荣与发展中具有至关重要的作用。他们能够推动文化创新，通过创新思维和创造力，不断提出新的文化理念、产品和服务，从而推动区域文化的创新和发展。文化创新人才熟悉地方文化，能够将传统文化与现代元素相结合，实现文化的传承和发展，让地方文化焕发出新的生机和活力。他们也是文化产业发展的重要支撑，通过创意设计和市场营销等手段，能够推动文化产业的发展，提升区域文化的竞争力。

（2）培养文化创新人才的策略

加强文化教育。在地区范围内加强文化教育，提升群众的文化素养和审美水平，为培养文化创新人才奠定坚实的基础。通过学校、社区等平台，普及地方文化知识，培养人们对文化的热爱和认同，激发其参与文化创新的积极性。

建立人才培养机制。建立文化创新人才培养机制，包括设立相关专业或课程、提供奖学金和实习机会等。通过高校、研究机构等渠道，培养具备创新思维和创造力的文化人才，为地区文化创新提供有力的人才支持。

提供实践平台。为文化创新人才提供实践平台，如文化创意园区、文化企业等，让他们在实践中锻炼和提升自己的创新能力。通过实践经验的积累，不断提升其实践操作能力和创新水平，为地区文化创新注入新的活力。

第三节　大学生与区域文化传承与创新的融合

一、大学生对区域文化的传承

(一) 大学生对区域文化的认知

1. 深入了解区域文化的内涵

(1) 挖掘历史底蕴，理解文化根源

大学生应该深入挖掘该地区的历史底蕴。通过研读地方志、历史文献等资料，了解该区域的历史演变、重大事件和文化传承脉络。这样的了解有助于他们理解文化的根源和发展轨迹，从而为后续的文化学习打下坚实的基础。

(2) 体验民俗传统，感受文化魅力

大学生可以通过参与民俗传统活动来感受文化的魅力。民俗传统是区域文化的重要组成部分，反映了当地人民的生活方式和价值观念。参与传统节日、民间活动等，可以让大学生亲身体验文化的魅力，增加他们对区域文化的感性认知，同时促进文化交流与融合。

(3) 研究地域特色，发现文化亮点

大学生可以通过实地考察和访谈调研的方式来研究地域特色，发现文化的亮点。每个区域都有其独特的文化特色，如建筑风格、饮食文化、方言习俗等。深入研究地域特色，可以帮助大学生发现区域文化的独特之处，从而更好地理解和传承这些文化。

2. 增强文化自信与自豪感

(1) 深入学习和了解传统文化

深入学习和了解传统文化是提升文化自信与自豪感的基础。传统文化是一个民族的灵魂和根基，蕴含着丰富的历史智慧和精神内涵。大学生应该通过课程学习、阅读经典、参与文化活动等方式，深入学习和了解传统文化，掌握其基本精神和核心价值观。只有真正了解和认同自己的文化，才能产生深厚的文化自信和自豪感。

（2）积极参与文化实践与传承

积极参与文化实践与传承是培养文化自信与自豪感的重要途径。文化自信与自豪感不仅来自对文化的认知和理解，更来自对文化的实践和传承。大学生应该积极参与各类文化实践活动，如文艺演出、志愿服务、文化传承项目等，通过亲身参与和体验，感受文化的魅力。大学生还应该积极传承和弘扬传统文化，将其融入日常生活，让传统文化在现代社会中焕发出新的活力。

（3）拓宽国际视野，增强文化比较能力

拓宽国际视野，增强文化比较能力也是培养文化自信与自豪感的重要途径。不同文化之间的交流和碰撞日益频繁，大学生应该拓宽国际视野，了解不同文化的特点和价值，增强文化比较能力。通过比较不同文化，大学生可以更加清晰地认识到自己文化的独特性和优势，从而增强文化自信和自豪感。

（二）大学生传承区域文化的意义

1.维护文化多样性

（1）保护和弘扬本土文化

保护和弘扬本土文化是维护中华文化多样性和丰富性的重要任务。每个地区都承载着独特的文化传统和特色，而大学生作为新一代的文化传承者，具有重要的责任和使命。通过深入学习和了解区域文化，大学生能够更好地保护和弘扬本土文化。他们通过参与文化活动、传承传统技艺、研究历史文化等方式，将本土文化的精髓传承下去，让更多的人认识和了解这些宝贵的文化遗产。这不仅有助于增强本土文化的自信心和自豪感，也能够为维护文化多样性做出积极贡献。

（2）促进不同文化间的交流与互鉴

在传承本土文化的过程中，大学生不可避免地会与其他文化进行交流和碰撞。这种交流不仅有助于拓宽大学生的文化视野，也能够促进不同文化间的相互理解和相互尊重。通过比较和借鉴其他文化的优点和特色，大学生可以更加深入地认识到自己文化的独特性和价值，从而更加珍惜和维护文化多样性。这种交流也有助于推动文化创新和发展，为构建人类命运共同体贡献力量。

(3) 培养全球化视野和跨文化交流能力

在全球化背景下，具备全球化视野和跨文化交流能力的人才越来越受到重视。大学生通过传承区域文化，不仅能够深入了解本土文化，也能够培养自己的全球化视野和跨文化交流能力。他们可以通过参与国际文化交流活动、学习外语等方式，增强自己的跨文化沟通能力，为未来的国际交往和合作打下坚实的基础。

2. 促进地方经济发展

(1) 文化旅游业的繁荣

大学生通过深入研究和宣传区域文化，可以吸引更多的游客前来体验。他们利用新媒体平台，发布关于地方特色的文章、图片和视频，引起外界对当地文化的兴趣和好奇。这种宣传效应不仅提升了地方的知名度，还带动了文化旅游业的繁荣。

(2) 文化产业的崛起

大学生参与文化传承和宣传也有助于文化产业的崛起。区域文化中蕴含着丰富的创意元素和商业价值。大学生具备较高的文化素养和创新能力，他们能够将这些元素提炼出来，转化为具有市场竞争力的文化产品。例如，开发具有地方特色的手工艺品、设计独特的文创产品、创作反映地方风情的音乐作品等。这些文化产品不仅满足了人们的精神需求，也为地方经济带来了新的增长点。随着文化产业的崛起，地方经济将更加多元化和富有活力。

(3) 提升地方品牌形象

大学生参与文化传承和宣传有助于提升地方品牌形象。区域文化往往代表着地方的独特魅力和品牌形象。大学生通过传承和弘扬区域文化，能够提升外界对地方的认知度和好感度。这种正面形象不仅有助于吸引更多投资和合作机会，还能够提高当地企业的竞争力和市场份额。随着地方品牌形象的提升，地方经济将迎来更多的发展机遇和空间。

大学生在文化传承与宣传中扮演着重要角色，他们的参与不仅有助于推动地方文化的繁荣与发展，还能够为地方经济的多元化和可持续发展注入新的活力。大学生应当积极参与地方文化的传承与宣传工作，为实现地方经济社会的全面发展贡献自己的力量。

3. 培养社会责任感和使命感

(1) 文化传承与保护的责任感

文化传承与保护的责任感是大学生的重要使命。区域文化作为地方的精神财富和历史遗产，承载着丰富的历史信息和文化价值。随着现代化的推进和全球化的冲击，许多传统文化面临消失和被遗忘的危险。大学生作为文化的传承者和守护者，有责任和义务去学习、深入了解和保护这些宝贵的文化遗产。通过参与文化传承活动、研究历史文化、推广地方文化等方式，大学生可以为保护和传承区域文化贡献自己的力量，让更多的人认识和了解这些独特的文化现象。

(2) 促进社会和谐与进步的使命感

大学生应当怀有促进社会和谐与进步的使命感。区域文化不仅代表着地方的精神风貌和文化特色，更蕴含着丰富的社会价值和道德规范。大学生通过深入学习和实践区域文化，能够深刻地理解其中的核心价值观和道德规范，从而更加积极地参与社会建设和公益事业。他们可以通过参与志愿服务、推广社会正能量、倡导文明行为等方式，为社会发展进步贡献应有力量。大学生还可以通过创新创业、推动文化产业发展等方式，为地方经济的繁荣和发展做出贡献。

(3) 增强民族认同感与国家自豪感

区域文化是中华民族文化的重要组成部分，代表着民族的精神根基和文化自信。大学生通过深入学习和传承区域文化，能够更加深刻地认识和理解自己的民族文化和历史传统，从而增强民族认同感和国家自豪感。这种认同感和自豪感不仅能够激发大学生的爱国热情和奋斗精神，还能够促进国家的团结和稳定。大学生将成为国家建设的重要力量，他们的民族认同感和国家自豪感将为国家的发展提供强大的精神支撑。

(三) 大学生对区域文化的传承实践

大学生在传承和弘扬区域文化方面扮演着重要的角色。他们通过多种方式参与文化活动，利用新媒体平台宣传和推广区域文化，并积极参与文化保护项目，为区域文化的传承贡献力量。这些举措不仅丰富了大学生的文化生活，也为地方文化的传承和发展注入了新的活力。

　　大学生积极参与各类文化活动，亲身体验区域文化的魅力。民间艺术表演、传统节庆活动等都是传承地方文化的重要载体。通过参与这些活动，大学生不仅能够感受传统文化的深厚底蕴，也能够深入了解地方文化的独特魅力。这种亲身体验不仅丰富了大学生的文化生活，也为他们打开了认识地方文化的窗口。

　　大学生善于利用新媒体平台宣传和推广区域文化。新媒体平台成为信息传播的重要渠道。大学生通过微博、微信等社交媒体平台，发布相关文章、图片和视频等内容，让更多的人认识和了解区域文化。这种宣传和推广方式不仅扩大了区域文化的影响力和传播范围，也为地方文化的传承和发展提供了新的机遇和可能。

　　大学生积极参与文化保护项目。在社会发展的过程中，很多地方文化面临消失的危险。大学生通过参与各类文化保护项目，如非物质文化遗产保护、古建筑修复等，学习传统技艺和知识，为地方文化的传承和保护贡献自己的力量。他们的参与不仅有助于传承地方文化，也能够培养其社会责任感和使命感。

　　大学生对区域文化的传承是一项具有重要意义的工作。通过深入了解区域文化的内涵、积极参与传承实践、利用新媒体平台宣传和推广等方式，大学生可以为区域文化的传承和发展贡献自己的力量。这一过程也有助于提升大学生的文化自信与自豪感，培养社会责任感和使命感。社会各界应当共同关注和支持大学生在本土文化传承和发展方面的努力，为文化多样性的维护与发展做出更大的贡献。

二、大学生对区域文化的创新

(一) 创新意识的觉醒与培养

　　大学生需要觉醒创新意识并加以培养。创新是文化持续发展的不竭动力，大学生作为社会的新生力量，应该认识到创新在文化传承中的重要地位。高校和社会应该为大学生提供更多的创新平台和实践机会，培养他们的创新能力和创新精神，为区域文化的创新提供有力的人才支撑。

(二) 深入挖掘区域文化的内在价值

大学生需要深入挖掘区域文化的内在价值。他们应该通过课程学习、实地考察、文化研究等方式，深入了解区域文化的历史传统、民俗风情、艺术表现等方面的内涵。只有深入了解了区域文化的内在价值，大学生才能在此基础上进行创新，避免盲目模仿或脱离传统的做法。

(三) 结合现代元素进行文化再创造

大学生应该结合现代元素进行文化再创造。创新并不意味着完全抛弃传统，而是在传统的基础上进行再创造。大学生可以将传统与现代相结合，创造出具有时代特色的文化产品。例如，可以通过现代设计理念对传统手工艺品进行改造，使其更符合现代审美；或者利用新媒体平台推广区域文化，吸引更多年轻人的关注和参与。

(四) 推动区域文化的跨界融合与发展

大学生可以积极推动区域文化的跨界融合与发展。不同文化之间的交流与融合成为一种趋势。大学生可以通过与其他地区、其他国家的文化交流与合作，将本地区的文化特色传播出去，同时能够引进其他地区、其他国家的优秀文化元素，为区域文化的发展注入新的活力。

(五) 建立文化创新的长效机制与平台

建立文化创新的长效机制与平台也是十分重要的。文化创新不是一时的行为，而是需要建立长效机制与平台来保障其持续发展。大学生可以积极参与或创建文化创新团队、工作室等，为文化创新提供稳定的阵地。高校和社会也应该为大学生提供更多的文化创新项目和资金支持，鼓励他们在创新实践中不断探索和突破。

(六) 培养文化自觉与文化自信

大学生在进行区域文化创新的过程中，需要培养文化自觉与文化自信。文化自觉是指对本土文化的深刻认识和理解，文化自信则是对本土文化的坚定信念和自豪感。只有具备了文化自觉和文化自信，大学生才能在创新过程中保持对传统文化的尊重和传承，同时能够勇敢地探索和创新。这种文化自觉和文化自信不仅能够让大学生在创新实践中取得更好的成果，也能够为区域文化的传承和发展提供有力的精神支撑。

第八章　区域文化与大学生思想政治教育的融合

第一节　区域文化在大学生思想政治教育中的价值

一、区域文化在大学生思想政治教育中的现实意义

区域文化作为中国传统文化的重要组成部分，承载着丰富的历史和文化内涵，反映了世代相传的思想观点、道德意识和行为方式。区域文化涵盖了乡土文化和民俗风情，形成独具特色的文化传统。在高校思想政治教育实践中，充分挖掘区域文化中的优秀内容，与素质教育教学有效融合，可以提高大学生对本土文化的认可度，促使其逐步内化区域文化的内涵，从而增强思想政治教育的有效性。

高校思想政治教育的本质在于将一定社会要求的思想品德规范为内容的教育资源通过教育的形式传授给学生，并促使其内化为自身的政治素养。

在大学生的思想政治教育内化和外化过程中，区域文化资源的作用越发明显，因为"立德之本，莫尚乎正心，心正而后身正"。通过深入挖掘区域文化的思想要素，内修素养、外修德行，可以充分发挥区域文化在高校思想政治教育过程中的促进作用。

在高校思想政治教学工作中，积极发掘区域文化中的思想精华、道德观念以及行为规范，可以为大学生提供丰富的思想资源和道德养料。通过教学实践，引导大学生深入思考、分析和吸收，将区域文化的精髓融入思想政治教育过程中。这样的教育模式不仅能够提升大学生的文化素养和道德修养，也能够激发他们的爱国情怀和社会责任感。

高校还应该注重培养大学生对区域文化的情感认同和价值认同，让他们在接受思想政治教育时深刻理解和珍视自己所处地区的文化传统。通过参与各种文化活动和体验，大学生可以更加深入地了解和感受区域文化的魅力，从而更加积极地投入思想政治教育的学习和实践中。

区域文化在高校思想政治教育中具有重要的促进作用。通过充分挖掘和利用区域文化资源，可以提升思想政治教育的有效性，促进大学生全面发展，培养德、智、体、美、劳全面发展的社会主义建设者和接班人。

二、区域文化在大学生思想政治教育中的实际价值

(一) 政治教育价值

政治观是人们对国家政治关系的根本观点，对大学生进行政治教育能够培养他们的遵纪守法观念，明确自己的责任和使命，做一个忠诚于国家的"合格公民"。区域文化中蕴含的民族精神和时代精神能够强化大学生的国家观念和民族认同，为其树立正确的政治观提供坚实基础。

(二) 道德教育价值

道德是调整个人与社会关系的行为规范，而区域文化中所蕴含的优质道德观、风俗习惯、价值观等能够影响个体的价值选择和行为习惯。通过学习和深入了解区域文化，大学生能够接受良好的道德教育，形成正确的社会主义道德观和共产主义道德观，促进社会风气向上发展。

(三) 生命教育价值

生命教育是关于关爱生命的教育，通过区域文化的丰富内容，大学生能够接触到生命的伟大、珍贵和多样性，从而培养他们对生命的敬畏和珍惜之情。区域文化也可以作为生命教育的载体，丰富生命教育的内容和形式，提升生命教育的人文性和实效性。

(四) 美学教育价值

美学教育能够增强人们的审美能力和审美心理，通过区域文化的艺术表现和文化传承，大学生可以感受到美的力量和魅力，从而提升自身的审美情趣和创造力。区域文化具有丰富的美学资源和优秀的文化形态，能够为大学生提供良好的美学教育环境和资源支持。

区域文化对大学生思想政治教育的价值和作用十分重要，能够为其政

治、道德、生命和美学方面的教育提供丰富的资源和有效的支持。加强对区域文化的挖掘、传承和利用，对于促进大学生思想政治教育的深入开展和提高具有积极的意义和重要的价值。

第二节　区域文化融入大学生思想政治教育的必要性

一、提高大学生综合素养的现实需求

青年一代是国家和民族的未来，他们综合素养的提高对于社会发展具有重要的促进作用。而大学生作为青年代表群体，更是承担着这一责任。他们的综合素养包括思想道德素质、文化素质以及身心健康素质等多个方面。个人修养和综合素质是评价一个人综合素养的重要标准之一，其中个人修养的优劣是综合素质的外在表现，而综合素质则体现在个人修养的内在。随着现代社会竞争的日益激烈，大学生综合素养的提高显得尤为迫切。只有以高标准要求自己，才能在各个方面得到提高，为未来社会的发展贡献力量，为中华民族伟大复兴贡献自己的一份力量。

区域文化不仅承载着丰富的历史信息和文化价值，更代表了一定地域的独特文化特色。将区域文化融入大学生思想政治教育，有助于促进区域特色文化的传承和创新，同时有利于大学生良好思想品德和道德风尚的形成，进而促进大学生综合素养的提升。通过深入学习和理解区域文化，大学生可以树立起对自己民族文化的认同感和自豪感，同时能够拓宽个人的文化视野，提升个人的社会认知能力。在思想政治教育中注入区域文化元素，有助于激发大学生对真善美的追求，树立正确的世界观、人生观和价值观，使其成为具有社会责任感和创新精神的综合发展型人才。

随着教育教学改革的不断深化和市场需求的变化，教育的内容也在不断地调整和创新。大学教育不再局限于知识的灌输，而是更加注重培养学生的综合素养和实践能力。将区域文化融入大学生思想政治教育具有重要的意义。通过深度融合区域文化，可以为大学生提供更为丰富多彩的教育资源，拓宽其文化视野，加深其对文化传承与发展的理解，进一步激发他们对于知识的渴求和对于未来的探索。区域文化的融入也有助于培养大学生的创新精神和实践能力，使其成为具有综合发展能力的社会主义现代化建设的中坚力量。

二、弘扬文化自信的时代课题

文化自信是高校思想政治教育的重要基石，它不仅为教育工作者提供了心理动力，也是培养大学生正确世界观、人生观和价值观的关键。从文化心理的角度来看，只有理直才能气壮，而这种底气来自对事理、物理、道理的理解与认同。民族文化自信扮演着至关重要的角色。通过弘扬区域文化，落实文化自信，进而培养大学生的文化认同感和价值观，是当前高校思想政治教育的重要任务。

区域文化为大学生坚定文化自信提供了保障。思想政治教育作为培养学生文化自信的重要手段，可以通过融入区域文化的教育内容，让学生在实践中感受中华优秀传统文化的魅力，从而激发他们的热情和觉悟。这样的教育方式能够提升学生对本土文化的认同感，使其树立正确的世界观、人生观和价值观，积极努力提高自身综合素养。

区域文化是我国传统文化的精髓，承载着源远流长的民族精神。利用区域文化开展教育活动，能够直接提升大学生的生活情感，增强他们的文化认知。通过具体的文化体验和情感共鸣，大学生能够进一步强化对本土文化的热爱与依赖，从而达到弘扬区域文化乃至中华优秀传统文化的目的。以区域文化为载体，加强大学生对中国传统文化的认同感，将民族文化情结转化为价值观，从而增强民族文化自信，同时将文化自信转化为促发展的动力。

区域文化在高校思想政治教育中具有重要意义。通过深入挖掘、传承和弘扬区域文化，可以有效提升大学生的文化自信，加强他们对中华优秀传统文化的认同感，培养其正确的价值观和责任感。高校思想政治教育工作者应当充分发挥区域文化在教育中的作用，为学生的全面发展和国家的长远发展做出积极贡献。

三、高校推进大学生思想政治教育、教学改革的迫切需要

高校思想政治教育在培养大学生的综合素养，塑造正确的世界观、人生观和价值观方面起着至关重要的作用。良好的思想政治教育可以促进大学

生自觉加强思想道德素质修养，使其专业文化学科知识与思想政治理论相统一，从而提高自身的综合素养，为成为一名合格的接班人奠定基础。大学生要尽早确立可以体现自我价值的人生目标，投身于社会主义建设中，在大局中发挥聪明才智，实现自我价值，为个人和社会的发展贡献力量。

　　贯彻实行党的方针、政策，传递党的崇高理想、信念以及正确的方针路线是至关重要的。这不仅可以提高大学生的综合素质，也为高校的持续发展提供强大的思想保证和精神动力。在当前时期，高校思想政治教育面临新要求、新挑战，需要不断加快教学改革步伐。区域文化作为一种文化力量，为大学生思想政治教育提供了强大的精神动力和智力支持，成为当前思想政治教育的重要资源。

　　区域文化资源是大学生思想政治教育工作的重要载体，能够丰富教育的内容和形式，强化教育质量。通过区域文化活动，将文化与教育深度融合，不仅能够丰富教育的内容和形式，更能够让大学生在潜移默化中接受中华传统文化教育。这种文化与教育的融合，能够让大学生更加深入地了解中国传统文化的魅力，有利于提升高校思想政治工作的成效，也有利于对教育教学改革产生进一步的推动作用。

　　在高校思想政治工作实践中，单纯的理论灌输模式已经不再适用，需要通过更加生动活泼的形式来进行教育。通过大力开展区域文化活动，能够让大学生在愉悦的氛围中接受教育，潜移默化地接受中华传统文化的熏陶，进而提升他们的综合素养。高校应当不断加强区域文化活动的开展，让大学生在文化的熏陶中成长，为建设社会主义事业培养更加优秀的接班人。

第三节　区域文化与思想政治教育融合的价值内涵

一、拓展思想政治教育的载体

　　拓展思想政治教育的载体是当前高校教育的一项重要任务。随着社会的发展和变革，传统的思想政治教育形式已经难以适应当下多元化、复杂化的社会需求，拓展思想政治教育的载体，特别是将区域文化融入其中，成为一种创新的方式。这种方式不仅能够丰富教育内容，还能够增强教育的针对性和实效性。

二、丰富思想政治教育的内容

思想政治教育的内容应该具有文化性，而区域文化正是思想政治教育的一个重要载体。区域文化所蕴含的丰富性和时代性使其在思想政治教育中具有独特的价值。将区域文化融入思想政治教育，不仅能够丰富教育内容，还能够使思想政治教育更加符合时代的需求，推动教育内容和教育形式的不断发展和更新。

三、推动区域文化的传承与创新

推动区域文化的传承与创新是思想政治教育的重要内容之一。思想政治教育的最终目的是提升育人的质量，而文化的传承与创新是实现这一目标的重要途径之一。区域文化作为一种优秀的文化形式，具有丰富的文化特质和内容，可以成为思想政治教育的主要渠道和平台。通过区域文化的熏陶和教育，大学生可以增强对区域文化的认识和理解，从而促进区域文化的传承和发展。

四、有利于增强思想政治教育的实效性

思想政治教育的实效性和针对性密不可分，其核心在于教育内容和方式的选择。传统的思想政治教育存在着僵化和单一化的问题，无法激发教育者和受教育者的积极性。而区域文化作为中国传统文化的重要组成部分，蕴含着丰富的精神内涵和价值观念，可以为思想政治教育提供丰富的资源。区域文化中的民族精神、传统文化等具有丰富的教育意义，能够贴近学生的生活实际，使教育内容更具有针对性。区域文化的融合能够开辟思想政治教育的新途径和新方法，激发学生的学习兴趣和主动性，提高教育的实效性。

五、有利于思想政治教育新模式构建与方法创新

思想政治教育的新模式和新方法对于提高教育效果至关重要。传统的教育方式往往缺乏活力和创新性，难以引起学生的兴趣和共鸣。而区域文化的运用能够为思想政治教育提供新的思路和路径。区域文化本身具有时代性

和创新性，可以为思想政治教育注入新的理念和观念。区域文化的多样性和丰富性为教育方法的创新提供了广阔的空间，可以根据不同地域的文化特点和学生需求，灵活运用多种教育手段和方法，提高教育的吸引力和影响力。将区域文化纳入思想政治教育，有利于构建新的教育模式和方法，推动思想政治教育的创新和发展。

六、有利于高校独具特色的大学文化和大学精神的形成

大学特色文化和大学精神是高校发展的重要标志和内涵。区域文化作为一种独特的文化形态，与大学特色文化和大学精神密切相关。通过挖掘和传承区域文化，可以为高校营造独具特色的文化氛围，形成鲜明的办学特色和精神风貌。区域文化的融合也能够为大学精神的形成提供丰富的精神资源和思想滋养，使大学精神更加饱满和深厚。将区域文化与大学文化相结合，有利于推动大学特色文化和大学精神的形成与发展。

七、有利于高校办学目标的实现和人才培养质量的提升

高校的办学目标和人才培养质量直接关系国家的发展和社会的进步。区域文化作为一种重要的文化资源，对于促进高校办学目标的实现和人才培养质量的提升具有重要意义。区域文化可以为高校提供丰富的教育资源和精神支持，为学生的全面发展提供坚实的文化基础。区域文化的传承与发展也能够为高校的办学目标和人才培养质量提供重要支撑和保障，推动高校向着更高的目标迈进。将区域文化纳入高校思想政治教育，有利于促进高校办学目标的实现和人才培养质量的提升。

由于区域文化历史悠久、特色各异，区域文化的挖掘与研究需要深入持久地进行，特别是与思想政治教育的融合，作为一个崭新的研究领域，更需要加大研究力度，使其与当前文化内涵相结合，去粗取精，去伪存真，与时俱进。

第四节　区域文化融入大学生思想政治教育的路径及案例

一、区域文化融入大学生思想政治教育的路径

(一) 推动区域文化进入课堂

教师可以将区域文化作为公共必修课程的一部分，或者设置专门的区域文化选修课程。在课堂上，教师可以深入研究区域文化，并向学生详细讲解区域文化中包含的人文精神、哲学思想、民间文学、风俗人情、饮食文化等内容。学生可以更加全面地了解区域文化，并将其融入自己的思想政治，成为学生学习成长过程中的养分。

(二) 引导区域文化研究型学生社团

学生社团是学生进行文化交流的重要组织形式。教师可以引导学生社团开展区域文化研究性活动，并给予其积极的思想政治引导。通过以上方式，可以增强学生的思想政治意识，深化区域文化与思想政治教育的有效融合。

(三) 开展户外实地参观活动，增强体验

组织学生进行户外实地参观学习是高校思想政治教育的一种重要方式。在实地参观过程中，学生可以更加直观地感受到区域文化的特征和历史遗迹的厚重感与真实感。通过以上方式可以加深学生对区域文化中所蕴含的价值观和道德观的理解，促进思想政治教育与实践相结合，提升思想政治教育质量。

(四) 组织学生开展以区域文化调查为主题的社会实践活动

区域文化作为中华优秀传统文化的一部分，具有重要的教育价值。教师可以组织学生参与社会实践，深入了解区域文化对当地民众价值观、道德观的影响，并思考区域文化传承的意义。

(五) 组织学生参与区域文化整理、传播等活动

大学生在特定的区域文化氛围中成长，往往会受到该区域文化的熏陶和感染，对其产生亲切感和认同感，进而对该文化产生浓厚的兴趣。这种情况下，充分挖掘和利用区域文化中蕴含的思想政治教育资源，对于高校思想政治教育质量的提升具有重要意义。

挖掘和利用区域文化的思想政治教育资源能够使教育更贴近生活实际和学生需求。结合当地的传统文化、历史故事和价值观念，教育者可以设计更具有说服力和感染力的教育内容，使学生更容易接受和理解。这样的教育方式能够有效提高思想政治教育的实效性。

利用区域文化资源促进大学生融入当地社区，拓展就业和创业空间。通过深入了解和参与当地的文化活动和传统习俗，大学生可以更好地融入当地社区，建立起与当地居民的联系和情感纽带。对于一些涉及传统手工艺、民俗文化等方面的项目，大学生还可以发现创业和就业的机会，为自己的未来发展打下良好的基础。

参与区域文化的整理、传播和活动组织，不仅能够加深大学生对区域文化的认识和理解，还能够激发其对文化传承的热情和责任感。大学生群体具备较高的文化素养，他们是弘扬传播区域文化的新生代主力军。通过组织学生参与文化传承活动，可以锻炼他们的实践能力，提高思想政治教育的质量，同时提升其对本土文化的自信和认同感。

教师应立足学生的实际发展需求，创新传统教学形式，将区域文化与思想政治教育有机地结合起来。通过分析区域文化的特征和教学形式，教师可以设计出更符合学生需求和接受能力的教育内容和方法。这样的教育模式能够最大化地发挥区域文化在思想政治教育中的作用，实现文化与教育的良性互动，为学生的全面发展打下更加坚实的基础。

二、区域文化融入大学生思想政治教育的实践——以潮汕文化为例

(一) 在课堂教学中进行有机渗透

教师可以在课堂上有机地融入潮汕文化的内容。在讲解中华传统节日、

民俗风情等内容时，引导大学生分享家乡的节日习俗和传统做法，并结合现代科学观点对民俗文化进行分析。通过大学生的参与和讨论，教师再总结出正确的观点，使大学生对潮汕文化有更深入的了解。这样的教学方式不仅使大学生更加亲近潮汕文化，也丰富了课堂的教学内容，提高了教学的趣味性和实效性。

(二) 有条件的开设潮汕文化兴趣班

学校可以开设潮汕文化兴趣班，为大学生提供更多体验和了解潮汕文化的机会。例如开设潮剧潮乐班、让古典诗词进校园等，通过兴趣班的形式，让大学生更加深入地了解潮汕文化的传统艺术和文化底蕴。这样的兴趣班既可以丰富学生的校园生活，又可以培养大学生的特长，为弘扬地方文化做出贡献。

(三) 开设专题讲座介绍潮汕文化

学校可以组织专题讲座，邀请专家学者或本校教师来介绍潮汕文化。通过专题讲座，大学生可以系统地了解潮汕文化的历史、传统、特色等方面的知识。利用已有的科研成果和资源共享，可以更加有效地开展潮汕文化教育，提升大学生的文化素养和思想政治素质。

(四) 拓展社会教育，开展实践活动

学校可以组织实践活动，让大学生走出校门，深入了解潮汕文化。通过参观访问潮汕文化景点或馆址，进行实地考察或社会调查，大学生可以亲身感受潮汕文化的独特魅力。这样的实践活动不仅能够增强大学生对潮汕文化的认知和理解，还能够培养其实践能力和团队合作精神。

通过在课堂教学、兴趣班开设、专题讲座和实践活动中有机地渗透潮汕文化，可以有效提升大学生对地方文化的认知和理解，增强其思想政治素养和综合素质，为培养德、智、体、美、劳全面发展的社会主义建设者和接班人打下坚实的基础。

第五节　区域文化与大学生思想政治教育融合实践

一、山西红色文化与大学生思想政治教育的融合

山西红色文化是在革命战争年代，党领导人民经过艰苦卓绝的斗争和浴血奋战，形成的各种物质和精神产品的综合体。这包括遗留下来的革命文物、革命精神等，对大学生的德育起着十分重要的作用。山西红色文化主要包含两个方面的内容，即物质层面和精神层面。物质层面的内容包括遗留下来的旧址、文物和纪念场馆，而精神层面的内容则包括广为传颂的革命精神、红色文艺作品等。这些内容无论是在物质层面还是精神层面，都是中国革命年代不屈不挠奋斗的真实写照，是值得广为传承和弘扬的地方特色文化。

山西传承了革命前辈留下的光荣传统，并通过后期的汇总和完善，将八路军文化史生动地再现于广大人民群众面前。如今的山西，通过弘扬和改造红色文化，充实了太行精神、吕梁精神的内涵，让八路军文化成为中国红色文化的代表之一，成为山西优秀传统文化的重要组成部分。

在山西，后期的开发和整理仍在不断进行。诸如左权、武乡等地都在不断完善红色文化建设，将其以最完美的一面展现在每一个关心革命文化、瞻仰八路军先烈的百姓面前。尤其值得一提的是，作为战略枢纽和指挥中心的武乡县拥有一座纪念八路军取得革命胜利的全国最大的八路军太行纪念馆。这座纪念馆生动地刻画了当时的种种情境，让人感觉仿佛身临其境。而武乡县也在努力成为一个以八路军精神为主的交流平台和展示基地，这一目标的实现指日可待。

山西红色文化是中华民族伟大斗争历程的生动写照，具有深远的历史意义和重要的现实意义。通过对山西红色文化的传承和弘扬，可以不断激发人民群众的爱国情怀和报国之志，为实现中华民族伟大复兴的中国梦凝聚强大的精神力量。

(一) 山西红色文化的形态

1. 红色遗址

(1) 红色根据地和革命老区

山西省作为中国革命的发祥地之一，拥有丰富的红色文化资源。在山西的各个县、乡、农村，都留存着革命遗址，展示着革命历史的重要节点和英雄事迹。这些遗址不仅是革命先烈的纪念地，也是历史的见证者，记录着革命先烈在那个硝烟弥漫的战争年代的艰难历程和伟大胜利。

大同煤矿万人坑遗址纪念馆展示了大同煤矿矿工在艰苦的工作环境下所遭受的残酷压榨和牺牲，彰显了他们为工人阶级利益和革命事业英勇奋斗的精神。这个纪念馆不仅是对矿工们的纪念，也是对革命历史的铭记，提醒人们铭记历史、珍惜现在。

晋中市左权县麻田八路军总部纪念馆、文水县刘胡兰纪念馆、黄崖洞革命纪念地等，记录了众多八路军英雄人物的英勇事迹和革命历史的光辉篇章。这些纪念馆和纪念地是人们缅怀革命先烈、传承红色基因的场所，也是教育青少年树立正确世界观、人生观和价值观的重要平台。

山西省的革命遗址如晋绥、晋察冀、晋冀鲁豫三大革命根据地，兴县"四八"烈士纪念馆，八路军太行纪念馆，平型关战役遗址，太原解放纪念馆，晋绥边区革命纪念馆，等等，都承载着光荣的革命历史，见证着革命先烈的英勇事迹。这些革命遗址不仅是纪念重大革命事件的场所，更是教育人们珍惜和平、勇于奋斗的重要阵地。每一个展览物品都是对历史的再现，让人们清晰地认识到革命先烈为抗战胜利所做出的巨大贡献和牺牲。

在这些革命遗址和纪念馆中，人们可以重温历史、缅怀先烈，也可以深刻领悟到革命的艰辛和伟大。这些地方不仅是对过去的纪念，更是对未来的启示。通过学习和参观这些红色文化遗址，人们可以更加深刻地理解和传承革命先烈的革命精神，也可以增强对祖国的热爱和对和平的珍惜，为实现中华民族伟大复兴的中国梦而不懈努力。

(2) 革命人物

在山西这片革命战场上，抗战将领和革命前辈们将血与泪抛洒，历经艰难险阻，无怨无悔地奉献着自己的一生。他们展现出的坚忍不拔、吃苦耐劳、不畏艰险、勇往直前等精神，是当今人们值得传承和弘扬的主流价值观。这些精神所渲染的氛围不仅能够持续激发人们的斗志，而且具有极强的示范效应，激励着人们不断向前。

在新时期，对革命人物的学习对于大学生思想政治教育的开展具有重要作用。教育者可以通过讲述先烈的革命事迹和革命精神，来激励大学生不惧困难，努力学习。

抗战将领和革命前辈们在山西这片革命战场上的英勇事迹，不仅令人钦佩，而且具有深远的意义。他们面对敌人的铁蹄，毫不退缩，展现出了坚忍不拔的意志和不屈不挠的勇气。他们在极端艰苦的环境下，坚持不懈地战斗，不畏艰险，为国家和人民的解放事业不懈奋斗。

这些革命先烈的精神品质，对当今社会仍然具有重要的启示意义。无论从事何种职业，在哪个领域发展，都需要坚忍不拔的毅力、吃苦耐劳的品质以及不畏艰险的勇气。这些品质是构建社会主义现代化国家、实现中华民族伟大复兴的重要保障。

对抗战将领和革命前辈们的学习，对于大学生思想政治教育具有积极的意义。通过深入学习和传承他们的英雄事迹和高尚品质，可以激励大学生树立正确的人生观和价值观，培养他们坚定的信念和不屈的意志，促使他们更加积极地投身社会主义现代化建设的伟大事业中去。

对革命人物的学习不仅可以激励大学生奋发向上，还可以加强他们的思想政治教育，提升其爱国主义情感和社会责任感，培养他们勇于担当、甘于奉献的精神品质，从而为社会主义事业的发展做出更大的贡献。

2. 红色经典

红色经典是我国特有的记录革命历史的文艺作品，它具有强大的感染力和宣传力，生动地记录了革命战争年代的许多历史事件和英雄人物，通过对红色经典的观赏，我们能够清晰地回忆起当时的历史情境。红色经典的内容涵盖了中国革命的各个时期，旨在记录那些可歌可泣的英雄儿女和历史事件，让我们更直观地了解曾经在山西大地上发生的革命斗争。为了铭记这段历史，我国艺术工作者创作了许多备受好评的电影、歌舞等作品。

在那个令人难忘的年代，耳熟能详的作品如《在太行山上》，生动地再现了革命战士在太行山上的骁勇善战和为国家牺牲的场景，与壮丽的太行山景色相互映衬，让人肃然起敬。另外，经典歌曲《黄河大合唱》则记录了壶口瀑布的雄浑壮丽，表达了作者对祖国大好河山的热爱和对英雄人物的敬佩。而《游击队歌》等作品则赞颂了抗日战争时期军民一心、机智抗敌的英雄壮举，激励着人们铭记历史、勇往直前。

除歌曲之外，一些经典的影视作品也生动再现了那个时代的情境。比如作品《吕梁英雄传》，记录了吕梁山上为夺取抗战胜利而奋勇直前、英勇杀敌的抗战英雄们的故事，将每个英雄人物的个性和壮举描绘得淋漓尽致，激发着人们的爱国情怀和报国之志。

红色经典作为一种特有的文化形式，不仅记录了革命战争年代的历史，更激励着当代人不忘初心、继续前行。通过观赏红色经典，人们能够更加深刻地理解和珍视革命先辈们的奋斗历程，也能够更加自觉地传承和发扬革命精神，为实现中华民族伟大复兴的中国梦凝聚力量。

3. 红色精神

山西，这片古老的土地，孕育着丰富而深厚的红色精神财富。这种精神财富，不是可以用金钱换取的，而是代代相传、历经风雨的宝贵遗产，是党领导山西人民在长期革命斗争中铸就的宝贵精神财富，是一段段鲜活的佳话，一幕幕感人至深的历史场景。

太行精神作为山西的代表性精神之一，被人们誉为"不怕牺牲、不畏艰险，百折不挠、艰苦奋斗；万众一心、敢于胜利；英勇奋斗、无私奉献"的典范。它凝聚了山西人民在革命战争年代的顽强意志和不屈精神，是他们不畏艰险、奋勇向前的真实写照。而吕梁山上的革命情怀，则蕴含着"艰苦奋斗、顾全大局、自强不息、勇于创新"的精神内涵，展现了山西人民不畏困难、敢于拼搏的坚韧品质。

在山西这片土地上，还有西沟精神和大寨精神，它们都以自力更生和艰苦奋斗为核心，代表着山西人民在艰难岁月里自强不息和不屈不挠的精神风貌。这些红色精神，是山西人民在革命年代的真实写照，是他们与时代同行、与命运抗争的生动见证。

这些红色精神并非停留在历史的长河中，而是与时俱进，焕发着新的生命力。在新时代的今天，这些精神财富依然激励着山西人民为实现中华民族伟大复兴的中国梦而努力奋斗。

这些红色精神也成为山西人民的精神基因和文化基石，潜移默化地影响着一代又一代山西人。在教育、文化、社会生活的各个方面，山西人民都在传承和弘扬着这些宝贵的红色精神，培育着社会主义核心价值观，促进着社会和谐稳定。

山西的红色精神财富是一笔珍贵的宝藏，是山西人民的宝贵财富和精神家园。我们应当倍加珍惜、传承和弘扬这些红色精神，让它们在新时代的征程中继续发扬光大，为实现中华民族伟大复兴的中国梦做出更大的贡献。

(二) 山西红色文化融入大学生思想政治教育的措施

1. 政府应发挥主导作用

(1) 完善对红色文化基础设施的构建

大学生作为新时期国家建设和发展的重要力量，经过数十年的努力，不断夯实自己的知识储备，为祖国的繁荣发展贡献一己之力。在党的十八大召开之后，国家对文化建设和发展提出了更高的要求，相关举措为新时期文化的发展提供了有力支持，弘扬先进文化成为主旋律。将先进文化中的红色文化纳入教学模式，尤其是以山西红色文化为代表之一，成为开展思想政治教育的重要内容。

大学生是新时期的领军人物，具有自主的判断能力、行为能力和较高的文化水平与自身修养。对于大学生的培养和教育至关重要，关系着祖国和民族的未来。政府和高校应该加大对大学生的关注力度，同时应加强二者的沟通，特别是在红色文化教育方面，需要政府与高校建立合作关系，形成长期的互动交流模式。政府部门和相关工作单位可以组织革命老区、红色旅游景点或纪念馆的工作人员到高校进行再教育或培训，同时也为在校大学生提供实践和锻炼的机会，从而促进山西红色文化的传承和弘扬。

随着国家对红色文化的重视程度不断提高，各地区开始不断开发和建设红色景区，充分挖掘其中蕴藏的经济效益和精神价值。针对山西红色遗址的开发和利用，政府应加以关注，进行修复，并加大对本土红色文化的投资和宣传力度。应完善相关制度，确保资金和人力资源的充足，鼓励社会资源的参与，以公正透明的方式获得更多人的支持。政府和学校的合作交流模式有利于弘扬山西红色文化，为其融入高校教育提供桥梁。

在宣传和发展山西红色文化的过程中，应将其看作一项公益事业，以最质朴的形式呈现在人们面前，免费开放，使每个想了解山西红色文化的人都能深刻感知其魅力。

政府与学校的合作关系、红色文化的宣传和发展以及大学生的培养和教育都是山西红色文化发展的重要因素。只有加强各方的合作与努力，才能促进山西红色文化的传承和弘扬，实现其在新时期的发展和繁荣。

(2) 加大对山西红色文化的宣传力度

随着社会的不断发展和科技水平的进步，人们沟通交流的方式也在不断变化，传递信息内容的介质也在日新月异的变化中不断创新与发展。文化传播起着至关重要的作用，对社会的安全、人民的安危产生着间接性的影响。

针对山西的历史文化特点，我们应该建立起适合本土发展的文化产品体系。其中，要充分体现省内革命文化的精髓和价值。例如，我们可以创作反映山西地方特色的戏曲，编写歌颂山西革命伟人的歌曲，以及制作映照战争时期劳动人民抗敌的剧本等。通过充分利用省内的各种资源，将这些特有的精神产品加以宣传和发扬，促进山西红色文化的发展，并在文化领域站稳脚跟。值得一提的是，《吕梁英雄传》生动地展现了战争时期党和人民视死如归的革命气概，至今仍然备受欢迎，是优秀的影视作品之一。

我们应该建立一个具有先进性和创造性的新型文化产业体系，符合当下时代发展的需求。例如，地方政府应加大对山西红色旅游资源的开发力度，拓展相关产业，使游客在享受美景的同时能够深受红色文化氛围的熏陶。通过寓教于乐的方式，参与者能够深入领会山西红色文化精髓，提升自身的思想境界。目前，山西的文化产业模式还存在不足，需要合理规划旅游路线，不断完善参观内容，以满足参观者的实际需求。

随着信息技术的不断发展，信息传播工具也在不断更新换代。我们需要充分利用信息技术的优势，为山西红色文化增添更多吸引力。无论是通过手机新闻、社交媒体还是广播电视，都可以传递红色文化的正能量。例如，可以通过手机新闻获取第一手信息，通过微信、微博联系亲友，将红色文化的魅力传递给更多的人。近年来信息技术和网络的发展，为山西红色文化的传播提供了更好的平台。

　　针对大学生的思想政治教育，我们也应该采取创新的教育方式。例如，可以组织红色影片放映、举办红色文化讲座、开展红歌赛等活动。山西师范大学现代文理学院就举办红歌赛等活动，让大学生深刻了解革命前辈的奉献精神。学校宣传部门也可以设立山西红色文化宣传专栏，通过不同形式的宣传，激发大学生的爱国热情，让他们在潜移默化中接受红色文化的熏陶。

　　通过建立适合本土发展的文化产品体系、发展新型文化产业体系、充分利用信息技术发展的优势，以及创新教育方式和载体，我们可以更好地传承和弘扬山西红色文化。

　　2.学校制定可行性方案

　　(1)将山西红色文化纳入教学课堂

　　为了更好地将山西红色文化资源纳入教学课堂，我们应该以马克思主义中国化的最新理论成果作为理论基础和指导思想，为大学生思想政治教育增添更多的动力，指引新的方向。各个院校可以根据自身条件，结合自己的办学特点，融入山西红色文化的内容，改善思想政治教育课课堂的教学方式，激发学生的研究兴趣。

　　学校可以邀请相关专家学者，结合当地的历史文化背景，编撰山西红色文化的教材。这些教材应充分展现山西红色文化所包含的革命精神、革命人物、先进事迹等，从而让大学生更加直观地了解山西红色文化的历史底蕴和伟大意义。在课程的开展过程中，可以先作为选修课程，逐步转变为必修课程，使大学生在学习过程中接触到更多的红色文化知识。

　　教学内容的有效传递离不开教育者的讲授。学校应该加强对教育者的培训和相关方面的建设，提高教师的教学水平和授课能力。教育者要注重教学方法的创新，结合课程内容和大学生的实际情况，灵活运用各种教学手段和工具，激发大学生的学习兴趣和参与度，使课堂教学更加生动有趣。

　　课外实践是一种新的教学模式，可以更直观地让大学生接触到山西红色文化。学校可以组织大学生进行实地考察和参观，走进红色文化的原生地，感受红色文化的浓厚氛围和历史底蕴。通过实践，大学生可以更加直观地了解和体验山西红色文化所蕴含的革命精神和优良传统，从而增强他们的爱国情怀和历史责任感。

　　将山西红色文化引入课堂教学，不仅可以丰富思想政治教育的内容，还可以激发大学生的学习兴趣和参与度，培养他们的爱国情怀和社会责任感。通过不断创新教学方式和方法，结合实际情况，使山西红色文化成为大学生思想政治教育的重要内容，为培养德、智、体、美、劳全面发展的社会主义建设者和接班人做出积极贡献。

（2）纳入实践方案

长期以来，无论是学习还是科研，我们都十分注重实践，将其视作获取真理的唯一标准。缺乏实践支撑的理论只是空谈，无法真正把握事物发展的规律或认识事物的本质。将山西红色文化纳入思想政治实践教学活动，可以激发大学生的学习积极性，使他们愿意主动参与其中，从而实现知识在潜移默化中的获得，并使红色文化得到更高效的传播。

实践活动必须有正确的理论指导，学校应高度重视当前思想政治教育的方式方法，制定正确的教学方案。要充分利用当下的有利条件，与周边的红色景点相统一，创建符合本校特色的红色教育实践基地。加强各校之间的联系，互相参观学习，为本校思想政治教育的发展提供借鉴。通过将课堂教学与实践教学相结合，可以使实践教学成为课堂教学的有力补充，实现双管齐下，推动高校思想政治教育的发展。

各地红色文化基地应立足实际情况，充分利用本地资源优势，优化整合，吸收其他地方的精华，联合推出富有时代特色、通俗易懂、生动活泼的教育实践模式。政府应加大对红色文化基地的关注和支持，确保其充足的资金和人力资源，充分利用社会资源，鼓励社会各界参与投资建设。与各高校学建立合作关系，形成长期的互动交流模式，为红色文化的传承和弘扬搭建桥梁。

大学生作为新时期的领军人物，政府和高校应加强对他们的关注和培养，推动山西红色文化的发展，通过政府与高校的沟通合作，促进红色文化事业的进步。

（3）渲染红色文化氛围

红色文化基地的完善为思想政治教育实践课提供了重要支撑，但同时应该注重校园文化的发展。这不仅是加强和改进教学质量的一个必不可少的方面，更是为了让红色文化深入人心、影响广泛的有效手段。将红色文化融入校园文化的宣传和发扬途径中，是实现大学生思想政治教育目标的重要手段。要充分利用校园文化的重要功能，必须将环境育人和文化育人有机结合，从而使红色文化充分应用于当下的教学实践。

应完善学校的考核制度，将红色文化纳入其中。通过制定完善的考核方法，将有关红色文化的内容纳入教学课程和考试考核中。利用校园的风俗习惯和班级的管理办法，形成系统化的教育教学模式。例如，将红色文化相关内容纳入考试，通过升国旗、举行纪念活动等方式，渲染校园的红色氛围，从而引导学生接受和深入了解红色文化。

需要强化校园的硬件设施。利用校园环境资源，通过命名道路、雕塑、标志等方式，强化红色文化的氛围，增强对大学生的吸引力，加深他们对红色文化的认知。这样的举措能够激发学生的爱国热情，塑造积极向上的思想观念。

充分利用宣传设施，如校园广播站、黑板报、宣传栏等，宣传山西红色文化。通过在校园广播中播放红色文化相关内容，利用宣传栏宣传革命人物或事件，将红色文化融入校园生活的方方面面。通过征稿等形式，鼓励学生积极参与红色文化的传播，增强他们的爱国情怀和责任感。

要营造红色学术氛围，通过邀请知名学者或本校教师开展学术报告会、讲座或论坛，加深学生对红色文化的认识和理解。这样的活动能够为学生提供更多的思想引导和启发，促进他们的全面发展。

将红色文化融入校园文化，不仅是单个学院或班级的事情，更是整个校园都应该渲染的氛围。通过丰富多彩的校园文化活动，让每一个学生都沉浸其中，使思想政治教育能够更好地开展，学生成长成才的道路更加平坦。

(4) 构建红色网络环境

随着时代的进步和科技的发展，网络已经成为我们生活中不可或缺的组成部分。它具有广泛性、时代性和交互性等特征，成为我们进行沟通和交流的重要平台。网络是一把"双刃剑"，既带来了方便，也带来了一些不利影响。在利用网络进行思想政治教育时，我们应该善用其优势，取其精华，去其糟粕，使其真正为我们所用。

我们可以通过创立新型的网络宣传和渗透模式，将山西红色文化成功地运用于网络。这需要建立一个新型的传播模式，包括建立山西红色文化微博账号、微信公众号，每天更新内容，日积月累，让学生积累更多的知识；汇集更多的有关山西红色文化的影视作品，供学生观赏，并在红色书籍方面也采取这种形式，进行汇总整理，方便大学生的网上阅读；创建具有山西特色的板块，如设立专门讲述红色故事或者红色专访的平台，供大家观赏学习。还可以借助政府、地方和社会的力量，深入挖掘与山西相关的红色遗址、红色人物、经典故事等，并将这些内容上传到网站上，为学生们提供一个交流的平台。

为了扩大网络建设的影响力，学校需要通过各种渠道和途径加大宣传力度，使政府、社会、学校付出的努力不白费。通过开展相关的知识竞赛、有奖征集相关方面的文章等活动，调动学生参与的积极性，实现学生与学生、学生与网络等的互动，吸引更多的有识之士参与其中。

为了科学合理地利用这一新型模式，需要培养合格的网站建设人才。这些人才不仅要掌握网站建设的基本知识，还需要对山西红色文化有一定的了解。他们需要整合山西红色文化板块，合理规划相关方面的内容，使其能够清晰地呈现在读者面前。

为了明确指导思想，开辟山西红色文化网站，我们必须始终坚持正确的理论指导，通过不断完善红色文化网站，实现对山西红色文化的弘扬。通过实地研究和实践，将山西红色文化资源完整地呈现在大学生面前，促进大学生积极健康的成长。

3.强化大学生心理认同

（1）增强理论认知

在当代中国，有着无数正确的理论体系指导着我们的实践，这些理论体系是中华民族历经磨炼和洗礼而流传至今的精神支柱。它们验证了许多事物的成败，是党和国家凝聚力、生命力的源泉和动力。在开展山西红色文化教育时，我们应该激发大学生投身社会主义事业的热情，振奋他们为了国家美好前途而奋斗的斗志。所有美好理想的实现都离不开能够正确指导实践的理论认知，在教育教学过程中，必须加强对理论知识的学习，强化学生的理论认知。

我们现在所掌握的理论知识还远远无法满足当下的需求，还有许多东西需要认识和加深理解，这是一个内涵丰富、值得深究的理论课题。当前处于社会主义初级阶段，大学生的思想观念、价值观点、目标追求和心理承受能力都不稳定，容易发生波动。教育者应针对大学生思想活动的特点，因人而异、因地制宜地开展红色文化教育。

在教育实践中，我们应该结合当代中国的国情和时代特征，充分利用正确的理论体系来引导大学生，树立正确的人生观和价值观。通过深入研究和理解红色文化，激发大学生对社会主义事业的热爱，使他们在实践中不断增强对党和国家的信心。

我们也要注意到，红色文化教育的开展需要因地制宜，根据不同地区的文化背景和学生的特点，采取不同的教育方法和手段。这就要求教育者具备较高的理论水平和教育实践经验，能够根据具体情况有针对性地进行教育教学工作。

红色文化教育是一项长期而复杂的工作，需要全社会的共同努力才能取得成功。我们应该充分发挥理论的指导作用，因地制宜地开展红色文化教育，为培养社会主义建设者和接班人做出应有的贡献。

（2）注重实践养成

大学生作为成年人，应该注重加强自身修养，主动学习理论知识，以充实自己的思想。具体的道德准则只有通过实践才能完全掌握，这就要求大学生在实践中融会贯通，真正吸收并内化为自己的认知，从而实现红色文化教育的目标。重要的是让学生铭记那些印有时代印记、经过历史考证的优良作风和传统美德，在实际生活中积极践行。使新一代的青年大学生在正确理论认知的指导下，成为德、智、体、美、劳全面发展的栋梁，为山西红色文化的传播和弘扬贡献力量，承担起后起之秀的责任。当代大学生不仅要注重理论知识的获得，还要具备将其投入实践的能力，只有成功将二者进行转化，才能提高自身素质。

大学生还应该积极走出去，不仅是接受课堂教育和学校红色文化的熏陶，还应该多参加社会实践活动，增强自己的社会经验，以此来提升道德认知。例如，走进社区，接触生活困难的贫困户或低保户，激励自己，增强自己的忧患意识；深入农村，了解农民的实际生活状况和内心诉求，体验改革开放带来的巨大变化，从而增强自己投身社会主义现代化建设的决心。这样的锻炼不仅可以开阔眼界，还可以锻炼意志力，培养责任感。

大学生应该不断地加强自身修养，通过学习理论知识和实践相结合，充实自己的思想，提升自身素质。只有在理论和实践的指导下，大学生才能更好地承担起时代赋予的责任，为社会主义事业的发展贡献力量，成为时代的栋梁之材。

二、遵义红色文化与大学生思想政治教育的融合

(一) 遵义红色文化的形态

遵义会议在中国共产党的历史进程中具有转折性的意义，对红军在后续展开的一系列对敌斗争的胜利起到了重要作用。这次会议不仅是党的历史进程中一个重要的节点，也在中国革命史上留下了深远的影响。遵义地区作为这一历史事件的背景地，自然而然地成为红色文化的重要承载地。在这里，无论是物质形态还是精神形态的红色文化资源，都有着丰富而珍贵的价值，记录着当年红军在恶劣环境下英勇奋斗的光辉历程，为后人提供了宝贵的历史遗产。

以物质形态承载的红色文化资源主要包括革命遗址和纪念馆。遵义地区保存着许多当年红军战斗时留下的革命遗址，这些遗址见证了革命先烈们为了国家的解放事业所付出的艰辛与牺牲。例如，遵义会议会址就是当时中共中央政治局召开重要会议的地方，如今已成为红色旅游的重要景点之一，吸引着大量游客前来参观。根据当年历史革命战斗情形所建造的纪念馆也是遵义地区重要的红色文化载体，通过展览、陈列等形式向人们展示着革命历史的丰功伟绩，激励着后人不忘初心、继续前行。

以精神形态承载的红色文化资源包括红色故事、经典作品等。这些故事和作品记录着当年红军在遵义地区艰苦奋斗、不畏艰险的英勇事迹，传承着革命先烈的崇高精神。在遵义地区，人们通过口口相传、代代相传的方式，将这些红色故事传承下来，成为当地的宝贵精神财富。随着时代的发展，这些红色文化也得到了更广泛的记录和传播，例如通过文学作品、电影、电视剧等形式，将当年的革命历史再现在人们的眼前，让更多的人了解和铭记这段历史。

遵义地区作为中国革命历史的重要一部分，拥有丰富的红色文化资源。这些资源不仅是革命先烈们的宝贵遗产，也是中国共产党发展历程中的宝贵

财富。通过物质形态和精神形态两种方式的承载，遵义地区的红色文化得以传承和弘扬，激励着人们不断前行、不断奋斗。在今天，我们应当倍加珍惜这些红色文化资源，传承和发扬革命先烈的崇高精神，坚定中国特色社会主义道路自信、理论自信、制度自信、文化自信，为实现中华民族伟大复兴的中国梦做出自己的贡献。

（二）遵义红色文化融入大学生思想政治教育的措施

1. 加强红色文化资源开发与利用力度

在充分挖掘和整合遵义地区现有的和潜在的红色遗迹的基础上，对重要的红色资源进行全面设计和规划，深入挖掘红色革命文化资源和红色教育资源，灵活利用好这些红色资源，将是遵义红色文化旅游发展的关键。遵义地区的红色文化分布零散，但这些红色资源包含着丰富的历史内涵和感人的革命故事。为了更好地利用这些资源，需要制定全面的规划策略。

需要加强红色文化旅游路线的开发，形成专业的红色旅游专线，以遵义市为起点，增设几条旅游专线，搭配相应的旅游车和配套设施。例如，从遵义出发，途经仁怀市的茅台镇，将当地酒文化与红色文化融合，以茅台酒的名气带动当地红色文化旅游发展。沿着赤水河到达土城镇，游览四渡赤水纪念馆、中国女红军纪念馆等，再沿着河流前行到达赤水市，形成完整且衔接性强的旅游专线。在开发旅游专线时，可以将当地的特色产业与红色文化相融合，如仁怀市的酒文化、土城镇的特色小吃、赤水市的生态旅游等，借助地方特色助力红色文化旅游的发展。

应加强区县间红色旅游路线的开发，形成更加完善的旅游网络。通过增设多条红色旅游专线，将遵义地区各县的红色文化资源有机地连接起来，形成旅游的循环路线。在开发过程中，要将地方特色文化与红色文化相结合，充分发挥地方特色产业的作用，促进红色文化旅游的繁荣发展。

还应加强对红色旅游景点的建设和提升，提高游客的体验感和参与度。通过丰富多彩的旅游项目和活动，使游客更加深入地了解红色文化的内涵和价值。例如，可以增设体验红军长征活动的项目，让游客沿着革命先辈的足迹重走长征路线，体验红军当年的艰辛与豪情。可以将不同地点的红色资源进行联动开发，使游客在旅游过程中能够有更加全面和深入的体验。

通过规划和整合遵义地区的红色文化资源，充分发挥其在旅游经济和文化教育中的重要作用，可以促进地方经济的发展，提升遵义地区的知名度和影响力，同时能够传承和弘扬红色文化精神，激发人们的爱国情感和社会责任感。需要政府、企业和社会各界的共同努力，才能够实现红色文化旅游的可持续发展，为遵义地区的繁荣和进步贡献力量。

2.加大政府的支持与宣传力度

政府作为社会发展的重要"服务者"，在红色文化的发展中扮演着关键角色，其中经济支撑和文化宣传至关重要。

经济支撑是红色文化发展的基础。政府应加大对红色文化教育的经济投入力度，特别是对红色文化专业研究者的人才引进计划。为了改变外界对贵州的误解，政府应加大对贵州地方特色的宣传力度，并增加对红色文化研究项目的资金投入，鼓励他们开展实地考察和学术研究，培养红色文化的继承者和传播者。

加强文化宣传是推动红色文化发展的重要手段。政府可以利用新媒体技术，如虚拟现实技术和增强现实技术，将人们带入红军革命战斗的真实场景中，以增强他们的参与感和教育效果。在纪念馆和纪念地区，政府可以加大对多媒体技术的投入力度，根据不同年龄层次的游客设置不同的观看内容，以提高吸引力和教育效果。

利用现代信息技术，特别是"微媒体"，可以更广泛地传播红色文化。政府可以开发红色文化专题手机应用程序，将全国各地相关红色文化资源整合在一起，方便人们深入了解和研究。这样的做法不仅可以提高人们对红色文化的认知水平，还可以促进红色文化的传承和发展。

政府应加大对红色文化的经济支撑和文化宣传力度，利用现代信息技术推动红色文化的传播和发展，以实现红色文化的价值传承和创新发展。

3.加大"三位一体"的保障力度

社会、学校、社区三者的有机结合是保障遵义地区红色文化融入大学生思想政治教育的关键。这种"三位一体"的保障力度不仅能够为大学生提供全方位、多层次的红色文化教育，还能够在学校教育、家庭教育和社区建设中形成良性互动，达到推动大学生思想政治教育全面提升的目的。

要营造良好的社会氛围，将遵义地区作为文明城市的定位优势充分发挥出来。这意味着通过各种形式的宣传和教育活动，增强大学生对于城市、家乡的认同感和自豪感。作为红色之地，遵义地区承载着丰富的红色文化遗产，引导大学生意识到自己是红色基因的传承者和弘扬者，从而培养大学生对红色精神的责任感和使命感。这种社会氛围的营造需要政府、媒体、社会组织等多方共同努力，通过举办红色文化主题活动、开展红色教育宣传等方式，让红色文化融入大学生的日常生活，成为社会共识和价值追求的一部分。

要重视家庭教育功能。家庭是人们一出生就接受熏陶的最初环境，家庭教育对于塑造个体的思想品质和价值观念具有至关重要的作用。作为红色文化的传承者，家长们应当以身作则，发挥好家庭教育的示范作用。他们可以通过讲述红色故事、引导孩子参与红色文化活动等方式，培养孩子对于红色文化的认同感和热爱之情。学校也应当与家庭密切合作，将红色文化融入家校共育的过程，共同培养学生的红色情怀和家国情怀。

要充分发挥社区环境和社区文化建设的重要作用。社区作为人们生活的小环境，具有直接接触和影响居民的特点。在社区建设中应当加强对红色文化的宣传和传播。可以通过举办红色主题活动、设立红色文化宣传栏等方式，让居民更加深入地了解和感受红色文化的魅力。社区治理也应当充分发挥基层自治的作用，引导居民参与红色文化的建设和传承，形成共建共享的社区红色文化氛围。

要实现遵义地区红色文化融入大学生思想政治教育的目标，需要社会、学校、社区三者的协同合作。只有通过社会的全方位保障，才能够实现对于红色文化的传承和弘扬，让大学生在接受思想政治教育的过程中深刻领会红色文化的价值和意义，从而成为具有家国情怀和社会责任的新时代青年。

4. 创新政府带头的红色文化教育机制

为了全面挖掘和利用遵义地区的红色文化资源，政府需要带头开展一系列红色文化活动，以引领和激发社会各界的参与热情。

政府可以开展社会性的"重走长征路"健步走活动。这种活动可以融入红色文化教育，让参与者重走遵义会议老城区、"红军街"等地，感悟红军革命的印记，了解遵义会议作为革命转折点的重要历史意义。通过亲身体验，参与者可以感受到遵义会议中自主求实、自主探索的精神，重温坚定信念、实事求是、独立自主的革命情怀。政府还可以组织环绕遵义市县的长征路精品旅游项目，吸引更多大学生参与其中，例如开展自行车环绕长征路活动，激发大学生的运动激情，同时激发他们的爱国主义情怀。

政府可以引领大学生进行红色文化专题学习。通过举办由省长、市长、书记等主讲的红色文化系列精品讲座，政府可以拉近与大学生之间的距离，使讲座内容更加贴近大学生的学习需求和生活实际。这样的讲座不仅具有吸引力，而且具有说服力，能够更好地将红色文化融入大学生的思想政治教育。

政府还可以开展系列红色文化文艺演出活动。通过在市政府广场等场地演出以真实红军长征历史事件为题材的文艺节目，政府可以通过声音、画面等形式感染大学生，让他们重温红军长征路的艰辛历程。政府可以利用现代多媒体技术，将优秀的红色文化作品投入大学生喜爱的短视频平台中，以吸引更多年轻人关注红色文化。另外，政府还可以组织采集、编辑优秀红色文化作品比赛，让大学生通过参与比赛亲身了解红军长征历史，从而感悟革命精神，立志成为中国好青年。

政府应该以身作则，引领和推动遵义地区红色文化资源的全面开发和利用。通过开展各种形式的红色文化活动，政府可以唤起人们对红色文化的兴趣和热爱，进一步传承和弘扬红色革命精神。

5. 创新文化进校园教育方式

人创造环境，环境也塑造人。学校作为主要的生活环境，对于学生成长发展起着至关重要的作用。为了有效地融入学校生活，必须营造良好的校园环境，让红色文化氛围贯穿其中，以此影响大学生的思想和行为。

建立高校红色文化研究室是营造红色文化氛围的重要举措。目前，遵义师范学院成立了红色文化相关研究室，其他高校也都积极学习，成立红色文化研究室或小组，开展专题红色研究，拓展红色文化研究范围，完善对红色文化的研究和教育。针对不同专业学生，可以采取不同形式的课程开放，如思想政治教育学生可以进行理论研究和实践研学，而理工科学生则可以进行知识普及和研学活动体验等。

开展系列相关比赛活动是促进红色文化融入校园文化的有效途径。学校可以组织学期红色文化研学周，开展一系列活动，包括演讲比赛、说故事比赛、戏剧表演、征文活动等，吸引全校师生参与其中。这些比赛活动应该具有系统性和周期性，成为校园文化建设的重要组成部分，突出高校作为红色基因传承的特色，凸显高校立德树人的形象。

建立红色文化宣讲团和红色文化社团是加强红色文化教育的重要方式。马克思主义学院可以作为思想政治教育人才队伍基地，建立宣传小组，推动红色文化的宣传工作。对于没有马克思主义学院的学校，可以在思想政治处或学生处等职能部门设立红色文化宣讲团和社团，让学生自主组建学习团队，发挥"朋辈教育"的作用，承担起学习的主动者和推动者角色。

通过建立红色文化研究机构、开展系列比赛活动、成立宣讲团和社团等措施，可以有效地营造校园红色文化氛围，促进学生思想政治教育和道德品质的提升，助力学校成为红色文化传承和弘扬的重要阵地。

6.创新文化进课堂教育方法

创新教师的教学理念对于培养学生的学习兴趣和激发学习热情至关重要。随着社会的进步和信息化时代的到来，教师的教学理念必须与时俱进，以适应新时代学生的需求。教师的教学理念不仅关乎教学质量，更影响着学生对知识的认同和接受。教师应当不断创新教学理念，以提升教学效果，激发学生的学习兴趣。

教师应树立以学生为中心的教学理念。传统的教学模式往往以教师为主导，忽视了学生的个性差异和需求。而现代教学理念强调以学生为中心，注重发挥学生的主体作用，倡导因材施教，激发学生的学习潜能。教师应该关注学生的学习情况和需求，根据学生的特点和兴趣设计教学内容和教学方法，引导学生主动参与学习，培养其自主学习的能力。

教师应树立生活化教学理念。学生生活在一个充满信息的社会中，对于枯燥乏味的教学内容和教学方法往往缺乏兴趣。教师应该将教学内容与学生的生活实际相结合，引入生活化的案例和故事。例如，在教授红色文化知识时，可以通过讲述革命先烈的英勇事迹或者组织实地考察等方式，使学生更加深入地了解红色文化的内涵

教师应树立开放性教学理念。传统的教学模式往往是教师单向传授知识，而现代教学理念强调教师和学生之间的互动交流。教师应该鼓励学生提出问题、发表看法，引导他们进行思考和讨论，促进知识的共建共享。教师也应该不断反思自己的教学方法和效果，接受学生的建议和意见，不断改进

教学方式。

可以开展一系列实践研学活动。实践是认识世界、了解世界最直接的途径，通过实地考察和调研，学生可以更加直观地感受和理解红色文化的内涵和历史背景。教师可以组织学生前往红色革命遗址、纪念馆等地参观学习，让学生亲身体验红色文化的魅力，增强他们的认同感和自豪感。

可以借助现代科技手段开展教学。随着信息技术的发展，教师可以利用多媒体教学、网络课堂等方式，使教学内容更加生动和直观。例如，可以通过播放视频、展示图片等方式，向学生介绍红色文化的相关知识，吸引学生的注意力，提高他们的学习兴趣。

可以采用案例教学法和问题解决教学法等灵活多样的教学方法。教师可以选取生动有趣的案例，引导学生进行分析和讨论，培养他们解决问题的能力。通过这些创新的教学方法，教师可以更好地激发学生的学习兴趣。

教师应不断创新教学理念、方法和手段，以更好地满足学生的学习需求。只有这样才能培养出具有创新精神和实践能力的优秀人才，为社会的发展和进步做出更大的贡献。

三、河北红色文化与大学生思想政治教育的融合

(一) 河北红色文化的形态

1. 红色基地

河北省作为中国革命的重要战场之一，留下了丰富而深刻的红色文化遗产。红色基地作为红色文化的形态之一，是指一些旧址、遗址等，用来怀念特定历史时期发生的事件和为历史做出重大贡献的名人。这些地方承载着革命先烈的光辉历史，是红色文化的珍贵资源。

石家庄市的华北军区烈士陵园、邯郸市的晋冀鲁豫革命纪念馆、邢台市信都区浆水镇的中国人民抗日军政大学陈列馆、保定市清苑区的冉庄地道战遗址、乐亭县的李大钊故居和纪念馆、平乡县的抗日英烈纪念碑、阜平县的晋察冀边区政府及军区司令部旧址、易县的狼牙山五勇士陈列馆、献县的马本斋纪念馆、涉县的八路军一二九师司令部旧址、卢龙县的冀东抗战纪念馆、唐县的白求恩柯棣华纪念馆、隆化县的董存瑞烈士陵园、平山县的西

柏坡中共中央旧址和西柏坡纪念馆和《没有共产党就没有新中国》歌史陈列馆、平山县西岗南村的曹火星纪念馆等，都是河北省重要的红色基地。

特别是西柏坡中共中央旧址，作为辽沈、淮海、平津三大战役的指挥中心，是中共中央设在农村的最后一个指挥所，更是中共七届二中全会会址，是新中国诞生的摇篮。这些红色基地通过展示革命先烈的英勇事迹和光辉历程，激励着后人勇于开拓、不忘初心、牢记使命。

这些红色基地的选择通常基于历史事件发生的地点，以及历史事件中发挥重要作用的人物的家乡或活动地。它们不仅是对历史的纪念和怀念，更是对革命精神的传承和弘扬。这些地方常常设置了红色文化教育宣传的展览馆和纪念馆，展示着重要的革命资料和任务介绍，旨在更好地传承和弘扬红色文化。

河北省的红色基地承载着丰富的历史内涵和深厚的革命情感，是红色文化的生动实践和重要组成部分。通过对这些基地的保护、传承和利用，可以更好地弘扬革命传统，培育和践行社会主义核心价值观，激励广大人民群众为实现中华民族伟大复兴的中国梦而不懈奋斗。

2. 红色文献

红色文献作为中国革命历史的珍贵遗产，承载着革命先辈们的智慧和奋斗，记录了党中央领导人的思想指导和各级党组织的活动轨迹，是珍贵的历史文献资源。在我国反对帝国主义进行革命战斗的年代，党中央领导人的著作、各级党组织的文件以及在各个根据地发行的书籍和报纸等都被统称为红色文献。这些文献见证了中国革命的历程，承载着革命先烈的血泪和牺牲，具有极其重要的历史价值和研究意义。

这些文献当时是在极端困难的年代里出版的。革命战争年代，中国处于半殖民地半封建社会，国力薄弱，经济落后，出版业相对落后，出版数目有限。当时出版的红色文献数量本来就不多。

抗战时期的国家形势紧张，国家资源主要用于抗战，政府和党组织更加关注军事、政治和经济建设，而文化领域的投入相对较少。对于红色文献的收集、保存和传承工作并不是当时的重点。

党组织和革命根据地经常受到敌人的打压破坏，红色文献的保存和传承面临极大的困难和风险。许多党组织和革命根据地的文件、书籍等资料都可能遭到敌人的损毁，导致大量珍贵的红色文献永远消失。

河北作为革命斗争的重要战场之一，在长期的革命战争中留存了许多国家领导人的著作、党组织的文件以及在各个根据地发行的书籍和报纸等红色文献。这些珍贵的文献资料得以保存下来，一方面得益于河北地区在革命时期的重要地位和历史背景，另一方面得益于地方政府和档案馆等机构的重视和保护。这些红色文献资料的保存和传承，为我们重新认识和研究当时的历史情形提供了重要的历史线索和文献依据，同时为当今红色文化的研究和传承提供了丰富的学术资源和历史遗产。

通过对这些红色文献资料的深入研究和挖掘，可以更加全面地了解中国革命的历史进程和革命先辈的奋斗历程，激励和教育广大人民，传承红色基因，弘扬革命精神，推动中华民族伟大复兴。对红色文献资料的保护和利用具有重要的现实意义和历史意义。

3. 红色经典

红色经典作为我国社会存在中特有的一项表现形式，具有极其强大的震撼力和渲染力。它不仅记录着历史事件和英雄人物，更是中华民族重要的精神食粮，激发人们对民族精神的认同和传承。

在河北地区，红色经典以抗日战争和解放战争时期的历史事件和英雄人物为创作素材，涵盖了小说、文集、歌曲、摄影等多种形式。这些作品通过真实的历史事件，向人们展现了那个充满硝烟和血与火的特殊时期，让人们深刻领悟到了历史的重要瞬间。

红色经典小说如《野火春风斗古城》《青春之歌》《烈火金钢》等，以饱满的笔触和生动的情节，再现了抗战岁月中英雄人物的壮举和革命斗争的艰辛历程。这些作品不仅让人们回忆起当时的历史情境，更为后人提供了宝贵的历史教育资源。

著名的文集《白洋淀纪事》，记录了作者孙犁亲历的白洋淀地区的种种变迁和人民的奋斗。这些文字铭刻着当时人民艰苦奋斗、不屈不挠的精神，成为红色经典中的珍贵文献。

革命歌曲如《歌唱二小放牛郎》等，以朴实的歌词和动人的旋律，歌颂了革命先烈的英勇事迹，激发了人们的爱国情怀和报国之志。

红色摄影作为另一种形式的红色经典，记录了那个时代的重要历史瞬间。这些摄影师手持相机，胸怀民族大义，记录了一幕幕感人至深的场景，成为历史的见证者。

而红色电影和纪录片更是将这些历史画面生动地呈现在银幕上。《地道战》《小兵张嘎》《狼牙山五壮士》等影片，再现了抗战和解放战争中的英雄壮举，让人们铭记历史，珍视和平。

纪录片《瞬间》则以摄影战士为素材，记录了抗日战争和解放战争中冲锋在前、永垂不朽的历史瞬间，让观众感受到历史的魅力和伟大。

红色经典作为中华民族宝贵的文化遗产，以多样的形式和丰富的内容，激发人们对中华优秀传统文化的热爱和传承，成为中华民族精神的重要组成部分，永远激励着我们向前奋进。

4.红色记忆

作为河北的一部分，西柏坡承载着丰富的红色文化记忆。许多历史事件和伟人的故事都被铭刻在人们的心中，成为红色文化传承的重要一环。

毛泽东同志在西柏坡留下了许多足迹。不仅因为他是伟大的领袖，更因为他在这里与人民结下了深厚的情谊。有一则家喻户晓的"毛主席引导农民插稻秧"的故事就发生在西柏坡。当时，毛主席发现西柏坡被称为"鱼米之乡"，这并非偶然。太行山区的西柏坡地势独特，阳光充足、水温适宜、土壤肥沃，加之南有水源、北依山脉，形成种植水稻的理想条件。这一发现使当地人民与党的关系更加紧密，而毛主席也常常关心着西柏坡的发展，通过办公厅不断向当地人民传递着关怀和嘱托。即便毛主席迁居北京，他也时刻挂念着西柏坡，希望人民能够不忘初心，努力提高生产力，改善生活条件。

西柏坡的这段历史，不仅是对当地人民的激励，也是红色文化传承的重要一环。这些故事的传承形式多种多样，其中回忆录、专访等形式记录了亲历者的真实感受，是红色文化记忆的重要载体。通过这些记录，我们可以更加深刻地理解历史事件的发生过程，感受红色文化的深厚底蕴和伟大精神。

西柏坡的故事不仅是一个地方的历史，更是中国革命历史的重要组成部分。毛主席在这里的足迹，见证了中国共产党的光辉历程，也为后人留下了宝贵的精神财富。保护和传承西柏坡的红色文化记忆，不仅是对历史的尊重，更是对革命先烈的纪念和对未来的教育。让我们铭记历史，珍惜今天，共同传承和弘扬红色文化。

（二）河北红色文化的内涵

1. 无私奉献的助人精神

对人来说，最大的欢乐、最大的幸福是把自己的精神力量奉献给他人。而在我们河北大地这个充满红色记忆的地域，最无私奉献的人物当数"捧着一颗心来，不带半根草去"的来自加拿大的国际友人白求恩。毛主席曾怀着深深的敬意，写下了文章《纪念白求恩》，半个世纪来，白求恩精神被广为传颂。

白求恩不远万里来到中国，心中只是为了发扬国际共产主义和人道主义精神，毫不利己，专门利人。他对同志极端热忱，对工作极端负责，对技术精益求精，无私地将热血与生命奉献给了中国医疗事业。白求恩所表现出来的那种无私、博爱的高尚情操，始终令我国人民肃然起敬。

像白求恩这样道德高尚、人格纯粹、舍己助人的好儿女还有很多很多，正是因为他们这种正能量、积极向上的情操，体现了河北红色文化的内涵。

2. 百折不挠的爱国精神

民族的魂魄是一个国家最宝贵的财富，唯有通过民族精神发扬光大，中国才能获得真正的希望与未来。在这个伟大的民族复兴征程中，爱国主义精神被视作至高无上的准则。这个词，从古至今，无论是在中国还是在世界其他地方，都有着深远的影响。历史上，有许多英雄豪杰、文人志士、科学巨匠为了爱国主义的理想而拼搏奋斗，他们的精神激励着一代又一代人。

在河北这片红色文化的沃土上，也有着众多英雄儿女为之奋斗。其中，最能体现爱国主义精神的人物之一便是李大钊。他是马克思列宁主义在中国的第一位传播者，他的一生都致力于马克思主义的传播和无产阶级的解放。在他短暂而光辉的一生中，为了这个共同理想——共产主义，奋不顾身地投身革命事业，最终为此献出了宝贵的生命。正是因为有许许多多像他这样有大无畏精神的人，中国共产党才得以成立，马克思主义与中国实际相结合，中国革命事业才得以蓬勃发展。

李大钊的精神，追寻真理、捍卫真理以及对真理的不懈追求，直接体现了河北红色文化的先进性。正是因为河北红色文化的先进性，中国才能够走到今天，并在国际舞台上取得令人瞩目的成就。河北这片土地上涌现出的一代代英雄人物，以他们的奋斗和牺牲，为中国的独立、解放和发展做出不可磨灭的贡献，也为世界和平与发展事业做出重要贡献。

爱国主义精神是中国人民的共同情感，也是中华民族的民族灵魂。在新时代里，我们要继承和发扬爱国主义精神，以更加昂扬的姿态投身中国特色社会主义伟大实践中，为实现中华民族伟大复兴的中国梦不懈奋斗。

3. 艰苦奋斗的拼搏精神

艰苦奋斗一直是中华民族的传统美德，也是中国共产党的一大优良传统。这种精神在抗日战争和解放战争时期得到了充分体现，在燕赵大地上，留下了无数艰苦奋斗的英雄事迹。

中国人民抗日红军大学，简称"红大"，是"抗大"的前身，是中国共产党和中国人民解放军在民主革命时期创建的唯一一所高等军事院校。"抗大"的教育方针、教学原则和教学方法，是党和毛泽东同志把马克思列宁主义同中国实际相结合的产物，是毛泽东教育思想和军事教育思想的典范。"抗大"精神不仅是河北红色精神的重要组成部分，更是中国共产党和中国人民解放军的光荣传统与优良作风的体现。

"抗大"倡导坚定正确的政治方向，理论联系实际，以及艰苦奋斗、英勇牺牲的革命精神，这些理念已经成为我党、我军的光荣传统与优良作风。在"抗大"办学的十年间，培养出了二十余万名军政干部，为中国共产党和中国人民解放军的发展壮大贡献了力量。抗大精神的艰苦奋斗、英勇牺牲，为夺取抗日战争和解放战争的胜利，也为中华人民共和国成立后的社会主义革命和建设事业的发展做出了不可磨灭的贡献。

在抗日战争和解放战争时期，"抗大"的学子们以艰苦奋斗的精神，英勇战斗，不畏牺牲，为民族的解放事业贡献了自己的力量。他们将毛泽东思想和中国共产党的指导思想贯彻于实践，用行动诠释了艰苦奋斗的真正内涵。这种精神不仅体现在战场上，更体现在各个领域的奋斗中，为国家的独立和人民的幸福而不懈努力。

"抗大"精神的传承，不仅是对历史的回顾，更是对当代和未来的启示。在新的历史时期，我们要继承和发扬抗大精神，以艰苦奋斗的态度，不断开拓进取。

4.谦虚谨慎、勇于创新的精神

西柏坡作为中国红色革命的重要圣地，见证了许多具有跨时代意义的战役和历史事件。这里承载着丰富的红色精神，其中最突出的是谦虚谨慎、勇于创新的精神。

在西柏坡时期，发生了许多具有历史意义的战役和运动，如辽沈战役、淮海战役、平津战役等，这些伟大历史事件的指挥中心都设立在西柏坡。红色精神在革命斗争中孕育成长，与延安精神齐名的西柏坡精神具有丰富的内涵。而这种精神的核心表现就是谦虚谨慎、勇于创新。

谦虚谨慎、勇于创新的伟大精神，正是毛泽东同志在西柏坡提出的"两个务必"中所体现出来的。这"两个务必"要求共产党人在任何情况下都要保持谦虚、谨慎、不骄、不躁的作风，保持艰苦奋斗的作风。这样的要求旨在让共产党人保持清醒的头脑，在任何时候都能够以谦虚谨慎的态度面对挑战，以勇于创新的姿态迎接变革，从而推动伟大祖国不断向前发展。

西柏坡精神是中国共产党及其领导下的所有主体，在建立新中国和建设新中国中所体现出来的革命精神。它既是对中华优秀文化与精神的继承和发展，又对现实有着重大的时代意义，激励着人们为实现共产主义伟大理想而不断拼搏奋斗。

西柏坡精神以其谦虚谨慎、勇于创新的核心价值观，深刻影响着中国人民的思想和行为，是中华民族的宝贵精神财富之一。在新时代，我们应继承和发扬西柏坡精神，为中华民族伟大复兴贡献自己的力量。

(三) 河北红色文化融入大学生思想政治教育的对策

1.坚持高校指导思想，强化历史记忆

社会主义核心价值体系的中心是马克思主义指导思想，其主题是树立中国特色社会主义共同理想。这一体系的确立离不开中国革命的胜利和共产党的奋斗。在我国战争年代，马克思主义的指导地位得以确立，这对我国红色文化的发展具有深远的意义。对大学生进行红色文化的熏陶，有助于他们正确认识社会主义核心价值体系，消解红色文化的认同危机。

必须对历史学科进行创新性的教育，并在学校教育中有所侧重，帮助大学生深刻体验红色文化的价值资源。通过对英烈等重要人物的高尚品质进行讲解宣传，学生可以感同身受，形成美好的情感体验。这些高尚品质能够陶冶学生的心灵，激发他们的爱国情怀和奉献精神。

老师在教学中应帮助大学生对历史事件进行深入分析，通过对历史材料的研究，帮助他们了解最真实的历史情况，培养理性的分析能力。老师也应向大学生传授一些重要的理论知识，使他们深入了解红色文化，树立马克思主义的坚定信念和共产主义的共同理想，坚定捍卫民族利益和国家利益的决心。

当代大学生只有真正对红色文化产生认同感，才能成为社会主义核心价值体系的坚定信仰者和传承者。

2.弘扬民族精神，铸造正确的价值观

社会主义核心价值体系的精髓在于民族精神与时代精神的结合。在当今信息化社会，大学生面临来自各方面的信息冲击，其中包括不少不良信息。这些不良信息的侵入使大学生难以分辨是非，甚至将一些庸俗腐朽的东西误以为是高尚的文化。庸俗文化、假冒伪劣品等不良信息的泛滥可能会淡化大学生对红色文化的认识，疏远民族精神与时代精神，最终导致大学生缺乏爱国热情，难以辨别对错，无法形成正确的世界观、人生观和价值观。

社会必须加强对各种信息的监控管理，尤其是针对网络这一新生的信息传播渠道。要将红色教育作为高校思想政治课的重要课题，并抢占主流文化高地。通过技术上的创新和制度上的支持，传播健康向上的信息，减少不良信息对大学生思想的侵袭，使红色文化成为大学生价值观的一部分。

要注重加强红色教育的渗透力和影响力。将红色文化融入大学课程体系，开设相关课程或专题讲座，引导学生深入了解红色历史、革命精神和先进文化，激发他们的爱国情怀和社会责任感。组织学生参与红色文化传承和弘扬活动，如参观红色革命纪念馆、参与红色主题实践等，使他们在亲身体验中深刻感受红色文化的魅力和价值。

还应加强家庭、学校和社会的共同努力，形成良好的社会氛围和文化环境。家长要关注子女的网络行为，引导他们正确对待网络信息，培养正确的价值观念。学校要加强思想政治教育，提升学生的文化素养和道德水平，使其树立正确的世界观和价值观。社会各界要共同努力，营造积极向上的文化氛围，推动红色文化的传承和发展。

加强对不良信息的监控与管理，把红色教育作为大学生思想政治课的重要课题，通过技术和制度的支持，将减少不良信息对大学生思想的侵袭，使红色文化成为大学生价值观的重要组成部分。这样才能进一步弘扬社会主义核心价值体系，培养具有民族精神与时代精神的优秀青年。

3. 将红色文化融入大学校园文化建设

人的主观能动性可以创造外在环境，环境也在影响和改变着个体。在高校这个学习和生活的场所，校园环境对大学生的成长发展起着至关重要的作用。而校园文化则是校园环境的重要组成部分，对大学生的身心发展具有重要影响。

健康向上的校园文化有利于塑造大学生高尚的道德情操，提升个人能力。建立良好的校园文化至关重要。在校园文化建设方面，各高校可以充分利用当地特色的红色教育资源，将红色文化融入校园文化建设，为培养学生提供丰富的教育资源。

为了实现红色文化与校园文化的融合，各高校可以采取多种方式。鼓励和帮助大学生组织各种红色文化竞赛活动，推动"红色文化热"在校园中传播。通过演讲、朗诵、影视、歌曲等形式传播红色文化，让学生更加深刻地感悟红色文化的内涵。加强与媒体的沟通，引进各种红色文化产品，将红色文化融入校园生活。根据重大历史事件开展纪念活动，引导学生缅怀革命先烈，加强爱国主义和共产主义教育。

通过这些红色文化活动的开展，学生将在红色文化的熏陶下，树立正确的世界观、人生观和价值观，坚定自己的共产主义理想和信念。这不仅有利于学生的全面发展，也有助于传承和弘扬红色文化的优良传统。将红色文化融入校园文化建设，是推动高校教育事业发展的重要举措，也是培养社会主义核心价值观的有效途径。

4. 将红色文化融入思想政治课教学内容

大学生的思想政治教育活动主要是在思想政治课上展开的。思想政治教育课对大学生的思想、政治与道德有着重大影响。但是这并不等于说高校仅仅通过思想政治教育课程开展德育活动，要以思想政治教育课程为主、以其他课程为辅开展大学生思想政治教育。

在思想政治教育课中，更要重点加强红色文化的教育。比如在《思想道德修养与法律基础》中，老师可以对学生详细讲解革命先烈故事，通过这些先烈的故事感染学生，把红色革命文化与民族精神结合起来，发挥红色文化的时代性和先进性。充分利用各地红色文化资源的优势，挖掘红色文化教育资源的优质特色性与真实性。在《中国近现代史纲要》中，教育者可以把红色文化和中国的近现代史联系起来，并加以改进、加工，使之形成贯通性讲授。通过历史与红色文化的结合，让学生了解共产党在中国历史上的地位变化，以及只有共产党能够救中国的事实。把红色文化的历史与现实结合起来，使学生在了解历史的基础上形成民族精神和共产主义的共同理想。在《马克思主义基本原理概论》中，把马克思主义与中国的实际国情联系起来，把马克思主义与中国的红色文化联系起来，让学生了解马克思主义在中国革命中的重要作用，帮助学生树立马克思主义理念。

5.将红色文化融入大学生自我修养过程

大学生作为社会主义事业的接班人和建设者，应当加强自身的修养，自主地学习社会主义核心价值观。在党的光辉旗帜的领导下，大学生才能够做出正确的行为选择，秉持正确的价值观念，以实际行动践行社会主义核心价值观。

大学生需要将理论与实践联系起来，将所学理论知识转化为自身的行动。通过学习党的理论和方针政策，了解社会主义核心价值观的内涵和实践要求，将其贯彻到自己的日常生活和学习工作中去。只有将理论知识与实际行动相结合，才能提高自己的内在素质，做到知行合一，真正成为社会主义建设者和接班人。

大学生应积极参加社会实践活动，以巩固自己的价值观。通过走访农村、进入社区等实践活动，亲身感受社会的变化和人民群众的生活状况，增强对社会主义事业的认同感和责任感。走访农村可以让大学生了解农村的发展变化，理解党的奋斗目标，而走入社区则可以接触到弱势群体，增强自己的忧患意识，关心社会民生。通过这些实践活动，大学生可以增加社会阅历，锻炼实际动手能力，培养正确的世界观和人生观。

第六节 区域文化与大学生思想政治教育融合案例

一、案例背景介绍

位于江南水乡的 A 高校，扎根于深厚的历史文化底蕴之中。这个校园不仅为自然的秀美景色所环绕，更因其丰富的人文资源而备受瞩目。而在这片历史悠久的土地上，思想政治教育一直是学校不可或缺的一部分，成为学子们塑造品格、培养理想的重要渠道。与时俱进的 A 高校不满足于传统的教育方式，而是不断探索创新，寻求将地方优秀传统文化与思想政治教育相融合的新途径。

近年来，A 高校在思想政治教育领域取得了显著成效，其中的关键在于学校积极地将地方优秀传统文化元素融入教育实践。通过将当地独特的文化资源纳入教学内容，学校为学生提供了更为丰富多彩的学习体验，激发了他们对思想政治教育的兴趣与热情。

A 高校充分挖掘江南水乡的地域文化特色，将其与思想政治教育有机结合。例如，学校在课程设置中增加了与江南水乡相关的历史、地理、文学等方面的内容，通过讲解地方历史文化的发展演变，引导学生深入了解民族精神、传统美德等社会主义核心价值观。

A 高校注重通过实践活动将地方传统文化融入学生的日常生活。学校组织学生参观当地历史文化遗迹，举办江南水乡文化体验活动，让学生亲身感受传统文化的魅力。学生们能够更深刻地领会传统文化所蕴含的思想道德内涵，增强了他们的文化自信心和民族自豪感。

另外，A 高校还充分利用现代科技手段，将地方传统文化与现代教育相结合，打造了一系列具有地方特色的思想政治教育平台。通过建设数字图书馆、网络课堂等在线平台，学校为学生提供了便捷的学习途径，让他们随时随地都能深入了解地方传统文化，激发对传统文化的热爱和传承意识。

在 A 高校的不懈努力下，地方传统文化已经成为思想政治教育的重要载体和内涵丰富的资源。学校通过将地方文化元素融入教育教学，不仅丰富了思想政治教育的内容，更为学生提供了更加广阔的思维空间和发展平台。

二、融合策略与实践

(一) 开设区域文化课程

学校通过开设相关区域文化选修课程，为学生提供了系统深入地了解江南水乡文化的机会。学生可以学习江南水乡的历史文化、风土人情和道德规范，从而增进对自身文化传统的理解和认同。学校还邀请地方文化专家、非遗传承人等来学校举办讲座、开设工作坊，传授区域文化的精髓，进一步加深学生对当地文化的了解。

(二) 打造校园文化活动

学校通过打造校园文化活动，让学生更加直观地感受到当地文化的魅力。举办"江南水乡文化节"、开展"水乡行"社会实践活动等，为学生提供了参与体验的平台，使他们能够通过展览、演出、体验等形式，感受和深入了解江南文化的独特魅力。这些活动丰富了学生的课余生活，也让他们在参与中增强了文化自信和民族自豪感。

(三) 融入日常思想政治教育

学校将区域文化元素融入日常思想政治教育，进一步强化了学生对本土文化的认同和传承。在班会、团日活动中引入地方历史故事、道德楷模事迹等，让学生在日常生活中接受文化熏陶，增强文化自信。在思想政治课教学中，结合区域文化案例，引导学生分析讨论，增强思想政治教育的针对性和实效性，使学生能够在理论学习中更加深入地了解当地的文化传统。

学校在培养学生的区域文化认同和文化自信方面采取了多种有效的举措，通过开设课程、举办活动和融入日常教育，促进了学生对本土文化的认知和传承，为学生成长成才提供了有力的支持和保障。

三、成效与影响

(一) 学生文化素养提升

通过区域文化与思想政治教育的有机融合，学生的文化素养得到了显著提升，为校园文化的建设注入了新的活力和动力。这一融合不仅使学生对江南水乡的历史文化有了更深入的了解，也激发了他们对地方优秀传统文化的浓厚兴趣和热爱。学生的审美能力、人文素养和道德水平也得到了提升，形成了积极向上的精神风貌。

(二) 思想政治教育实效性增强

区域文化与思想政治教育的融合为学生提供了更加立体、丰富的学习体验。通过深入了解江南水乡的历史文化，学生不仅能够感受到丰富的历史底蕴和文化积淀，还能够从中汲取启迪，丰富自己的文化内涵。这种学习不仅是在课堂上的知识灌输，更是一种身临其境的体验，使学生能够深刻地领悟到文化的魅力。

区域文化与思想政治教育的融合增强了思想政治教育的实效性。学生在接触和学习区域文化的过程中，更加直观地感受到了社会主义核心价值观的生动实践，从而更加自觉地践行社会主义核心价值观，树立了正确的世界观、人生观和价值观。

(三) 校园文化氛围浓厚

区域文化与思想政治教育的融合使校园文化氛围更加浓厚。学校通过丰富多彩的校园文化活动，将区域文化与思想政治教育的成果呈现给师生，使校园内充满了浓郁的文化气息和人文情怀。师生之间的关系更加和谐，学校浓厚的文化氛围能够更加凝聚人心、激发创造力，为学生的全面发展和学校的长远发展奠定了坚实的基础。

区域文化与思想政治教育的融合为学生的文化素养提升、思想政治教育实效性增强和校园文化氛围浓厚注入了新的活力和动力，为培养德、智、体、美、劳全面发展的社会主义建设者和接班人奠定了坚实基础。

四、经验总结与展望

本案例的实践表明，将区域文化融入大学生思想政治教育是一种行之有效的教育策略。这种做法不仅能够丰富教育内容、提升教育效果，而且能够增强学生的文化自信和民族自豪感。我们需要注重挖掘和利用地方文化资源，结合学生实际和学科特点进行有针对性的教育设计；还需要注重培养学生的主动性和创造性，让他们在参与中感受文化的魅力、体验成长的快乐。

展望未来，A高校希望进一步推动区域文化与思想政治教育的深度融合，这对教育实践具有重要而深远的意义。需要进一步完善课程体系和教学内容，加强与其他学科的交叉融合，以确保教育内容既具有深度又有广度。另外，还需要不断创新教育方式方法，探索更符合学生实际和时代要求的教育模式，以激发学生的学习兴趣和提高学习效果。加强与社会各界的交流与合作，共同推动区域文化的传承与发展，为培养更多具有高尚品德和创新能力的高素质人才贡献力量。通过以上努力，可以更好地满足社会对于高素质人才的需求，促进社会的繁荣与进步。

第九章 区域农业文化融入大学生思想政治教育的对策——以农圣文化为例

第一节 农业文化的思想政治教育价值及实现策略

一、农业文化的内涵、表现形式和特征

(一) 农业文化的内涵

农业文化是一种深厚而复杂的文化形态，其内涵包含了狭义和广义两种理解。狭义的理解局限于与农业生产直接相关的价值观念体系，这种理解主要侧重于农业生产方式所构建的文化体系。而广义的理解则更为包容，不仅涵盖了与农业生产密切相关的物质文化，还包括了与农业实践相联系的各种精神文化。

在广义理解下，农业文化不仅是农民在实践中积累的生产技术和经验，还包括与农业相关的信仰、习俗、文学、艺术等各方面的内容。这种文化的形成与发展，既与农业生产方式和技术密切相关，又受到地域、历史、民族等多种因素的影响，呈现出丰富多彩的特征。

对于思想政治教育而言，探索农业文化的内涵具有重要的价值和意义。农业文化代表了我国大部分地区的传统与历史，通过对其进行深入研究和传承，有助于增强人们对本土文化的认同感和自豪感。农业文化蕴含着丰富的价值观念和生活智慧，可以为当代社会提供有益的借鉴，引导人们树立正确的人生观、价值观。另外，农业文化还承载着人与自然、人与社会的关系，通过对其进行教育，有助于培养学生的环保意识、社会责任感和团队合作精神。

对于农业文化的思想政治教育，必须从广义的理解出发，全面深入地探究农业文化的各个方面。这不仅包括对农业生产技术和经验的传承，更需

要关注农业文化所蕴含的精神内涵和价值取向。只有如此，才能真正实现对农业文化的全面理解和有效传承，为培养具有高度文化素养和思想品质的新时代人才提供坚实的思想政治教育基础。

(二) 农业文化的表现形式

1. 农业文化的物质表现形式

农业文化是人类文明演进的重要组成部分，其物质表现形式涉及资源、方式和行为三个方面。在资源方面，农业生产必须依赖土地等自然资源。在方式方面，使用的生产工具直接反映了农业文化的物质化进程。在行为方面，人们的具体活动，尤其是劳动方式，是农业文化的重要组成部分。

农业文化的物质载体主要是劳动使用的工具和生产方式。这些工具的创新与发展直接推动了社会生产力水平的提高。从原始时代的石器到现代的机械化、自动化工具，工具的演变彰显了人类文明的进步。魏晋南北朝时期的"北粟南稻"与现代的"北麦南稻"反映了农业生产模式和农作物种植的变迁。这种变化不仅改变了农民的生活方式，也转变了生产方式，进而影响了农业文化的发展。

农业文化的发展离不开物质作为发展载体和依托。随着劳动工具和生产方式的进步，农业文化得以丰富发展。例如，在现代，农业生产已经实现了机械化、自动化，科技的应用使农业生产效率大幅提升，农民的生活水平得到显著改善。随着人们对生态环境的关注，有机农业、生态农业等新型农业生产方式也在逐渐兴起，这种变化也将影响农业文化的演变。

农业文化的物质表现形式主要体现在资源、田园和行为三个方面。劳动工具和生产方式作为其物质载体，直接影响着农业生产的发展进程。随着社会的发展和科技的进步，农业文化也在不断演变，逐步丰富和深化，成为人类文明的重要组成部分。

2. 农业文化精神的表现形式

农业文化精神在表现形式上主要涉及两个方面：知识与精神。知识方面，农业文化包含丰富的种植经验和农村民俗文化；而精神层面则体现在以农业为主题的哲学思想和价值追求之中。

农民在长期的生产实践中积累了大量的种植经验，这些经验通过口头传承的方式流传于民间，形成丰富多彩的农村民俗文化。例如，古代人民根据观察天象和农作物生长情况，创立了岁时历法，这一历法至今仍然在人们的生活中发挥着重要作用。农村民俗也贯穿于我国的传统节日，如春节、端午节等，这些节日不仅是庆祝丰收的时刻，更是农民对自然的敬畏和感恩的表达。农村民俗的形成既反映了当时的农业生产方式和技术水平，也承载了劳动人民追求"天人合一"的思想理念。

农业文化的精神层面体现在对生命、自然、社会的理解和尊重上。在农业发展的过程中，我国农民始终遵循着农时的指导，尊重自然，顺应自然规律，在这种基础上进行农业生产活动。这种农业思想也体现在我国的社会制度和文学作品中。我国历来以农立国，坚持以农业为基础，尊重和保护农民的利益，体现了以人为本的发展原则。在文学作品中，农村文化的意象常常出现，反映了作家对农业生活的热爱和对农民生活的理解。

农业文化精神的表现形式丰富多样，既包含了丰富的种植经验和农村民俗文化，又体现在以农业为主题的哲学思想和价值追求之中。这些表现形式不仅反映了农民对生产实践的总结和经验的传承，更体现了对自然、社会的敬畏和尊重，为我们提供了丰富的文化遗产和精神财富。

(三) 农业文化的特征

农业文化是中国传统文化的重要组成部分，也是其形成的基础。它独具特色，包含了丰富的精神内涵，可作为思想政治教育的宝贵资源。

农业文化具有自然性特征。其形成必然以农业为基础，而农业发展依赖于自然环境。农业文化自然体现了"天人合一"的理念，强调人与自然的和谐共生。这种自然性特征体现了人类对自然的敬畏和尊重，代表着一种生态智慧。

农业文化具有实践性特征。从农业活动本身到生产工具的改进创新，都是实践的产物。农业文化的形成与发展始终贯穿着实践精神，这种实践性特征使农业文化更具现实意义，也为人们提供了丰富的实践经验和智慧。

农业文化具有历史性特征。它源远流长，从石器时代开始逐步形成，并随着生产方式的演变而不断发展。不同时期的农业文化具有不同的历史特点，反映着当时社会、经济和文化的特征，是中国文明发展的历史见证。

农业文化具有包容性特征。它与其他相关文化相互渗透、相互融合，吸收并借鉴了外部文化的精华，形成自己独特的体系。这种包容性特征使农业文化具有广阔的视野和开放的心态，为文化交流和发展提供了广阔空间。

农业文化的内涵丰富、历史悠久，但也容易被人们误解和片面认识。人们往往只看到其表面，而忽视了其深层次的思想内涵和价值。加强对农业文化的深入探究，寻找其思想政治教育的价值，具有重要的现实意义。

农业文化具有自然性、实践性、历史性和包容性特征。深入挖掘和理解农业文化的内涵和价值，有助于加深人们对中国传统文化的认识，促进社会文明进步和思想道德建设。

二、农业文化的思想政治教育价值

(一) 农业文化的文化激励作用

农业文化在漫长的发展过程中积淀了丰富的内涵，涵盖了人们生活的各个方面，体现了中华民族特有的民族精神和品质。在古代农业社会时期，劳动是家庭和国家生存的根本。人们深知收获的艰辛，因此非常重视劳动成果。这种勤俭节约的品质与现代倡导的低碳经济理念相契合。农业生产受自然环境和社会条件的影响，农民在面对外界挑战时形成团结合作的共识。他们获得了生存的机会，中华民族因此形成团结奋斗、勇敢坚强、自强不息的民族品质。

农业文化还吸收了其他优秀文化的精华，不断丰富自身内涵。农民不断创造新的劳动工具、研发新的农作物品种，同时汲取其他文化的精华，与时俱进地发展着。这些精神内涵构成了农业文化思想的主要内容，深刻地影响着中华民族的思想和精神。这些思想激励着中华民族不断向前，勇于奋斗，为中华民族的发展繁荣不懈努力。

农业文化的丰富内涵体现了中华民族的独特精神和品质。勤俭节约、团结奋斗、自强不息是中华民族的传统美德，也是中华民族历经千年而不衰的精神力量。这些品质不仅在古代农业社会时代发挥着重要作用，而且在当今社会仍然具有重要意义。我们要继承和发扬农业文化的精神，弘扬勤劳勇敢、团结奋斗的精神，不断创新发展。

(二) 农业文化的政治引导价值

观察我国思想政治教育的发展历程，可以发现其优良传统取之于我国博大精深的传统文化，而农业文化作为传统文化的重要组成部分，自然也对思想政治教育的发展产生了深远影响。农业文化本身具有显著的包容性，在与中国共产党思想的交流中，农业文化吸收了优秀的共产党思想，融合后在农村社会中发挥了新的作用。特别是红色思想的注入，为农业文化带来了全新的变革，最显著的是其正确引导了农民的思想转变。在过去，农村发展中普遍采用地主所有制，导致农民思想相对固化，红色思想的融入赋予了农民更自主的意识，使他们成为真正的主人，而这也促使他们对中国共产党的拥护，为我国的土地革命提供了支持。

农业文化持续跟进，红色文化依旧发挥着引领作用。当前，我国社会注重生态文明建设和社会和谐，而农业文化中的人伦关系对社会秩序的塑造起着重要作用。农业文化强调善良、忠孝等价值观，这种影响导致社会注重礼治，进而促成了和谐社会的建设。农业文化中的天人合一思想也为生态文明的建设提供了重要指导，强调尊重自然、爱护自然，在符合自然规律的前提下推进社会的建设。

在未来，农业文化仍将发挥引领作用，助力建设更好、更和谐、更生态的社会。通过传承和弘扬农业文化，我们能够引导人们更加尊重自然、关爱他人，培养出更具社会责任感和环保意识的公民，从而为实现生态文明和社会和谐贡献力量。农业文化也将继续在思想政治教育中发挥重要作用，引导青年学生树立正确的人生观和价值观，培养他们的社会责任感和家国情怀，为国家的长治久安和繁荣稳定做出贡献。

(三) 农业文化的道德约束价值

农业文化作为历经几千年发展的重要文化形态，不仅在农业生产方面发挥着重要作用，同时具有深远的道德约束和教育体验价值。

农业文化促进了社会道德的形成与传承。人们的交往主要依赖于血缘和地缘关系，逐渐形成注重孝道的文化。尊老爱幼的价值观源自农业文化中对家庭、社会和自然的尊重与关怀，这种文化传承至今，成为中国社会的重要道德准则。通过诚实守信的行为，人们在相互交往中建立起了信任和尊重，从而促进了社会的稳定与发展。

(四) 农业文化的教育体验价值

农业文化蕴含着丰富的教育体验价值。中国传统诗歌以农业社会为背景，不少诗作抒发了对农业生活的理解和感悟。《诗经》中的田园诗歌以及后来田园派诗人的作品，都传承了农业文化的思想，为当今农业教育提供了丰富的经典素材。农业文化的存在也为农学相关专业学生的学习提供了丰富的教育资源，许多学校以农学为主题，为农业教育提供了良好的平台。参与农业活动不仅能够锻炼学生的身心，还能够培养其对农业的热爱与责任感。虽然随着社会的快速发展，农业生产方式发生了变革，但农业文化仍需传承与创新，以适应现代化发展的需要。农业文化的教育价值不仅在于传承，更在于其能够激发人们对农业的关注与热情，推动农业的可持续发展。

农业文化既具有深厚的道德约束价值，又蕴含丰富的教育体验价值。它不仅为社会和谐提供了重要支撑，也为农业教育的发展注入了新的活力。我们应该更加重视农业文化的传承与发展，将其优秀传统融入现代社会建设中，为构建和谐诚信的道德社会做出更大的贡献。

三、农业文化思想政治教育价值的实现路径

(一) 实施"引进来"战略，更新教育观念，引入课程和人才

学校在思想政治教育方面需要转变教育观念和方法，大力推进教育改革，引入更为科学合理的发展战略，并将农业文化教育融入教育体系，充分发掘其思想政治教育的价值，以提升教学效果。

在引入农业文化教育的过程中，学校可以通过多种途径进行。可以增设相关课程或调整现有课程，设置与农业文化相关的选修课程，或将农业文化融入思想政治课程。这样可以为学生提供更多获取思想政治知识的途径。同时通过农业技术的引入，学校可以招聘与农业文化相关的人才，增加农业领域的教学力量。目前，许多学校的思想政治教育老师主要来自历史人文专业，对农业知识了解较少，因此引进农业相关的专业人才可以丰富教学内

容，提升教学质量。学校还可以邀请农业领域的专家开展讲座或与学生进行面对面交流，借助专家的经验和知识，深化学生对农业文化的理解。

在实施引进农业文化教育计划时，需要注意筛选农业知识，选择与学生需求和思想政治发展密切相关的内容。学校还应积极与农业相关的机构和企业合作，开展实践活动，让学生深入了解农业生产实践，增强对农业文化的体验和认知。通过这些措施，学校可以更好地发挥农业文化在思想政治教育中的作用，为社会的发展和进步做出积极贡献。

(二) 推进"走出去"战略，改变教育模式，走出书本和课堂

当今教育倡导学生德、智、体、美、劳全面协调发展，但传统的课堂教育模式往往局限于书本知识，难以实现这一目标。学校应该积极实施"走出去"的战略，拓宽教育领域，提供更丰富的实践机会，使学生能够将理论知识与实践技能相结合，实现全面的教育。

学校可以与社区或其他地区建立合作关系，实现资源的共享。通过与社区合作，学校可以借助社区的资源和专业知识，为学生提供更广阔的学习空间和更丰富的学习资源。这种合作不仅可以丰富学生的学习内容，还能够加强学校与社区的联系，促进社区的发展。

学校可以与相关农业机构展开合作，为学生提供实际的农田劳作机会。通过参与农田劳作，学生可以亲身体验劳动的辛苦与收获的快乐，培养他们的意志品质和实践能力。学生还能够了解农业生产的过程和技术，增强他们对农业的认识和理解。

学校可以建立自己的农田，不仅能为学生提供实践机会。还能够促进学校的可持续发展。通过亲自动手种植农作物，学生可以学习到农业生产的技术和方法，培养他们的实践能力和创新意识。

在实施"走出去"战略的过程中，学校需要注意营造良好的环境氛围，避免环境中的不利因素妨碍教学。学校应该为学生提供安全、舒适的学习环境，鼓励他们积极参与实践活动，充分体会农业的魅力。学校还应该注重对学生的思想政治教育，让他们认识到农业文化的重要性，激发他们对农业事业的热情和责任感。

通过实施"走出去"战略，学校可以为学生提供更丰富的教育资源和更

广阔的学习空间。这不仅有利于学生的个人成长，还能够促进社会的发展和进步，推动农业文化的传承与创新。学校应该积极探索"走出去"的路径，为学生提供更好的教育服务。

第二节　区域农业文化与思想政治教育的融合策略

一、实现区域农业文化与思想政治教育的融合

要实现我国区域农业文化与思想政治教育的共同语境融合，需要从多个方面入手，并建立合理的沟通和共享机制，以确保两者的有效融合具有可操作性和可复制性。

需要对农业文化和当下思想政治教育的经验、背景和核心思想进行深入研究。农业文化植根于中国封建君主专制社会，具有一定的封建性，与现代思想政治教育存在差距。需要归纳农业文化中的优秀部分，并结合中国特色社会主义的思想，使之得到升华。

需要建立对现实的认识基础。农业文化发展已有几千年的历史，其历史背景与现代社会有较大差异，这些差异阻碍了两者的共享。大学生在接受思想政治教育时，应了解农业文化的产生背景，正确理解文化背后的历史事实，同时在中西方文化思想比较的基础上理解农业历史文化，避免理解上的偏颇与误读。

需要建立合理的沟通和共享机制。在促进区域农业文化与思想政治教育融合的过程中，应明确农业文化的优势与弊端，实现二者之间的有效融合，利用中国特色社会主义思想政治教育原理来更新中国优秀农业文化的话语体系。

在建立融合语境的过程中，可以从主体、内容、渠道与反馈四个要素入手，构建合适的模式。主体方面，教育机构、政府部门和农业文化传承者等各方应共同参与。内容方面，应在思想政治教育中融入农业文化的精髓，同时使农业文化教育与时俱进，满足现代社会的需求。渠道方面，可以通过多种途径，如课程设置、教学方法创新、专家讲座等，进行信息传递和知识共享。反馈方面，应建立起良好的反馈机制，及时了解融合效果，为不断改进

提供依据。

要实现区域农业文化与思想政治教育的共同语境融合，需要深入研究二者的特点和背景，建立合理的沟通机制，同时从主体、内容、渠道和反馈四个方面构建融合模式，以确保融合过程的有效性和可持续性。

二、从主体、内容、渠道与反馈四个要素入手

在促进农业文化与思想政治教育融合的过程中，需要从主体、内容、渠道和反馈四个方面进行全面考虑和规划。

从主体层面来讲，应强调多重主体协调建构。学校作为学习氛围浓厚的场所，具有开展思想政治教育的优势，而农业优秀文化与当下思想政治、社会价值取向的结合也更容易被学校理解和接受。教师作为主要的教育实施者，应该针对我国优秀农业文化进行集体学术攻关，寻找将其与思想政治教育相结合的切入点，改变农业文化中晦涩难懂的表述方式，提高学生对农业文化知识的接受程度。而学生作为教育的对象，应充分调动其学习积极性，推动其自主学习，实现双主体教学的目标。

从内容层面来讲，要明晰教学内容的整合路径。内容的整合是提高农业文化与思想政治教育融合的关键。需要在梳理我国优秀农业文化发展脉络的基础上，促进思想政治教学内容与时俱进。这就要求教师不断探索农业文化与思想政治教育的结合点，创新教学方法，使之更贴近学生的实际需求，更具吸引力和影响力。

从渠道层面来讲，要保证畅通的传输渠道。确保农业文化与思想政治教育融合渠道的畅通是非常重要的。这并不意味着简单地将二者内容生搬硬套，而是应该在良好的融合环境中展开对农业文化的探讨，如举办相关主题活动、开展课堂小组讨论与汇报、举办讲座等。这样的渠道不仅能够促进师生之间的互动交流，也能够加深学生对农业文化的理解。

从反馈的角度来讲，要建立合理的反馈机制。合理的反馈机制可以作为内容更新和渠道优化的重要保障，通过对学生的考核与反馈，可以激发其学习积极性和实践热情，促进农业文化与思想政治教育的良性循环和持续发展。

要实现农业文化与思想政治教育的融合，需要多方共同努力，以达到

主体的协调建构、内容的整合、传输渠道的畅通和反馈机制的建立，以便更有效地促进农业文化与思想政治教育的融合，推动学生全面发展。

第三节　农圣文化与大学生思想政治教育的融合路径

一、农圣文化概况

农圣文化是以我国古代农学家贾思勰及其著作《齐民要术》为基础发展起来的一种重要农业文化。贾思勰作为古代杰出的农学家，一生致力农业生产技术的学习、研究和实践。他不仅自幼喜爱读书，特别重视农业知识的学习，还深入各地考察、研究当地的农业生产技术，向老农请教，积累了丰富的农业生产知识。后来，他回到故乡，开始农牧业活动，并在实践中掌握了多种农业生产技术。基于对农业生产的深入分析整理和总结，贾思勰创作了《齐民要术》，这部著作系统地总结了秦汉以来中国黄河流域的农业科学技术知识，成为中国现存最早、最完善的农学名著之一，对后世农业生产产生了深远的影响。

农圣文化作为中国传统文化的重要组成部分，近年来受到了越来越多的关注和研究。国际农圣文化研讨会等相关活动的举办，以及农圣文化研究所的成立，使农圣文化的理论研究日益深入，进一步丰富了其理论内涵。诸如"蔬菜总动员"等农圣文化活动的开展也使大众更加关注和了解农圣文化。这些活动不仅丰富多彩，而且积极推动了群众的参与热情，促进了大众对农圣文化的认识和理解，进一步弘扬农圣文化。

农圣文化的重要性不仅体现在其对农业生产的深远影响上，更体现在其作为传统文化的一部分所承载的价值和意义。农圣文化不仅是对古代农学家贾思勰的崇敬和传承，更是对中国传统农业文化的传承和弘扬。通过对农圣文化的研究和农圣文化活动的开展，可以更好地理解和传承我国悠久的农业传统，推动现代农业的发展，促进农村经济的繁荣，实现农业现代化和乡村振兴的目标。继续深入挖掘农圣文化的内涵，加强对其的传承和发展，对于继承和发扬中国传统文化，推动农业现代化和乡村振兴具有重要意义。

二、农圣文化融入大学生思想政治教育的实践探索

(一) 农圣文化融入理论课程教学

尽管学校既是学生学习知识的核心场所，也是培养社会综合型人才的摇篮，但要想真正让学生深入学习地方文化，地方高校必须打破课堂教学空间的框架，不再局限于教师的"静态"专业知识讲解，而是要注重学生实践创新能力的培养。在农圣文化背景下，高校的课程教学应该超越学校学习空间与文化依存空间之间的观念樊篱，教师应结合学生的学习需求和实际情况，适当拓展学生在学习农圣文化过程中的空间，丰富学生课外地方文化的学习内容，创造出良好的教学环境。只有确保学生与农圣文化接触了解的时间越长、程度越深、范围越广，才能够保障学生对农圣文化产生深刻的认识。

高校教师可以组织学生开展各种丰富有趣的实践活动。例如，通过见习实践的方式，引导学生走出校园，深入农圣文化当地，真正走向地方的依存空间。学生可以通过参与农圣文化传统活动、体验农村生活、与当地农民交流等方式，深入了解农圣文化的精髓。这样的实践活动不仅可以激发学生的学习兴趣，还可以培养其实践能力和创新精神。

高校还可以通过邀请农圣文化的专家学者到校开展专题讲座，将农圣文化融入学生的课程学习。专题讲座可以涉及农圣文化的历史渊源、精神内涵、当代意义等方面的内容，帮助学生全面深入地了解农圣文化。通过与专家学者的互动交流，学生不仅可以获取专业知识，还可以拓宽视野，提高综合能力。

要想让学生真正接触学习地方文化，地方高校必须采取切实有效的措施。通过组织丰富多彩的实践活动和邀请专家学者开展专题讲座，可以帮助学生深入了解和感受农圣文化，从而提高其综合能力和素养，培养其成为具有社会责任感和创新精神的综合型人才。

(二) 依托农圣文化开展实践教学活动

为了提升思想政治教育的亲和力和针对性，以满足学生自身成长发展

需要，同时锻炼他们运用理论发现、分析和解决问题的实践能力，高校思想政治部门可以深化教学改革，开展多样化的实践教学活动。其中，以"致敬农圣，传承文明"为主题的实践教学活动是一种创新的尝试。

在这些活动中，大学生可以积极参与，开展以"传承农圣文化弘扬爱国精神""传承农圣文化共建生态文明梦""传承农圣文化践行社会主义核心价值观"等为主题的社会实践教学活动。通过这样的活动，不仅可以帮助大学生深化对农圣文化认知，促进农圣文化的传承和发展，还能引领和帮助他们在社会实践中受教育、长才干、做贡献。

这些实践活动不仅能够增强大学生的社会责任感和实践能力，更重要的是能够让他们运用思想政治课所学的基本理论观察社会、了解国情民情，进行社会调研，从而在实践中更好地应用理论知识，培养解决问题的能力和创新精神。

除了开展实践活动，高校思想政治部门还应当深化课程内容和教学方法的改革，增加案例分析、讨论、角色扮演等互动式教学环节，使学生能够更加深入地理解和掌握思想政治理论知识，并将其运用到实践中去。建立起科学、完善的评估机制，及时反馈学生在实践中的表现，激励他们更加积极地参与思想政治教育的实践活动，不断提升自身素质和能力。

通过开展以农圣文化为主题的实践教学活动，可以使思想政治教育更贴近学生的实际需求，更好地引导他们树立正确的世界观、人生观和价值观，促进他们全面发展，使其成为具有社会责任感和创新精神的栋梁之材。

三、农圣文化有效融入高校思想政治教育的路径

(一)加强课程建设

课堂教学是学生获取知识的主要途径，将农圣文化融入思想政治教育课程中至关重要。通过将农圣文化纳入教学计划、课程标准和教材中，系统地传授农圣文化的理论和实践知识，使学生在课堂上真正领略到优秀文化的魅力，形成对农圣文化的理解和认同，进而内化为自己的情感信念和行为规范。

（二）开展课外实践活动

开展课外实践活动对于弥补课堂教学的局限性至关重要。课外实践活动可以帮助学生更好地了解本地域内的传统节日、文化经典、风土民俗等地域特色文化的物质和精神载体，从而更好地继承和发展本地区的文化遗产，提高学生的人文素养和综合素质。这些实践活动可以通过组织参观考察、志愿服务、文化体验等形式来实施，使学生在实践中感受农圣文化的魅力与内涵。

（三）加强师资力量建设

加强师资力量建设是推动农圣文化与思想政治教育融合的关键因素之一。教师在教育教学过程中需要发挥"行为示范"作用，提高自身地域文化方面的专业素养，将农圣文化资源转化为大学生思想政治教育的养料和力量源泉。

（四）加强校园文化建设

校园文化作为一种独特的文化现象，是学校历史教育实践的产物，承载着校园精神和人文氛围的重要意义。这种文化不仅存在于课堂教学和学术活动中，更深刻地渗透到学生和教师的生活和思想中，影响着他们的成长和发展。

校园文化是学校的精神象征。每所学校都有着独特的文化符号和传统，比如校训、校歌、校徽等，这些符号代表着学校的核心价值观和办学理念。校园文化的形成与传承，凝聚着师生共同的认同感和归属感，是学校凝聚力的体现。

校园文化是学生价值观和行为规范的重要来源。在校园文化的熏陶下，学生接受着来自学校的思想教育和道德培养，形成积极向上的人生观和价值观。比如，在重视团队合作的校园文化中，学生更容易培养团队精神和合作意识；在强调创新创造的校园文化中，学生更能勇于探索、勇于创新。

1.用农圣文化构建校园文化环境

利用农圣文化构建校园文化环境是一种重要的文化建设举措，可以让学生在校园中感受到浓厚的农圣文化氛围，从而激发他们对农圣文化的兴趣和热爱。这样的做法有助于丰富和提升校园文化内涵，培养学生的文化自信和民族自豪感。

要充分挖掘和发挥农圣文化资源。通过挖掘农圣文化资源，可以为校园文化建设提供丰富的素材和资源，如利用农圣文化中的人物、事件、格言等元素，设计校园景观，丰富校园文化。

2. 在校园文化活动中渗透农圣文化

要建设特色鲜明的农圣文化校园。可以在校园内设置农圣文化的标志性建筑和景点，如农圣雕像、纪念碑、校训墙等，将农圣文化融入校园的各个角落，让学生在校园中无处不感受到农圣文化的存在。可以组织丰富多彩的农圣文化活动，如农圣文化展览、农圣文化讲座、农圣文化演出等，吸引学生参与，增强他们对农圣文化的了解和认同。

要在校园文化活动中渗透农圣文化。校园文化活动是学校日常生活中不可或缺的一部分，通过在校园文化活动中渗透农圣文化，可以有效地传播农圣文化，引导学生关注和了解农圣文化。

结束语

区域文化作为大学生思想政治教育的宝贵财富，承载着丰富的历史文化底蕴和精神内涵，为培养高素质人才提供了强大的精神动力和智慧支持。开发利用优秀的区域文化资源，不仅是拓宽教育视野、增强教育实效性的迫切需要，更是丰富教育内容、优化育人环境、提高学生文化素养的重要途径。

区域文化教育是激发学生爱国情怀和民族自豪感的重要渠道。每个地区都有独特的历史、传统和文化符号，通过挖掘和传承文化资源可以让学生深刻感受自己所处地域的文化底蕴，增强对祖国的热爱和对民族的认同。例如，通过学习地方传统节日、民俗风情等，可以增强学生的文化自信心和民族自豪感。

区域文化是丰富思想政治教育内容的重要来源。传统的教材和理论知识虽然重要，但往往抽象和晦涩。而区域文化则具有生动性和亲近感，能够以具体的地域文化事件和人物为载体，生动地展现出当地的历史和各英雄人物的成就，激发学生学习的热情。如通过讲述地方英雄人物、红色故事等，可以让学生更加深刻地理解和感悟党的光辉历程，增强对党的信仰。

区域文化教育是优化育人环境的重要手段。高校作为学生思想政治教育的主阵地，其育人环境的优劣直接关系教育效果的好坏。充分利用区域文化资源，可以丰富校园文化建设，打造具有浓厚地域特色的校园文化氛围，为学生提供身临其境的文化体验，以产生情感共鸣，进一步增强其对学校的归属感和凝聚力。

区域文化教育是培养学生综合素质的重要途径。大学生思想政治教育的目标不仅是传授知识，更重要的是培养学生的思想道德素养和综合素质。通过深入挖掘和传承地方优秀的传统文化，可以引导学生树立正确的世界观、人生观和价值观，培养学生的创新精神、实践能力和社会责任感，为其成长成才打下坚实的思想基础。

区域文化与大学生思想政治教育的结合是十分重要的。通过有效地利用区域文化资源，不仅可以丰富教育内容、优化育人环境，更能够提高学生的文化素养，培养他们成为德、智、体、美、劳全面发展的社会主义建设者和接班人。期待本书的探讨能够为大学生思想政治教育的改革与发展提供有益的借鉴。

参考文献

[1] 陈万柏，张耀灿.思想政治教育学原理 [M].北京：高等教育出版社，2007.

[2] 陈锋.区域文化史与区域经济史的研究路径 [J].湖南社会科学，2020(1)：110-116.

[3] 陈红艳.农业文化的价值与功能及发展方向 [J].现代农业科技，2014(15)：350-351.

[4] 陈胜国.新时代高校思想政治教育创新发展研究 [M].北京：文化发展出版社，2019.

[5] 陈斯拉.当代大学生生命教育探析 [J].高教探索，2007 (6)：100-101,126.

[6] 陈万柏，张耀灿.思想政治教育学原理（第3版）[M].北京：高等教育出版社，2015.

[7] 邓卓明，宋明江.新时代思想政治教育质量评价的六个维度 [J].思想理论教育导刊，2020(9)：139-144.

[8] 顾友仁.中国传统文化与思想政治教育的创新 [M].合肥：安徽大学出版社，2011.

[9] 韩园园，牛秋业.主体性视域下大学生思想政治教育环境建设的问题及对策 [J].现代教育科学，2020(1)：63-68.

[10] 胡昌恩.论思想政治教育的功能、价值及其关系 [J].探索，2006(3)：106-109.

[11] 黄青青，陈武耕.中国传统文化精髓融入当代大学生思想政治教育途径研究 [J].高教学刊，2017(6)：165-166.

[12] 贾迅，李娟.地方文化融入高职院校思想政治教育路径探究：以无锡为例 [J].湖南工业职业技术学院学报，2019(4)：97-101.

[13] 李爱臣.东北地区冰雪旅游产业一体化发展研究 [J].体育视野，

2021（10）：10-11.

[14] 李斌斌 . 地域特色文化融入大学生思想政治教育的有效路径研究
[J]. 科教导刊（电子版），2019（3）：17-18.

[15] 李昌武 . 新建地方本科院校传承创新地域文化的职业与路径 [J]. 中
国成人教育，2013（7）：39-41.

[16] 李敏 . 思想政治教育过程矛盾新解 [J]. 湖北社会科学，2020（7）：
157-162.

[17] 李伟胜 . 学校活动文化的自主创生 [J]. 教育发展研究，2011（22）
63-67.

[18] 李须战 . 农业文化的思想政治教育价值及实现路径研究 [J]. 辽宁农
业职业技术学院学报，2016（1）：31-33.

[19] 李雪峰 . 高校思想政治教育资源开发与利用的实效性研究 [D]. 长
春：东北师范大学，2013.

[20] 廖女男 . 大学校园文化的传承与创新 [M]. 成都：西南交通大学出
版社，2012.

[21] 刘春明 . 高校学生职业道德教育的有效性探究 [J]. 教育与职业，
2017（2）：87-90.

[22] 刘红霞 . 校园文化建设：大学生思想政治教育的有效途径 [J]. 黑龙
江高教研究，2006（1）：56-57.

[23] 刘静茹 . 构建大学生思想政治教育实效性工作方法创新体系 [J]. 现
代教育科学，2010（7）：123-125，132.

[24] 刘明涛 . 区域名人文化在大学生思想政治教育中的作用 [J]. 新课程
研究（中旬刊），2013（5）：135-137.

[25] 刘书林 . 新中国 70 年高校思想政治教育发展主要经验和规律 [J].
思想教育研究，2020（7）：36-44.

[26] 罗爱军 . 文化的传承与创新：当代大学生思想政治教育的新内涵
[J]. 沈阳建筑大学学报（社会科学版），2012（1）：76-79.

[27] 梅长青 . 地域文化融入高校思想政治教育研究 [D]. 温州：温州大
学，2016.

[28] 磨有积 . 大学生思想政治教育实践育人机制创新研究 [J]. 当代教育

实践与教学研究，2020(7)：194-195.

[29] 聂波，陈兴丽，魏胜.大学生思想政治教育资源本质探析 [J].思想理论教育导刊，2010(11)：93-96.

[30] 邱伟光，张耀灿.思想政治教育学原理 [M].北京：高等教育出版社，1999.

[31] 沈壮海.思想政治教育的文化视野 [M].北京：人民出版社，2005.

[32] 王晖.高校思想政治教育方式方法创新研究 [J].公关世界，2020(16)：46-47.

[33] 王金玲.关于创新思想政治教育途径的思考 [J].教育与职业，2012(6)：52-54.

[34] 王彦丽.运用网络平台创新大学生思想政治教育工作 [J].中州学刊，2014(7)：27-31.

[35] 吴静.解读高校学生思想特点和思想政治教育方法 [J].科教文汇(中旬刊)，2020(32)：56-57.

[36] 夏征农.辞海(上) [M].上海：上海辞书出版社，1999.

[37] 阎耀军.文化区域与区域文化性格的识别 [J].天津大学学报 (社会科学版)，2007(2)：115-120.

[38] 杨洋.思想政治教育与培育大学生文化自信的向度、维度与效度研究 [J].区域治理，2020(13)：1-3.

[39] 杨直凡，胡树祥.网络思想政治教育方法的构建与创新 [J].思想理论教育导刊，2007(7)：35-39，42.

[40] 雍际春.地域文化研究及其时代价值 [J].宁夏大学学报 (人文社会科学版)，2008(3)：52-57.

[41] 余守萍.高校校园文化中隐性思想政治教育资源探析 [J].思想政治教育研究，2014(5)：120-123.

[42] 岳宗德.在大学生思想政治教育中加强传统文化教育探析 [J].思想教育研究，2016(1)：97-99.

[43] 张澍军.试论思想政治教育学科前沿的若干重大问题 [J].马克思主义研究，2011(1)：128-135.

[44] 张卫良，龚珊.思想政治教育的中华优秀传统文化认同机制探究

[J]. 思想理论教育导刊，2016(5)：128-130.

[45] 张晓明，段惠方. 网络同伴教育：高校网络思想政治教育的新思路 [J]. 教育探索，2014(1)：124-126.

[46] 张亚男，王悦文. 区域文化融入高校思想政治教育的路径 [J]. 辽宁经济职业技术学院学报，2017(3)：94-96.

[47] 张耀灿，徐志远. 现代思想政治教育学科论 [M]. 武汉：湖北人民出版社，2003.

[48] 张耀灿，郑永廷，吴潜涛，等. 现代思想政治教育学 [M]. 北京：人民出版社，2006.

[49] 赵君尧. 区域文化资源在大学生思想政治教育中的作用：以闽都文化资源为例 [J]. 福建商业高等专科学校学报，2012(1)：18-24.

[50] 朱从兵. 区域文化研究话语辨析与建构 [J]. 南京社会科学，2019(1)：48-52.

[51] 朱忠元，刘朝霞. 从传统诗歌看农业文化的现代价值 [J]. 社会科学战线，2013(4)：150-155.